供电运维检修法律纠纷典型案例评析

国网浙江省电力有限公司衢州供电公司　组编

中国电力出版社
CHINA ELECTRIC POWER PRESS

图书在版编目（CIP）数据

供电运维检修法律纠纷典型案例评析 / 国网浙江省电力有限公司衢州供电公司组编. -- 北京 : 中国电力出版社，2024. 12. -- ISBN 978-7-5198-9351-4

Ⅰ. D922.291.915

中国国家版本馆 CIP 数据核字第 2024B8U941 号

出版发行：中国电力出版社
地　　址：北京市东城区北京站西街 19 号（邮政编码 100005）
网　　址：http://www.cepp.sgcc.com.cn
责任编辑：王　欢（010-63412240）　柳　璐
责任校对：黄　蓓　王小鹏
装帧设计：赵丽媛
责任印制：钱兴根

印　　刷：廊坊市文峰档案印务有限公司
版　　次：2024 年 12 月第一版
印　　次：2024 年 12 月北京第一次印刷
开　　本：710 毫米×1000 毫米　16 开本
印　　张：20
字　　数：276 千字
定　　价：66.00 元

编 委 会

主　任　王锋华　沈　广

副主任　陈韶昱　陈军海　程拥军　黄云龙　项忠正
　　　　马　亮　邵先军

编 写 组

组　长　刘　慧

副组长　郑晓军　黄　俊　高　峰　王大伟

成　员　陈　丽　何　瑶　李弘扬　洪哲安　宁建设
　　　　林　挺　李　琦　周凯芸　徐钲皓　郭　磊
　　　　徐梦佳　叶欣楠　伊长春　吴立峰　邱秉毅
　　　　毛镜涵　宋子琳　周小军　杨　彬　江　婷
　　　　赵志扬

前 言

随着我国经济社会的高质量发展，电力消费总量持续增长、电力需求不断增加，电网运营安全保供的压力也不断加大。在运维检修作业中牢固树立法律风险防范意识，采取有效措施防范运营安全法律风险，既是依法规范供电企业建设坚强电网和提升服务能力的重要基础，也是供电企业稳定发展的必要保证。鉴于此，我们组织编制了《供电运维检修法律纠纷典型案例评析》，希望在有限的篇幅内为读者提供有效与有益的信息，让广大读者充分地、清晰地认识防范运维检修作业法律风险的重要性和必要性，并能为今后的电力运维检修工作提供帮助和借鉴，切实提高电网风险防控能力，保障企业正常、持续、健康运营，实现社会效益和经济效益的最大化。

本书结合供电企业运维检修工作中经常遇到的法律纠纷问题，归纳整理政策处理纠纷化解专题、典型停电纠纷化解、电能质量纠纷化解、供电公司的高压触电无过错责任、电力设施的运行维护责任、电力设施保护、安全生产刑事责任风险、配电网项目管理等八个方面的 37 个焦点内容，分章节逐一作专题剖析，包含参考案例、法律分析、风险警示、防控要点、管理建议等。本书所摘取的案例均来自可公开查询的“裁判文书网”。本书的主要读者对象为地方供电公司中层、班所长、一线员工等非法律专业员工。为便于读者更好地了解案情的来龙去脉，每个案例都标明了案号。读者如果认为参考案例案情简介不够到位，可以通过网络查找到有关判决书，详尽了解案件细节。

限于编者水平，本书难免存在不足之处，敬请读者批评指正。

本书编写组

2024 年 10 月

目 录

第一章　政策处理纠纷化解专题

第一节　电网项目涉及公益遇阻应依法排除妨碍

一、参考案例

【案例 1-1】 输变电工程关系公共利益，未谈妥占地补偿也不得阻碍施工。

案号：（2021）辽 07 民终 2350 号

原告供电公司新建某 66 千伏输变电工程，其中 120 号铁塔需要占用被告毕某、朱某承包的土地，对所占用的承包地，原告同意按国家占地标准进行补偿。原告供电公司在实施上述工程过程中，被告以双方未就占地补偿达成一致为由阻止原告施工。供电公司诉至法院请求排除妨碍。法院认为，原告供电公司新建的 66 千伏输变电工程，系相关社会公共设施的改造与完善，此项工程有利于人民整体的生产、生活，保障其正常实施是公民应尽的责任和义务。根据《中华人民共和国民法典》第一百三十二条，民事主体不得滥用民事权利损害国家利益、社会公共利益或者他人合法权益。被告以原告补偿不合理为由，阻止原告施工无法律依据。如被告对占地补偿款的标准有异议，可另行提起诉讼，通过法律途径保护自己合法权益。判决被告毕某、朱某不得阻止原告供电公司施工。二审维持原判。

【案例 1-2】 砍砸输变电工程施工机器致损，构成破坏生产经营罪。

案号：（2019）皖 0225 刑初 239 号

被告人时某因怀疑被害单位在其家附近建设的输变电工程存在辐射，遂于2019年2月23日起，多次到施工工地以身体阻挡机器的方式阻碍施工，致使工程被迫停工多次。同年2月26日14时许，被告人时某手持斧子到工地，在施工机器上砍砸三下，导致汽车钻机液压泵受损，施工被迫停止。经认定，被损坏的机器设备损失共计人民币6886.83元。2019年3月8日，被告人时某被公安机关传唤到案。案发后，被告人时某取得被害单位的谅解。法院认为，被告人时某以毁坏机器设备、身体阻挡施工的方式多次破坏生产经营，其行为已构成破坏生产经营罪。判处拘役四个月，缓刑六个月。

【案例1-3】 聚众阻碍高压线塔基施工并打伤民警，被判寻衅滋事罪和妨害公务罪。

案号：（2018）桂0981刑初202号

被告人欧某1等7人系某村农民。2017年10月30日上午，某供电局委托的施工方某海电力有限公司的施工人员在某村山岭上挖掘高压电线塔基础坑，被告人欧某1等人即召集某村村民数十人持铁铲、锄头、木棍等工具前往该山岭处，威胁施工人员及阻拦施工人员施工。欧某1等人用砖块等物投掷在现场的两台钩机，致使该两台钩机的玻璃被砸烂。当日下午，被告人欧某1等人又阻止钩机驶离，并使用铁铲、砖块等物打砸现场的两台钩机，致使该两台钩机毁坏。当日17时许，新某派出所接报警后，派出5名民警到上述现场进行处理。被告人欧某1为阻止民警黎某、李某用手机、执法记录仪进行摄录取证，将黎某的手机打落在地后，用铁铲铲断该手机，又上前抓李某的衣领。在此过程中，被告人欧某2伙同其他村民上前围殴李某，致李某受伤，且其使用的执法记录仪被村民抢夺走；被告人欧某1伙同其他村民持铁铲追黎某。经北某市价格认证中心认定，该两台钩机的损失价格为人民币6330元，黎某的手机价值人民币1102元，被抢夺的执法记录仪价值人民币1037元。经某市公安局法医鉴定，被害人李某的损伤程度为轻微伤。

法院认为，被告人欧某1等人同他人为发泄情绪，任意损毁被害人财物，严重影响被害人的工作，行为恶劣且情节严重，已触犯刑律，构成了寻衅滋事罪；以暴力方法阻碍国家机关工作人员依法执行职务的行为，均已触犯刑律，均构成了妨害公务罪。欧某等人共同实施犯罪行为，均是共同犯罪。判决被告人欧某1犯寻衅滋事罪，判处有期徒刑一年四个月；犯妨害公务罪，判处有期徒刑十一个月，数罪并罚，决定执行有期徒刑二年一个月，缓刑四年。其他6名被告人也判处相应的刑罚。

【案例1-4】 未办林地审批手续开工建设电网工程，项目经理构成非法占用农用地罪。

案号：（2021）新2223刑初2号

2018年8月，被告人田某系某电力实业开发有限公司项目经理，在某乡35千伏配电化工程建设中，在未取得该工程项目中所用林地审批手续情况下开工建设，至2019年6月工程全部完工。经鉴定：该工程非法占用林地总面积1.2724公顷（19.086亩），其中永久使用林地面积0.2298公顷，临时占用面积1.0426公顷。

法院认为，某电力实业开发有限公司违反土地管理法规，在未取得林地占用手续的情况下建设施工，非法占用林地，数量较大，行为已触犯法律。本案属单位犯罪，被告人田某担任该公司工程项目负责人，负责该工程的前期手续办理和变电站的建设、线路架设等工作。公诉机关指控单位直接负责的主管人员犯非法占用农用地罪，本院予以支持。判决被告人田某犯非法占用农用地罪，单处罚金25400元。

【案例1-5】 为赶工期未经审批毁林挖施工便道，现场施工负责人犯滥伐林木罪。

案号：（2018）琼刑终187号

为尽快完成某输变电工程项目，被告人现场施工负责人刘某、成某在未经林业主管部门批准并核发林木采伐许可证的情况下，擅自共同开挖了4条用于运输电塔材料的共用便道。经鉴定：被毁林木面积共15.02亩（10013.3333平方米），全为Ⅱ级规划保护林地。一审法院判决被告人刘某、成某犯滥伐林木罪，判处有期徒刑二年，缓刑三年，并处罚金人民币8000

元。二审维持原判。

二、关键法条

★《中华人民共和国宪法》（2018 年修正）

第十条 城市的土地属于国家所有。

农村和城市郊区的土地，除由法律规定属于国家所有的以外，属于集体所有；宅基地和自留地、自留山，也属于集体所有。

国家为了公共利益的需要，可以依照法律规定对土地实行征收或者征用并给予补偿。

任何组织或者个人不得侵占、买卖或者以其他形式非法转让土地。土地的使用权可以依照法律的规定转让。

一切使用土地的组织和个人必须合理地利用土地。

第十三条 公民的合法的私有财产不受侵犯。

国家依照法律规定保护公民的私有财产权和继承权。

国家为了公共利益的需要，可以依照法律规定对公民的私有财产实行征收或者征用并给予补偿。

★《中华人民共和国刑法》（2023 年修正）

第二百七十七条 【妨害公务罪】以暴力、威胁方法阻碍国家机关工作人员依法执行职务的，处三年以下有期徒刑、拘役、管制或者罚金。

以暴力、威胁方法阻碍全国人民代表大会和地方各级人民代表大会代表依法执行代表职务的，依照前款的规定处罚。

在自然灾害和突发事件中，以暴力、威胁方法阻碍红十字会工作人员依法履行职责的，依照第一款的规定处罚。

故意阻碍国家安全机关、公安机关依法执行国家安全工作任务，未使用暴力、威胁方法，造成严重后果的，依照第一款的规定处罚。

【袭警罪】暴力袭击正在依法执行职务的人民警察的，处三年以下有期徒刑、拘役或者管制；使用枪支、管制刀具，或者以驾驶机动车撞击等手段，严重危及其人身安全的，处三年以上七年以下有期徒刑。

★《中华人民共和国民法典》（自 2021 年 1 月 1 日起施行）

第一百一十七条　为了公共利益的需要，依照法律规定的权限和程序征收、征用不动产或者动产的，应当给予公平、合理的补偿。

第一百三十二条　民事主体不得滥用民事权利损害国家利益、社会公共利益或者他人合法权益。

★《中华人民共和国电力法》（2018 年修正）

第十六条　电力建设项目使用土地，应当依照有关法律、行政法规的规定办理；依法征收土地的，应当依法支付土地补偿费和安置补偿费，做好迁移居民的安置工作。

电力建设应当贯彻切实保护耕地、节约利用土地的原则。

地方人民政府对电力事业依法使用土地和迁移居民，应当予以支持和协助。

第五十五条　电力设施与公用工程、绿化工程和其他工程在新建、改建或者扩建中相互妨碍时，有关单位应当按照国家有关规定协商，达成协议后方可施工。

★《电力供应与使用条例》（2019 年修订）

第十三条　地方各级人民政府应当按照城市建设和乡村建设的总体规划统筹安排城乡供电线路走廊、电缆通道、区域变电所、区域配电所和营业网点的用地。

供电企业可以按照国家有关规定在规划的线路走廊、电缆通道、区域变电所、区域配电所和营业网点的用地上，架线、敷设电缆和建设公用供电设施。

★《浙江省电力条例》（自 2023 年 1 月 1 日起施行）

第二十条　电力设施与公用工程、绿化工程和其他工程在新建、改建或者扩建中相互妨碍时，有关单位应当按照相关规定协商，就迁移、采取防护措施和补偿等有关问题协商一致后方可施工。协商不一致的，由县级以上人民政府按照规划建设在先项目优先、保障安全的原则协调解决。

★《江苏省电力条例》（自 2020 年 5 月 1 日起施行）

第二十条 电力设施与公用工程、绿化工程和其他工程在新建、改建或者扩建中相互妨碍时，有关单位应当按照国家和省有关规定协商，就迁移、采取必要的防护措施和补偿等有关问题达成协议后方可施工。协商不一致的，按照规划建设在先的原则，由县级以上地方人民政府协调解决。

★《河北省电力条例》（自 2014 年 8 月 1 日起施行）

第十七条 电力建设项目在新建、改建、扩建中妨碍其他建筑物、构筑物，或者其他建设项目在新建、改建、扩建中妨碍电力设施时，有关单位应当以依法审批的城乡规划为依据进行协商，就迁移、改造、采取必要的防护措施和补偿等问题达成协议后方可施工。法律、法规另有规定的除外。

未经协商一致，擅自施工造成损害的，由擅自施工的单位承担责任。

三、要点简析

近年来，属地群众阻碍电网建设的冲突时有发生，由此产生的信访案件也不在少数。为避免冲突升级，在做好现场处置的前提下，供电企业相关人员应及时、全面地吃透弄懂相关政策精神，提前做好沟通解释工作，坦诚交换意见，争取最大程度的理解和支持。

1. 电网建设项目涉及公共利益，可以依法征收征用土地及房屋

电力是关系国计民生的基础产业，电力供应和安全事关国家安全战略，事关经济社会发展全局。只有加强城乡电网建设改造力度，才能建成城乡统

筹、安全可靠、经济高效、技术先进、环境友好、与小康社会相适应的现代化电网，为经济社会发展提供源源不断的能源供应。

根据《中华人民共和国宪法》第十条、第十三条，国家为了公共利益的需要，可以依法对土地、公民的私有财产实行征收或者征用并给予补偿。电网建设的公共利益属性毋庸置疑。本书所列的大量案例也充分印证了法院对电网建设公共利益属性的认定。《中华人民共和国民法典》第一百一十七条规定，为了公共利益的需要，依照法律规定的权限和程序征收、征用不动产或者动产的，应当给予公平、合理的补偿。此法条强调了补偿的公平、合理性。目前各地政府均有相应的征地补偿标准。供电企业应按照政府出台的标准，对输变电工程涉及的土地、房屋予以征收或征用并给予相应补偿。

2. 输变电工程关系公共利益，未谈妥占地补偿也不得阻碍施工

实务中，被征收或征用主体，以《中华人民共和国电力法》第五十五条为依据，认为输变电工程和施工一定要与其协商并达成协议后方可施工，往往以供电企业支付的土地、房屋补偿费过低而阻碍输变电工程的施工。此为对法条的错误认识。第五十五条规定“电力设施与公用工程、绿化工程和其他工程在新建、改建或者扩建中相互妨碍时，有关单位应当按照国家有关规定协商，达成协议后方可施工。”该规定在《中华人民共和国电力法》第七章“电力设施保护”章节，适用于解决电力设施与其他公用工程、绿化工程等的妨碍矛盾，并不适用于经核准、审批并依法开工的输变电工程建设。

根据《中华人民共和国民法典》第一百三十二条，民事主体不得滥用民事权利损害国家利益、社会公共利益或者他人合法权益。经过核准、审批并依法开工的输变电工程，具有公共利益的性质，不允许公民个人随意阻碍施工。如案例 1-1，法院认为，被告供电公司新建的输变电工程，系相关社会公共设施的改造与完善，此项工程有利于人民整体的生产、生活，保障其正常实施是公民应尽的责任和义务。被告以原告补偿不合理为由，阻止原告施工无法律依据。如被告对占地补偿款的标准有异议，可另行提起诉讼，通过法律途径保护自己合法权益。也就是说，即使没有谈妥补偿标准，任何公民

也不得以此为由阻碍输变电工程的施工。

3. 阻碍电网施工作业涉嫌刑事责任，供电公司应及时维权

如前所述，民事主体不得滥用民事权利损害输变电工程的公共利益。如案例 1-2，被告人多次来到施工工地以身体阻挡机器的方式阻碍施工，砍砸并损坏施工机器，事后虽然取得供电公司的谅解，但仍被检察机关提出公诉，最终承担刑事责任。从案例 1-2、案例 1-3 看，聚众阻碍电网建设、信访时聚众哄闹供电公司的，涉嫌破坏生产经营罪、妨害公务罪、寻衅滋事罪、聚众扰乱社会秩序罪等多项罪名。如果发生暴力袭击正在依法执行职务的人民警察的，还将依照妨害公务罪的规定从重处罚。纠集他人多次实施前款行为，严重破坏社会秩序的，将被处五年以上十年以下有期徒刑，可以并处罚金。煽动、串联、胁迫、以财物诱使、幕后操纵不明真相的群众采取过激方式参与非正常上访的，组织、资助他人或者提供交通工具协助他人非正常上访的，或者以信访为名借机敛财，插手社会管理事务，扰乱社会秩序的首要分子、组织策划者和积极参与者，将面临较重的处罚。

4. 输变电工应合法开工，关注生态环境风险

如前所述，即使没有谈妥补偿标准，任何公民也不得以此为由阻碍输变电工程的施工。但是，公民不得阻止输变电工程施工的前提是输变电工程依法核准、合法开工。即，输变电工程并非“核准即开工”，项目核准后，还应依法办理相关手续，方可开工，且建设过程中也应做到合法合规。输变电工程建设的时间通常较长，可能是数年或更长时间，在整个过程中难免会对环境和生态造成影响，如破坏林地、植被、水资源，不规范施工造成扬尘等，都有可能被行政处罚，严重的还有可能被追究刑事责任。因此，项目施工过程中涉及众多行政许可事项，也应依法办理。如案例 1-4，建设方为图方便占用林地建设施工便道，构成非法占用农用地罪。如案例 1-5，施工方为了赶工期，在未办理采伐许可证就砍伐林木，构成滥伐林木罪。这两种情况在具体工作过程中并不鲜见，需要相关人员足够重视，依法办理输变电工程项目建设过程中各环节涉及的行政许可手续，避免行政处罚乃至刑事责任风险。

四、管理建议

电网建设事关公共利益。公共利益的维护离不开公权力的保护。根据《中华人民共和国电力法》第十六条，地方人民政府对电力事业依法使用土地和迁移居民，应当予以支持和协助。因此，供电企业在电网建设过程中，应加强政策研究和突发事件防范，依托政府加强电网建设政策处理，确保电网建设项目有效落地。经过核准、审批并依法开工的输变电工程，如施工遇到阻碍，供电公司应及时维权。

一是可以依法寻求政府部门公权力的救济，申请保护性施工。对采取极端方式阻碍电网建设，闹访或借上访之名煽动闹事的，应坚决依法严肃处理，及时报警寻求公安机关的保护，由公安机关依法采取必要手段强行驱散或强行带离现场，构成犯罪的，依法追究其刑事责任。

二是可以主动提起排除妨碍之诉，寻求司法救济。如案例 1-1，供电公司因施工受阻，主动提起诉讼，最终法院判决被告不得阻止原告供电公司施工。如法院判决被告不得阻止供电公司施工，原告仍要阻碍施工，供电公司可以申请法院强制执行，并依法追究被告拒不执行生效法律文书的责任。

输变电工程项目点多面广矛盾多，需要供电企业加强与政府部门的汇报沟通，争取政府部门对电网建设的重视、支持，促请政府成立电网工程建设协调领导小组，建立工作例会和协调机制，统一部署电网项目重大事项，协调处理项目推进过程中的重大问题，确保电网建设项目进度。

第二节　电网项目涉及公益可依法征收土地房屋

一、参考案例

【案例 1-6】 城镇 10kV 变压器是基础设施，具备公益性质

案号：（2023）粤 02 民终 1792 号

1991 年 6 月，原告父母购买了某商铺，现该房屋由原告继承。2001 年

6月，电力工业局为配合做好市创建优秀旅游城市工作，对市区城市电网建设进行改造工作，经城市建设主管部门审批同意，对建筑地址位于启明路西侧的电力电缆进行改造时，在距原告上述商铺3.3～3.7米外的人行道上安装了10千伏以下组合式变压器。原告认为该变压器导致其商铺至今无法经营；存在安全隐患，害怕漏电出事故，诉请法院判令被告迁移铺面前的变压器。

一审法院认为，根据《建筑设计防火规范（2018年版）》（GB 50016—2014）第5.2.3条第二款“民用建筑与10kV及以下的预装式变电站的防火间距不应小于3m”的规定，被告安装在原告商铺外的10千伏以下组合式变压器，符合上述规范要求。同时，在城市市区安装居民所用的10千伏以下组合式变压器，具有公共利益属性，其选址是满足周边用户用电和安全综合考量后的最合适地址。案涉变压器所涉项目是为某路片区一带的电力供电可靠性而投资建设的，为社区公共利益所设，属于公用电力设施。电力局在设立变压器时，已经充分考虑对周边用户的影响和供电可靠性、稳定性等因素。若对变压器进行迁移将影响用户用电的稳定性，搬迁将导致周边用电用户供电中断，影响公共利益。故原告的诉讼请求，没有法律依据，一审法院不予支持。二审法院驳回原告上诉，维持原判。

【案例1-7】 已投运输电线路的安全运行涉及社会的公共利益。

案号：（2022）新3122民初485号、（2022）新31民终1443号

原告与村委会于2008年12月6日签订《土地承包合同》，其涉案的承包的土地上有5条电力线路。原告向一审法院起诉请求：①判令被告供电公司赔偿原告200000元损失，具体金额以鉴定为准；②判令被告排除对原告涉案地段的妨害，恢复土地原状。

一审法院认为，电线电力设施属于国家所有的财产，受法律保护，禁止任何组织或者个人破坏。作为民事主体要维护社会和经济秩序，适应中国特色社会主义发展要求，弘扬社会主义核心价值观，维护国家和社会公共利益，故驳回原告的全部诉讼请求。二审法院认为电线电力设施属于国家所有的财产，受法律保护，禁止任何组织或者个人破坏，且上诉人对自己的上诉请求

在二审中未提交相应证据证明自己无法利用其相应土地价值，线路侵害其土地使用权。故驳回原告上诉，维持原判。

二、关键法条

★《中华人民共和国宪法》（2018 年修正）

第十条 城市的土地属于国家所有。

农村和城市郊区的土地，除由法律规定属于国家所有的以外，属于集体所有；宅基地和自留地、自留山，也属于集体所有。

国家为了公共利益的需要，可以依照法律规定对土地实行征收或者征用并给予补偿。

任何组织或者个人不得侵占、买卖或者以其他形式非法转让土地。土地的使用权可以依照法律的规定转让。

一切使用土地的组织和个人必须合理地利用土地。

第十三条 公民的合法的私有财产不受侵犯。

国家依照法律规定保护公民的私有财产权和继承权。

国家为了公共利益的需要，可以依照法律规定对公民的私有财产实行征收或者征用并给予补偿。

★《中华人民共和国民法典》（自 2021 年 1 月 1 日起施行）

第二百四十三条 为了公共利益的需要，依照法律规定的权限和程序可以征收集体所有的土地和组织、个人的房屋以及其他不动产。

征收集体所有的土地，应当依法及时足额支付土地补偿费、安置补助费以及农村村民住宅、其他地上附着物和青苗等的补偿费用，并安排被征地农民的社会保障费用，保障被征地农民的生活，维护被征地农民的合法权益。

征收组织、个人的房屋以及其他不动产，应当依法给予征收补偿，维护被征收人的合法权益；征收个人住宅的，还应当保障被征收人的居住条件。

任何组织或者个人不得贪污、挪用、私分、截留、拖欠征收补偿费等费用。

第二百九十二条 不动产权利人因建造、修缮建筑物以及铺设电线、电缆、水管、暖气和燃气管线等必须利用相邻土地、建筑物的，该土地、建筑物的权利人应当提供必要的便利。

★《中华人民共和国土地管理法》（2019 年修正）

第四十五条 为了公共利益的需要，有下列情形之一，确需征收农民集体所有的土地的，可以依法实施征收：

（一）军事和外交需要用地的；

（二）由政府组织实施的能源、交通、水利、通信、邮政等基础设施建设需要用地的；

（三）由政府组织实施的科技、教育、文化、卫生、体育、生态环境和资源保护、防灾减灾、文物保护、社区综合服务、社会福利、市政公用、优抚安置、英烈保护等公共事业需要用地的；

（四）由政府组织实施的扶贫搬迁、保障性安居工程建设需要用地的；

（五）在土地利用总体规划确定的城镇建设用地范围内，经省级以上人民政府批准由县级以上地方人民政府组织实施的成片开发建设需要用地的；

（六）法律规定为公共利益需要可以征收农民集体所有的土地的其他情形。

前款规定的建设活动，应当符合国民经济和社会发展规划、土地利用总体规划、城乡规划和专项规划；第（四）项、第（五）项规定的建设活动，还应当纳入国民经济和社会发展年度计划；第（五）项规定的成片开发并应当符合国务院自然资源主管部门规定的标准。

第四十八条 征收土地应当给予公平、合理的补偿，保障被征地农民原有生活水平不降低、长远生计有保障。

征收土地应当依法及时足额支付土地补偿费、安置补助费以及农村村民住宅、其他地上附着物和青苗等的补偿费用，并安排被征地农民的社会保障费用。

征收农用地的土地补偿费、安置补助费标准由省、自治区、直辖市通过制定公布区片综合地价确定。制定区片综合地价应当综合考虑土地原用途、土地资源条件、土地产值、土地区位、土地供求关系、人口以及经济社会发展水平等因素，并至少每三年调整或者重新公布一次。

征收农用地以外的其他土地、地上附着物和青苗等的补偿标准，由省、自治区、直辖市制定。对其中的农村村民住宅，应当按照先补偿后搬迁、居住条件有改善的原则，尊重农村村民意愿，采取重新安排宅基地建房、提供安置房或者货币补偿等方式给予公平、合理的补偿，并对因征收造成的搬迁、临时安置等费用予以补偿，保障农村村民居住的权利和合法的住房财产权益。

县级以上地方人民政府应当将被征地农民纳入相应的养老等社会保障体系。被征地农民的社会保障费用主要用于符合条件的被征地农民的养老保险等社会保险缴费补贴。被征地农民社会保障费用的筹集、管理和使用办法，由省、自治区、直辖市制定。

第五十八条 有下列情形之一的，由有关人民政府自然资源主管部门报经原批准用地的人民政府或者有批准权的人民政府批准，可以收回国有土地使用权：

（一）为实施城市规划进行旧城区改建以及其他公共利益需要，确需使用土地的；

（二）土地出让等有偿使用合同约定的使用期限届满，土地使用者未申请续期或者申请续期未获批准的；

（三）因单位撤销、迁移等原因，停止使用原划拨的国有土地的；

（四）公路、铁路、机场、矿场等经核准报废的。

依照前款第（一）项的规定收回国有土地使用权的，对土地使用权人应当给予适当补偿。

★《国有土地上房屋征收与补偿条例》（自2011年1月21日起施行）

第八条 为了保障国家安全、促进国民经济和社会发展等公共利益的需要，有下列情形之一，确需征收房屋的，由市、县级人民政府作出房屋征收决定：

（一）国防和外交的需要；

（二）由政府组织实施的能源、交通、水利等基础设施建设的需要；

（三）由政府组织实施的科技、教育、文化、卫生、体育、环境和资源保护、防灾减灾、文物保护、社会福利、市政公用等公共事业的需要；

（四）由政府组织实施的保障性安居工程建设的需要；

（五）由政府依照城乡规划法有关规定组织实施的对危房集中、基础设施落后等地段进行旧城区改建的需要；

（六）法律、行政法规规定的其他公共利益的需要。

第九条 依照本条例第八条规定，确需征收房屋的各项建设活动，应当符合国民经济和社会发展规划、土地利用总体规划、城乡规划和专项规划。保障性安居工程建设、旧城区改建，应当纳入市、县级国民经济和社会发展年度计划。

制定国民经济和社会发展规划、土地利用总体规划、城乡规划和专项规划，应当广泛征求社会公众意见，经过科学论证。

三、要点简析

1. 输变电工程项目具有公益性质，可以依法征收土地与房屋

输变电工程项目属于由政府组织实施的能源基础设施建设项目，其目的是优化电网结构，提高供电可靠性和安全性，满足某一地区的用电需要。从

案例 1-6 可知，输变电工程项目的公益性质已得到了法院的广泛认可。

2. 农村集体土地可以依法征收

根据《中华人民共和国宪法》第十条，国家为了公共利益的需要，可以依照法律规定对土地实行征收或者征用并给予补偿。

根据《中华人民共和国民法典》第二百四十三条，为了公共利益的需要，依照法律规定的权限和程序可以征收集体所有的土地和组织、个人的房屋以及其他不动产。征收集体所有的土地，应当依法及时足额支付土地补偿费、安置补助费以及农村村民住宅、其他地上附着物和青苗等的补偿费用，并安排被征地农民的社会保障费用，保障被征地农民的生活，维护被征地农民的合法权益。征收组织、个人的房屋以及其他不动产，应当依法给予征收补偿，维护被征收人的合法权益；征收个人住宅的，还应当保障被征收人的居住条件。

根据《中华人民共和国土地管理法》第四十五条，由政府组织实施的能源、交通、水利、通信、邮政等基础设施建设需要用地属于“为了公共利益的需要”，确需征收农民集体所有的土地的，可以依法实施征收。

3. 国有土地可以依法收回

根据《中华人民共和国土地管理法》第五十八条，为实施城市规划进行旧城区改建以及其他公共利益需要，确需使用土地的，由有关人民政府自然资源主管部门报经原批准用地的人民政府或者有批准权的人民政府批准，可以收回国有土地使用权。

4. 房屋可以依法征收

据《国有土地上房屋征收与补偿条例》第八条第（二）项规定，由政府组织实施的能源、交通、水利等基础设施建设的需要，可以进行房屋征收。

四、管理建议

为公共利益确需征收土地和房屋的，由政府组织征收。根据《中华人民共和国土地管理法》第四十七条，国家征收土地的，依照法定程序批准后，由县级以上地方人民政府予以公告并组织实施。《国有土地上房屋征收与补偿条例》第四条、第八条规定，市、县级人民政府负责本行政区域的房屋征收与补偿工作；为了保障国家安全、促进国民经济和社会发展等公共利益的需要确需征收房屋的，由市、县级人民政府作出房屋征收决定。

可见，当输变电工程确需征收房屋的，应向建设项目所在地人民政府提出征收申请，并提交项目批准文件、规划意见、土地预审意见等文件。相应的属地人民政府有严格遵守立项、审批及有关决议，按照规定的程序全面完成行政征收的义务。

第三节　架空线路跨越房屋符合要求则不必迁移

一、参考案例

【案例 1-8】 35 千伏架空线路可以跨越房屋，但要保证被跨越房屋的安全。

案号：（2022）甘 0121 民初 27 号

由原告继承的案涉房屋于 1953 年 4 月 18 日获得《土地房屋所有权证》，证书记载房屋有土房两间、木房三间，面积二分亩（133.3 平方米）。某 35 千伏线路于 1973 年架设，于 1980 年 10 月竣工经验收后投入使用开始送电。原告于 1990 年在宅院西面加盖了三间房屋。涉案的线路共三条，该三条线路一高两低穿越原告家院落跨越北面的房屋，其中较高的一条线路距离北面房屋屋顶不足 4 米，两条较低的线路距离北面房屋屋顶不足 3 米。原告认为案涉线路离屋顶的距离不符合国家规定的安全标准，对其生活造成了影响且存在安全隐患，故提起诉讼。

一审法院认为：在考虑风偏的情况下，35 千伏架空电力线路在村庄等人口密集地区的保护区规定的导线边线距建筑物的安全距离应不小于 3 米。

案涉三条线路中其中两条距离原告家北房屋顶不足3米，不符合安全距离的规定。但是，当民事主体的民事权利与社会公共利益相冲突时，应当根据公平原则合理处理冲突。案涉线路关系公共利益，移除线路必然影响附近村民及企业的正常用电，因此不支持原告要求移除线路的诉请。《电力设施保护条例实施细则》第十五条规定："架空电力线路一般不得跨越房屋。对架空电力线路通道内的原有房屋，架空电力线路建设单位应当与房屋产权所有者协商搬迁，拆迁费不得超出国家规定标准；特殊情况需要跨越房屋时，设计建设单位应当采取增加杆塔高度、缩短档距等安全措施，以保证被跨越房屋的安全。被跨越房屋不得再行增加高度。超越房屋的物体高度或房屋周边延伸出的物体长度必须符合安全距离的要求"。新建架空电力线路的建设单位可采取拆迁等措施保障安全距离，但该规定并非强制性法律规定，不宜强制要求被告供电公司对案涉房屋搬迁或者架高线路。考虑到案涉线路妨碍了原告对房屋的使用，考虑到庭审中供电公司称案涉线路重新架设或加高的问题目前正在研究中，因此判决被告向原告支付租房费用1000元/月直至某35千伏线路对原告位于永登县宅院使用的妨碍排除之日，并于本判决生效后5日内支付原告搬迁补偿费4000元和临时安置补助费11930元。

【案例1-9】 110千伏高压输电线可以跨越房屋，但要符合安全距离。

案号：（2022）湘10民终1443号

原告梁泉继承其父房屋。该房屋处于被告供电公司所有的110千伏塘某线下某支线和110千伏城某线某支线下方，原告房屋上方与该线路最近距离约20米。2008年因冰灾造成被告该处线路脱落，落到原告房屋屋顶，给原告房屋造成一定损害；2009年原告对损坏的房屋进行了翻修。原告以附近房屋被征收拆迁，但原告的房屋处于被告高压电线路下方而未被征收为由，向人民法院提起诉讼。

一审法院认为，原告的房屋处于被告所有的110千伏高压输电线下方是既成事实，且有较长历史时间，原告认为被告的高压输电线对其人身和财产有损害，但未提供确凿证据；被告提供的证据及相关行业标准可确认，被告的高压输电线路符合相关规定，对原告人身和财产无损害影响，因此原告要求被告排除妨碍的诉讼主张不能成立，不予支持。

二审法院引用《湖南省电力设施保护和供用电秩序维护条例》第十二条第二款规定“新建220千伏及以下架空电力线路一般不得跨越房屋，特殊情况需要跨越房屋时，电力建设单位应当采取增加杆塔高度等措施，保证被跨越房屋的安全。达到国家规定安全距离的，不实施拆迁和补偿；无法达到国家规定安全距离的，由电力建设单位依法实施拆迁并给予补偿。”《湖南省电力建设若干规定》第十七条第二款规定“电力企业兴建的220千伏及以下电力架空线路确需跨越房屋的，应当按照电力行业国家标准保证安全距离，房屋不予拆除和补偿；确实不能保证安全距离的，应当予以拆除。”因此，从现有的立法来看，并未禁止新建110千伏电力线路跨越房屋，只是要求留足相应的安全距离。DL/T 741—2019《架空输电线路运行规程》明确规定110千伏线路导线与建筑物之间的最小垂直距离为5.0米。涉案高压线路涉及电力输送，关乎公共利益，被告架设涉案高压线的行为已经过政府职能部门的审批，并已留足安全距离。故驳回上诉，维持原判。

【案例1-10】 架空线路跨越房屋应符合安全距离。

案号：（2022）鲁06民终2136号

原告王某位于某市的房屋建成于1992年，1998年由市国土资源局为该房屋所占用的土地办理了《国有土地使用证》，土地使用权人为王某，土地使用面积为1568.28平方米。1999年市房产管理局又为王某登记办理了《房权证》，建筑面积为329.57平方米，均为砖瓦结构的平房。被告架设的三条线路于2007年4月26日施工完成，经过了竣工验收，并交付供电公司使用。这三条架空送电线路在海核一路南段均架设在110千伏送电线路相同的铁塔线杆上，其中7号铁塔线杆（现更改为83号）和8号铁塔线杆（现更改为84号）之间的送电线路横跨原告位于某路路旁的涉案房屋上空。2020年9月，原告王某认为涉案的送电线路影响其房地产的商用价值，并称其房屋的租客发现因高压线的影响其院内的铁质支柱有漏电现象，以供电公司为被告，以被告侵权为由向法院提起诉讼。

一审法院认为，经现场测量一条 110 千伏和两条 10 千伏架空送电线路导线最低点与原告现场房屋的最高点之间的垂直距离分别为 14.2 米和 7.2 米，符合架空电力线路设计规范的要求，理论上不会对原告的房屋安全造成影响，故驳回原告王某的诉讼请求。二审法院驳回上诉，维持原判。

【案例 1-11】 水平距离不够，不小于最小净空距离也属合法。

案号：（2017）川 08 民终 491 号

某铁路牵引站 110 千伏输电线路 N34-N35 档位于原告何某房屋左侧。被告某市供电公司委托第三方对线路与原告房屋距离进行了测量。原告认为该线路距离其房屋的水平距离仅 0.4 米，小于国家规范的 2.0 米，应当予以拆除。故诉至法院。一审法院认为，案涉工程系合法建设。水平超出最小安全距离，但参考《110kV～750kV 架空输电线路设计规范》（GB 50545—2010），净空距离满足要求且已采取了适当的安全措施，其电磁辐射符合相应技术规范，判决驳回原告诉讼请求。二审维持原判。

【案例 1-12】 环境影响评价符合要求，330 千伏输电线路无需迁移。

案号：（2023）甘 10 民终 2148 号

原告邵某土地上加盖有房屋，但未办理登记手续。某铁路（甘肃段）330 千伏供电工程项目输电线路跨越其房屋，遂诉至法院希望判令被告将某铁路 330 千伏高架线从其房屋上空移除。

一审法院认为，根据被告提供的关于项目核准、环境影响报告书批复等证据，可以证明案涉 330 千伏供电线路系经相关部门批准并用于促进当地经济发展而架设的公用事业，且线路已经验收合格并投入使用。同时根据环境影响报告书所载内容，对案涉线路沿途可能造成的电磁环境影响及声环境影响进行了预测和评价，案涉地块所在位置所受工频电场强度、工频磁感应强度均满足电磁环境控制限值，噪声排放值昼、夜间均能满足相应标准，故驳回邵某的诉讼请求。二审驳回上诉，维持原判。

二、关键法条

★《电力设施保护条例实施细则》(2024年修订)

第十五条 架空电力线路一般不得跨越房屋。对架空电力线路通道内的原有房屋，架空电力线路建设单位应当与房屋产权所有者协商搬迁，迁拆费不得超出国家规定标准；特殊情况需要跨越房屋时，设计建设单位应当采取增加杆塔高度、缩短档距等安全措施，以保证被跨越房屋的安全。被跨越房屋不得再行增加高度。超越房屋的物体高度或房屋周边延伸出的物体长度必须符合安全距离的要求。

★《110kV～750kV架空输电线路设计规范》(GB 50545—2010)

13.0.4 输电线路不应跨越屋顶为可燃材料的建筑物。对耐火屋顶的建筑物，如需跨越时应与有关方面协商同意，500kV及以上输电线路不应跨越长期住人的建筑物。

1. 在最大计算弧垂情况下，导线与建筑物之间的最小垂直距离，应符合表13.0.4-1规定的数值。

表13.0.4-1　导线与建筑物之间的最小垂直距离

标称电压（kV）	110	220	330	500	750
垂直距离（m）	5.0	6.0	7.0	9.0	11.5

2. 在最大计算偏风情况下，边导线与建筑物之间的最小净空距离，应符合表13.0.4-2规定的数值。

表13.0.4-2　边导线与建筑物之间的最小净空距离

标称电压（kV）	110	220	330	500	750
距离（m）	4.0	5.0	6.0	8.5	11.0

3. 在无风情况下，边导线与建筑物之间的水平距离，应符合表13.0.4-3规定的数值。

表 13.0.4-3　　边导线与建筑物之间的水平距离

标称电压（kV）	110	220	330	500	750
距离（m）	2.0	2.5	3.0	5.0	6.0

4．在最大计算风偏情况下，边导线与建筑物之间的最小净空距离，应符合表 13.0.4-2 规定的数值。

水平距离小于本规范表 13.0.4-3 所列数值时，应考虑最大风偏情况下边导线与建筑间的最小净空距离不小于本规范表 13.0.4-2。

★《浙江省电力条例》（自 2023 年 1 月 1 日起施行）

第十八条　新建 500 千伏以上架空电力线路的，电力线路不得跨越居民住宅和危及电力线路安全的建筑物、构筑物；确实无法避开需要跨越的，应当对相关建筑物、构筑物依法征收并给予补偿。

新建的 220 千伏以下架空电力线路需要跨越居民住宅或者危及电力线路安全的建筑物、构筑物的，电力设施建设单位应当按照国家相关技术规范采取安全措施，确保跨越距离符合安全标准。因保证安全距离要求，需要对相关建筑物、构筑物进行改造或者限制其正常使用的，应当根据实际损失给予相应补偿；确实无法满足安全距离要求的，应当对相关建筑物、构筑物依法征收并给予补偿。

★《江苏省电力条例》（自 2020 年 5 月 1 日起施行）

第二十条第二款　对 500 千伏及以上架空电力线路确需跨越的居民住宅以及在其走廊内按照设计规程必须拆除的其他房屋，应当依法拆除并给予补偿；220 千伏及以下架空电力线路跨越房屋的，电力建设单位应当按照国家有关技术规程采取安全措施，确保跨越安全距离。

三、要点简析

1．架空线路在特殊情况下可以跨越房屋

架空电力线路是否可以跨越房屋，法律上并无禁止性规定。关于“特殊情况”，法律也没有做出明确规定。《电力设施保护条例实施细则》第十五条明确“架空电力线路一般不得跨越房屋”，同时也指出“特殊情况需要跨越房屋时，设计建设单位应当采取增加杆塔高度、缩短档距等安全措施，以保证被跨越房屋的安全”。从《电力设施保护条例实施细则》可知，在保证安全的情况下，允许架空电力线路跨越房屋。各省针对此问题，也有类似的操作细则。架空线路对相邻住户是否构成侵权，主要从高压送电线路建设项目是否具有合法审批手续、设计施工是否违反行业或国家标准、环评测值是否超限等作为判断标准。

2. 各电压等级跨越要求

如《江苏省电力条例》第二十条第二款规定，对500千伏及以上架空电力线路确需跨越的居民住宅以及在其走廊内按照设计规程必须拆除的其他房屋，应当依法拆除并给予补偿；220千伏及以下架空电力线路跨越房屋的，电力建设单位应当按照国家有关技术规程采取安全措施，确保跨越安全距离。《浙江省电力条例》明确规定，对于新建500千伏以上架空电力线路不得跨越居民住宅和危及线路安全的建筑物、构筑物；确需跨越的，应当依法予以征收并给予补偿。新建220千伏以下的架空线路需跨越房屋的，应当按照国家相关技术规范采取安全措施，确保跨越距离符合安全标准并根据实际损失给予相应补偿，确实无法满足安全距离要求的，应当依法征收并予以补偿。

3. 水平距离不够，不小于最小净空距离也属合法

水平距离不够，但线路净空足够的情况并不鲜见。在案例1-11中，涉案线路的水平距离虽与国家标准距离不符，但参考《110kV～750kV架空输电线路设计规范》（GB 50545—2010）条文说明“水平距离小于本规范表13.0.4-3所列数值时，应考虑最大风偏情况下边导线与建筑间的最小净空距离不小于本规范表13.0.4-2”，案涉线路净空距离主房为32.34米，距离偏房为42米，符合相应标准，超出最小安全距离，已采取了适当的安全措施，其电磁辐射符合相应技术规范。故对原告的诉讼

请求不予支持。

四、管理建议

1. 相关人员应加强学习吃透法律和政策

电网建设纠纷处理过程中，如果电力员工解释不清楚，政府工作人员及司法人员又缺乏专业解读，很可能导致一些纠纷久拖不决。为避免矛盾冲突升级，供电企业相关人员在做好现场处置的前提下，应及时、全面地吃透弄懂相关法律法规和政策文件精神，充分做好沟通解释工作，才能争取最大程度的理解和支持，保证电网建设项目合法有序推进。

2. 电网项目前期工作应依法合规开展

重点防范电网建设项目管理过程中的建设用地规划，如土地征收与补偿、对规划区内的建筑物、矿山、森林等进行易地搬迁或经济赔偿。严格遵照法律程序进行工程建设，杜绝未批先建、未审先建等现象，依法有序地推进电网建设各项工作，确保建设程序的合法性与合规性。

3. 加强线路巡视，排查治理房线隐患

重点加强辖区电力线路巡视排查，及时发现和制止线下违章建房行为。对存在违章建房的村民做好解释宣传的工作，下发《电力设施隐患整改通知书》。加强与政府执法部门沟通，提高联合执法力度，对乱建、违章建盖的行为加大整治力度。

4. 加强法治宣传工作

组织安全宣传人员发放《电力设施保护条例》《中华人民共和国电力法》等法律法规宣传资料，加强宣传、贯彻电力设施保护相关法律、法规，讲解电力线路下建房的危害性，为安全用电营造良好环境。

第四节 输电线路走廊可不征地仅作一次性补偿

一、参考案例

【案例 1-13】 输电线路塔基可以不征地。

案号：（2018）苏 06 民终 3238 号

2015 年 10 月 23 日，某省发展改革委核准同意建设 220 千伏南某输变电工程等电网项目。2016 年 8 月 23 日，南某供电公司与华某公司签订输变电工程施工合同。2016 年 10 月 20 日，如某县供电公司委托某省如某县人民政府负责该线路工程沿线的政策处理工作并签订协议。涉及曹某、张某的青苗补偿等费用，已经发放至曹某的银行卡上。但曹某、张某认为，在其承包地上建设塔基的行为不合法，故对该笔款项未领取。2017 年 12 月 30 日，案涉工程经竣工验收合格已经投运。原告不服，诉至法院。

一审法院认为，根据该省相关条例及文件规定，南某供电公司在曹某、张某承包地上建设 33 号塔基础不实行征地，自然也就不存在与曹某、张某签订征地补偿协议的问题。虽然塔基不征地，但相关补偿参照征地补偿标准做一次性经济补偿。案涉工程取得项目核准批文手续及批准的规划红线，33 号塔基经设计变更后仍在红线范围内，且案涉工程已发包给有资质的施工单位，故南某供电公司的建设行为合法有据。且案涉工程系关乎国计民生的基础设施建设工程，耗资巨大且已投运，曹某、张某要求南某供电公司、省电力公司拆除案涉塔基并将土地恢复原状的诉讼请求无事实和法律依据，法院不予支持。判决驳回曹某、张某的诉讼请求。二审维持原判。

【案例 1-14】 输电线路工程走廊（包括杆、塔基础）不征地。

案号：（2018）苏 0623 民初 332 号

原告系某村村民，在该村享有承包地。2013 年 7 月，某电力设计院有限公司对如某变电站改接五某变电站工程线路路径作出设计规划即所谓的规划红线图。2015 年 10 月 23 日，江苏省发展改革委发文同意建设 220 千伏某输变电工程等电网项目。2016 年 8 月 23 日，某供电公司与某电力工程有限公司签订输变电工程施工合同。原告诉请法院判令两被告拆除擅自在原告户承包地上建设的基础桩等设施，并将土地恢复至原有状态。

2007 年 3 月 13 日，江苏省人民政府办公厅下发了苏政办发〔2007〕24 号《省政府办公厅转发发展改革委等部门单位关于进一步加快江苏电网建设意见的通知》，该意见第三点“切实简化有关行政审批手续”中进一步明确了“各级政府、各有关部门要积极支持电网建设，按照行政审批权限，简化审批手续，主动做好服务工作。城市规划建设管理部门要加快对变电站站址、输电线线路路径方案的审批，及时核发《建设工程规划许可证》和《建设工程施工许可证》。输电线路工程以项目核准文件及批准的规划红线作为建设的合法依据，不办理《建设工程规划许可证》和《建设工程施工许可证》。输电线路工程走廊（包括杆、塔基础）不征地，但对输电线路塔基用地参照征地补偿标准做一次性经济补偿。对输电线路跨越河道、公路（含高速公路）、铁路需要行政审批的，原则上可采用集中打包方式进行审批”。

一审法院认为：输电线路工程走廊（包括杆、塔基础）不征地，但对输电线路塔基用地参照征地补偿标准做一次性经济补偿。2008 年 5 月 1 日起施行的《江苏省电力保护条例》第六条规定，架空电力线路走廊（包括杆、塔基础）和地下电缆通道建设不实行征地，电力建设单位应当对杆、塔基础用地的土地承包经营权人或者建设用地使用权人给予一次性经济补偿。经济补偿的标准应当合理，具体标准由省财政、价格主管部门会同电力行政管理部门制定，并报省人民政府批准后执行。据此，被告某供电公司在原告户承包地上建设 33 号塔基础不实行征地，自然也就不存在与原告户签订征地补偿协议的问题，故驳回原告的诉讼请求。

【案例 1-15】 铁塔征地支付一次性占地补偿具备合法性。

案号:（2019）冀 06 民终 483 号

原告在保某市某区有承包田。1995 年被告保某供电分公司在东某庄村架设电线杆并拉高压线，其中 32 号线杆占用了原告部分承包田，该线杆架设在原告承包田中间部位，拉线跨越整个承包田，对承包田的耕种造成影响。线杆及拉线架设后由被告使用，用于高铁供电。原告认为该电线杆及高压线的架设影响了原告对土地的耕种，导致该承包田部分土地被撂荒，要求被告应赔偿原告损失。

被告于 1997 年 12 月、1998 年 1 月向被告东某庄支付了青苗补偿费、铁塔征地和树木砍伐费用，该费用不但包括电力铁塔征地补偿，还包括了铁塔之间线杆的占地补偿，其中含有 32 号线杆的补偿。原告当庭表示并未收到任何补偿。

经原告申请，法院委托了保某东方资产评估有限公司对电线杆架设导致原告承包田闲置造成的损失进行价值评估[评估土地面积为 2.5 亩(1666.6667 平方米)，期限为 1998 年初至 2017 年底]，保某东方资产评估有限公司出具东方所评报字〔2018〕第 033 号报告，确认损失为 2.4 万元。

一审法院认为，本案中被告送变电为孙某 110 千伏二回输电线路的建设，依法征用了包括东某庄村在内的多个村庄的土地用于铁塔建设用地。在实际建设过程中，在铁塔之间架设线杆，其中 32 号线杆确实占用了原告部分承包地，对此被告已于 1997 年、1998 年向东某庄村村委会一次性支付了占地补偿，在支付的补偿中，不但有铁塔占地补偿，还包括了线杆占地补偿。被告线杆占地当时确未进行征地程序，但已对此支付了一次性占地补偿，该行为符合当地电力条例相关规定及市输变电工程建设征地拆迁补偿标准，已具备合法性。判决驳回原告赵某的诉讼请求。二审驳回上诉，维持原判。

二、关键法条[1]

★《黑龙江省电力设施建设与保护条例》(2018 年修订)

第十三条第一款　电力设施用地中属于永久性用地且符合国家《划拨用地目录》的，依法划拨取得。属于临时用地的，依法办理临时用地审批手续，土地权属不变。架空输电线路走廊和地下电力电缆通道建设不实行征地。

★《河北省电力条例》(自 2014 年 8 月 1 日起施行)

第九条　架空电力线路走廊和电力电缆通道不改变其范围内土地的权属和使用性质，电力建设单位应当参照当地征地补偿标准对杆塔基础用地的土地使用权人、土地所有权人给予一次性经济补偿。

电力建设项目需要征收土地的，应当按照有关法律、法规的规定办理。

★《江苏省电力条例》(自 2020 年 5 月 1 日起施行)

第十八条　架空电力线路走廊（包括杆、塔基础）和地下电缆通道建设不实行征地。杆、塔基础占用的土地，电力建设单位应当对土地承包经营权人或者建设用地使用权人给予一次性经济补偿。

★《浙江省电力条例》(自 2023 年 1 月 1 日起施行)

第十三条　县级以上人民政府及其有关部门应当对电力建设项目建设过程中涉及的土地利用、廊道落实、水域使用、施工条件、施工秩序保障等事项予以协调、支持。

电力建设项目涉及土地、房屋征收的，依照土地、房屋征收有关法律、法规的规定征收并给予补偿。

架空电力线路走廊（包括杆、塔基础）和地下电缆通道建设不实行土地征收。杆、塔基础占用的土地，电力设施建设单位应当给予一次性经济补偿。具体补偿办法和标准，由设区的市、县（市、区）人民政府制定。

[1] 全国共有十余个省份规定架空输电线路走廊和地下电力电缆通道建设不实行征地，本书不一一列举。

三、要点简析

1. 输电线路走廊不实行征地

“输电线路走廊不实行征地”已由全国人大常委会法工委的复函予以确认。2011年6月3日，全国人大常委会法工委在对黑龙江省人大法工委的《关于地方性法规中规定架空输电线路走廊不实行征地是否违法请示的答复意见》（法工办发〔2011〕128号）中明确“地方性法规根据土地管理法、森林法等相关法律规定，可以规定架空输电线路走廊不实行征地；对因保护架空输电线路走廊，给有关当事人合法权益造成损失的，应当依法给予补偿”。在实际工作中，有十余个省（自治区、直辖市）通过地方立法或地方政府规章的方式，规定电力线路走廊不征地。

在实践中，电力线路走廊及地下电缆通道大多未办理征地手续，不会导致土地权利人完全无法使用土地，予以补偿可平衡各方利益。架空线路不影响线下及走廊范围内耕种、人员通行等正常生产生活，仅有杆塔塔基存在占用土地资源的实际，塔基占地存在零星（面积小）、线性（线路长）的特点。明确线路走廊不征地对土地性质、归属均不产生调整与影响，有利于清晰一次性补偿、缓解土地资源紧张、化解补偿矛盾，以及线路拆改、停用后土地归属权益；同时强调线路走廊不征地，可以规范统一目前各省对输电线路杆塔塔基占地、征地标准不一的现状。

2. “施工在前，补偿在后”并不违法

案例1-13中，原告还提出了输变电工程征地补偿等费用“施工在前，补偿在后”的问题。一审法院认为，电力线路在施工时对线路沿线的青苗、树木等补偿费用以及对沟渠、路面等相关设施造成损失修复的费用均要待施工结束后才能最终确定，故不可能在施工前就一次性补偿到位，所以“施工在前，补偿在后”并不违法。

3. 补偿款已汇到被补偿人账户但未领取视为补偿到位

案例1-13中，关于征地补偿款是否已经到位，法院认为应当根据南某供电公司、某省电力公司实际资金到位情况分析。案涉工程中的征地补偿费用由地方人民政府包干使用，南某供电公司、某省电力公司已经将款项汇至如某县人民政府账户，然后由人民政府委托所在村民委员会发放。现有证据证明南某供电公司、某省电力公司已经将款项汇至如某县人民政府账户，南某供电公司、某省电力公司已经履行了其支付补偿款的义务，曹某、张某因与施工单位发生争执而未主动领取补偿款，由所在村民委员会汇至其银行卡上，南某供电公司、某省电力公司已经履行其支付补偿款义务，故法院确认南某供电公司、某省电力公司的补偿款已经到位。

4. 未超出规划红线的线路走向变更仍属合法

案例 1-13 中，南某供电公司在施工过程中经过实地勘查，认为原有线路存在瑕疵而要求变更塔基位置，经原设计单位变更设计后线路进行了调整，调整的桩基并未超出原有红线范围则应当视为仅属施工变更而不是线路整体方位的变更，不需要另行报批变更红线图，现有证据不能证明变更塔基站点已经超出了原有红线范围，则应当确认其变更具有合法性，曹某、张某认为变更塔基站点违法的理由不能成立。

四、管理建议

《浙江省电力条例》第十三条规定“县级以上人民政府及其有关部门应当对电力建设项目建设过程中涉及的土地利用、廊道落实、水域使用、施工条件、施工秩序保障等事项予以协调、支持。电力建设项目涉及土地、房屋征收的，依照土地、房屋征收有关法律、法规的规定征收并给予补偿。架空电力线路走廊（包括杆、塔基础）和地下电缆通道建设不实行土地征收。杆、塔基础占用的土地，电力设施建设单位应当给予一次性经济补偿。具体补偿办法和标准，由设区的市、县（市、区）人民政府制定。”可见输变电工程一般由县级以上人民政府及其有关部门负责政策处理工作。输变电工程建设根据电网建设规划及投资计划按项目、分区域、分阶段完成，具有占地面积较小，占地布点连线呈网状零散分布的特点。电网建设项目的征地拆迁补偿安置工作，按照属地管理原则，应由沿线县级以上人民政府及其有关部门组织实施。具体执行过程中，一般采用电网工程建设所需土地补偿费、安置补助费、拆迁补助费、青苗补助费、地上附着物补偿费等，由沿线各市、县（市、区）政府包干使用的方法。

第五节　电力设施保护区与环保拆迁无必然联系

一、参考案例

【案例 1-16】 架空电力线路保护区与环保拆迁没有必然的关系。

案号：（2011）自流民一初字第 212 号、（2012）自民一终字第 83 号、（2013）川民提字第 459 号

原告雷某房屋于 1998 年 6 月完工，1999 年 6 月 5 日取得房屋所有权证。普某Ⅱ线 500 千伏超高压送电线路于 1998 年 11 月 18 日由政府同意征用塔基，1999 年送电。原告认为其住房位置属国务院《电力设施保护条例》规定的架空电力线路安全保护区 20 米以内，要求拆迁未果，诉至法院要求电力公司等被告停止相邻权侵害，消除对其人身和住房的危险，赔偿住房拆迁补偿金 222264.80 元以及误工费 25000 元。

一审认为，普某Ⅱ线系经国家行政审批后兴建，雷某的诉求缺乏妨害相邻关系的事实基础，该主张不能成立，不予支持。二审引用国家环境保护总局办公厅函《关于高压输变电建设项目环评适用标准等有关问题的复函》（环办函〔2007〕881 号），认为架空电力线路保护区与环保拆迁没有必然的关系，普某Ⅱ线与雷某房屋之间的最小垂直距离、净空距离、水平距离均大于《（110-500）kV 架空送电线路设计技术规程》（DL/T 5092—1999）、《110kV～750kV 架空输电线路设计规范》（GB 50545—2010）规定的安全距

离，雷某提供的证据不足以证明某Ⅱ线的架设违反了有关国家标准或行业标准、对雷某及其家人的房屋和人身构成了相邻权侵害，故维持原判。再审维持原判。

【案例 1-17】 架空电力线路保护区与安全距离是两个不同的概念。

案号：（2018）皖 0881 民初 266 号、（2018）皖 08 民终 1454 号

原告阮某夫妇于 1994 年申请获得一宗宅基地后，自建三底三上楼房一幢。被告某电力公司于 2011 年度开始建设 500 千伏安某输变电工程，并于 2012 年度投入运行至今。2017 年原告外地打工回家发现该线路，认为该线路不仅严重侵害了其合法居住环境，而且还给其家庭生活造成严重的安全隐患。2017 年 9 月 12 日，被告委托相关机构对涉案线路与原告房屋的环境进行检测，原告房屋的工频电场强度符合国家标准；该 500 千伏高压线路距离原告房屋的垂直距离为 28 米、水平距离为 15.3 米、净空距离为 31.9 米，超过《110kV～750kV 架空输电线路设计规范》（GB 50545—2010）中最小净空距离为 8.5 米的规定，被告认为以上均符合国家标准，并未对原告造成妨害。2018 年 1 月 10 日阮某提起诉讼，请求被告排除妨碍，迁移高压线路，还原告一个安全的家庭环境。

一审法院认为，被告已委托相关机构测试原告房屋的工频电场、磁场强度、安全距离均符合国家要求，原告向法庭提交的照片证据，仅能证明涉案高压线路与原告房屋存在相邻关系的事实，并不能证明涉案线路对原告造成妨害，影响原告的居住和生活。两原告主张适用《电力设施保护条例》和《电力设施保护条例实施细则》的条文是对架空电力线路保护区的规定，是国家为了保护电力设施和电力线路进行的规定，与本案争议的架空输电线路与房屋的安全距离属于两个不同的概念。因此，两原告认为该法规和规章是对 500 千伏架空输电线路与房屋的安全距离进行的规定，系其错误理解，故驳回原告请求。二审维持原判。

【案例 1-18】 与房屋水平距离不够，不小于最小净空距离也属合法。

案号：（2016）川 0824 民初 1908 号、（2017）川 08 民终 491 号

原告何某的房屋位于110千伏兰某铁路牵引站输电线路某档线右侧。该档线路建设前，涉及线路欲跨越原告的房屋问题，政府相关部门及被告与原告双方就原告房屋拆迁事宜进行了商谈，未达成一致意见。2015年9月21日，被告某市供电公司委托某市电力设计院对该档导线与原告何某的房屋距离进行了测量。原告对某电力设计院测量的垂直距离、水平距离、净空距离的数值没有异议，但认为该线路距离其房屋的水平距离仅0.4米，小于国家规范的2.0米，不符合国家规范距离，对原告的房屋和生活存在高压危险妨碍，应当予以拆除。故原告起诉至法院，引发诉讼。

一审法院认为，兰某铁路牵引站供电工程经政府相关管理部门批准，系合法建设。其水平距离虽与国家标准距离不符，但参考中华人民共和国国家标准《110kV～750kV 架空输电线路设计规范》（GB 50545—2010）条文说明“水平距离小于本规范表13.0.4-3所列数值时，应考虑最大风偏情况下边导线与建筑间的最小净空距离不小于本规范表13.0.4-2”。涉案线路净空距离主房为32.34米，距离偏房为42米。同时该线路建设经有资质的专业机构进行环境影响评价，其110千伏线路电场对沿线居民身体健康不造成影响。可见，被告架设在原告房屋上方的高压线路符合相应技术标准，超出最小安全距离，已采取了适当的安全措施，其电磁环境影响符合相应技术规范。原告主张水平距离不符合国家规范，对其房屋和人身安全具有高度危险，造成损害的主张缺乏事实依据，对其诉讼请求不予支持。二审驳回上诉，维持原判。

【案例1-19】在先建设的合法建筑处于电力设施保护区，架空线路影响原告合法经营权益，供电公司应赔偿。

案号：（2022）粤0115民初12078号

原告自2010年起承包村3号鱼塘，并到市场和质量监督管理局办理个体工商户《营业执照》，属合法经营。市国土资源和规划委员会分别于2017年8月16日、2018年9月12日、2019年6月12日，向供电公司核发案涉线路的《建设工程规划许可证》。原告经营场所在前，案涉线路建设在后。

原告诉求判令被告赔偿给原告因案涉线路工程建设给原告钓虾场造成的经营损失（含停产停业损失）283 万元；判令被告赔偿给原告案涉线路工程建设给原告钓虾场造成基础设施投入损失 255864.49 元。

一审法院认为，根据 2017 年 7 月 1 日起施行的《广东省供用电条例》第二十一条第（三）款规定，明确禁止在架空电力线路保护区内使用钓竿、钓线等物品，另根据《电力设施保护条例》第十条第（一）款规定，500 千伏高压线路水平延伸 20 米并垂直于地面所形成的两平行面内的区域为电力设施保护区。因案涉鱼塘在电力设施保护区内。被告也确认自 2017 年 7 月 1 日起多次告知原告禁止在案涉架空电力保护区域钓鱼、钓虾，故原告于 2018 年 12 月起停止东涌鹭发钓虾场的经营。被告作为案涉线路工程的施工和运营方作为建设施工的行为人并无过错，但确因架空电力线路的施工及保护区的设置而禁止在架空电力线路保护区内使用钓竿、钓线等物品的行为，在客观上对原告的钓虾场合法经营权这一民事权益造成损害。故对原告主张被告赔偿自 2018 年 12 月至 2031 年 1 月 31 日经营损失（含停产停业损失）283 万元的请求，本院不予支持并依法予以驳回；案涉线路工程建设给原告钓虾场造成基础设施投入损失 255864.49 元的请求，该部分为财产损失，因原告已于 2022 年 8 月 3 日取得部分补偿，法院根据原告的申请委托鉴定机构，在剔除上述已补偿设施后，支持原告 203550 元的财产损失赔偿请求。

【案例 1-20】 线房距离符合规范，特高压直流输电工程不需迁移。

案号：（2022）苏 02 民终 5251 号

原告房屋坐落于某村 1 组。原告称 2021 年 8 月某 ±800 千伏特高压直流输电工程 N7606-N7607 对塔杆线档边线距原告房屋仅有 22 米，目前案涉线档有可能昼间噪声最大值将达到 47.9dB，已经超过设计规范标准强制性规范，将导致原告身受噪声的干扰。一审要求法院判令两被告拆除 ±800 千伏特高压直流输电工程（某线）官林段施工杆号为 N7606-N7607 之间的线档以及该塔基线档南移十余米，或者两被告将虞某房屋向北平移十余米。

一审法院认为，案涉工程项目合法，设计符合相关规范，该噪声值也满足声环境质量标准1类标准的要求，故判决驳回原告的诉讼请求。二审引用《电力设施保护条例》关于架空电力线路保护区规定：导线边线向外侧水平延伸并垂直于地面所形成的两平行面内的区域，在一般地区各级电压导线的边线延伸距离如下：550千伏20米。在厂矿、城镇等人口密集地区，架空电力线路保护区的区域可略小于上述规定。本案中，案涉房屋距边导线22米，完全符合《电力设施保护条例》的相关规定，故维持原判。

【案例1-21】 电力设施保护区内种植作物应符合要求。

案号：（2023）京0114民初17437号

孔某系某市某区村民。2004年12月6日，某经济合作社（发包方）与孔某（承包方）签订《农村土地承包合同》并进行了鉴证，孔某一户四人依法取得该村2.4亩（1600平方米）农村土地的承包经营权。孔某在承包土地上种植了核桃树等树木。孔某主张上述树木种植时为幼苗，现已进入丰果期。

电力公司架设的某线于1988年6月30日竣工并于当年投入运行。某线杆塔间线路从孔某承包的地块上方经过。庭审中，电力公司主张该段线路的对地距离为9.1米，其公司工作人员于2023年4、5月巡视过程中发现该段线路下树木的最高点和高压线导线之间的垂直距离不足4米，并有持续生长的可能性，如遇极端天气极可能发生隐患。为消除隐患，电力公司欲组织人员对孔某承包土地范围内的树木进行消隐修剪，但双方因补偿损失问题协商未果，被告一直未配合修剪。

一审法院认为：当公益性与私益性权益发生冲突时，具有公益性质的权利应优先保护。任何单位和个人不得在依法划定的电力设施保护区内修建可能危及电力设施安全的建筑物、构筑物，不得种植可能危及电力设施安全的植物，不得堆放可能危及电力设施安全的物品。判决孔某将种植于架空电力线路保护区范围内的核桃树18棵进行修剪并在全部树木的存活期内持续保持树冠与上述电力线路导线的距离不低于4米。

二、关键法条

★《电力设施保护条例实施细则》（2024 年修订）

第十五条　架空电力线路一般不得跨越房屋。对架空电力线路通道内的原有房屋，架空电力线路建设单位应当与房屋产权所有者协商搬迁，迁拆费不得超出国家规定标准；特殊情况需要跨越房屋时，设计建设单位应当采取增加杆塔高度、缩短档距等安全措施，以保证被跨越房屋的安全。被跨越房屋不得再行增加高度。超越房屋的物体高度或房屋周边延伸出的物体长度必须符合安全距离的要求。

★《110kV～750kV 架空输电线路设计规范》（GB 50545—2010）

13.0.4　输电线路不应跨越屋顶为可燃材料的建筑物。对耐火屋顶的建筑物，如需跨越时应与有关方面协商同意，500kV 及以上输电线路不应跨越长期住人的建筑物。

1. 在最大计算弧垂情况下，导线与建筑物之间的最小垂直距离，应符合表 13.0.4-1 规定的数值。

表 13.0.4-1　导线与建筑物之间的最小垂直距离

标称电压（kV）	110	220	330	500	750
垂直距离（m）	5.0	6.0	7.0	9.0	11.5

2. 在最大计算偏风情况下，边导线与建筑物之间的最小净空距离，应符合表 13.0.4-2 规定的数值。

表 13.0.4-2　边导线与建筑物之间的最小净空距离

标称电压（kV）	110	220	330	500	750
距离（m）	4.0	5.0	6.0	8.5	11.0

3. 在无风情况下，边导线与建筑物之间的水平距离，应符合表 13.0.4-3 规定的数值。

表 13.0.4-3　　边导线与建筑物之间的水平距离

标称电压（kV）	110	220	330	500	750
距离（m）	2.0	2.5	3.0	5.0	6.0

4．在最大计算风偏情况下，边导线与建筑物之间的最小净空距离，应符合表 13.0.4-2 规定的数值。

水平距离小于本规范表 13.0.4-3 所列数值时，应考虑最大风偏情况下边导线与建筑间的最小净空距离不小于本规范表 13.0.4-2。

三、要点简析

1．架空线路在特殊情况下可以跨越房屋

架空电力线路是否可以跨越房屋，法律上并无禁止性规定。《电力设施保护条例实施细则》第十五条明确“架空电力线路一般不得跨越房屋”，同时也指出，“特殊情况需要跨越房屋时，设计建设单位应当采取增加杆塔高度、缩短档距等安全措施，以保证被跨越房屋的安全”。从该细则可知，在保证安全的情况下，允许架空电力线路跨越房屋。各省针对此问题，也有类似的操作细则。如《江苏省电网建设征地拆迁补偿实施意见》明确规定，110 千伏架空导线与建筑物在最大计算弧垂下，最小垂直安全距离满足 5 米的情况下，被跨建筑物不予拆除和补偿。《浙江省电网设施建设保护和供用电秩序维护条例》规定，新建 500 千伏以上架空电力线路不得跨越居民住宅和危及线路安全的建筑物、构筑物；确需跨越的，设区的市、县（市、区）人民政府应当依法予以征收并给予补偿，对 500 千伏以下则不作此要求。

2．电力设施保护距离不是架空输电线路安全距离

架空线路的安全距离是带电线路与附近物体、地面、不同相带电导体，以及人员之间必须保持的最小距离或最小空气间隙。电力设施保护区距离是为了保障已建设架空线路的安全运行和电力正常传输、保障社会公众人身安全而划定的输电线路两侧的一定区域，通常为导线两侧一定水平距离区域内、禁止某些特定危险行为和作业。二者的概念、依据、内涵、保护目的和

对象均有所不同。为了防止线路建成以后在线路周围实施建房、栽树、施工等活动性行为而危及电力设施及公众人身安全，故设置了相对较大水平距离的保护区域。现实中人们往往将二者混淆，将电力设施保护区距离视同为架空电力线路的安全距离，由此引发的房线纠纷、树线纠纷较为多见。

如案例 1-16、案例 1-17，原告都主张适用《电力设施保护条例》和《电力设施保护条例实施细则》关于“导线边线向外侧水平延伸并垂直于地面所形成的两平行面内的区域：500 千伏为 20 米”的标准，要求被告拆迁。关于电力设施保护区距离与架空输电线路安全距离之间的关系，《国家环境保护总局办公厅关于高压输电建设项目环评适用标准等有关问题的复函》（环办函〔2007〕881 号）曾有表述，认为《电力设施保护条例》定义了架空电力线路保护区，设置保护区的目的是保证已建设架空线路的安全运行和保障人民生活正常供电。这一区域由国家强制划定，任何单位或个人在架空电力线路保护区内，必须遵守“不得兴建建筑物、构筑物”等规定，实际上是为保护线路这一公用设施及公众人身的安全，对该区域内的行为做出了限制，与环保拆迁没有必然的关系。

案例 1-16 于 2013 年经再审裁判，列入了《人民司法》2015 年第 2 期的指引案例，而案例 1-17 则于 2018 年裁判，即《国家环境保护总局办公厅关于高压输电建设项目环评适用标准等有关问题的复函》（环办函〔2007〕881 号）废止之后。可见，《国家环境保护总局办公厅关于高压输电建设项目环评适用标准等有关问题的复函》（环办函〔2007〕881 号）虽已于 2016 年 7 月废止，但相应的法理得到了法院的充分认可。如案例 1-16，法院认为，建设架空输电线路不适用《电力设施保护条例》和《电力设施保护条例实施细则》的规定，而适用《110kV～750kV 架空输电线路设计规范》（GB 50545—2010）等国家标准、行业标准。原告主张适用《电力设施保护条例》和《电力设施保护条例实施细则》的条文是对架空电力线路保护区的规定，是国家为了保护电力设施和电力线路进行的规定，与本案争议的架空输电线路与房屋的安全距离属于两个不同的概念。因此，原告认为电力设施保护区距离是对 500 千伏架空输电线路与房屋的安全距离进行的规定，系其错误理解。

四、管理建议

1. 相关人员应加强学习吃透法律和政策，引导合理反映诉求

近年来，属地群众阻碍电网建设的冲突时有发生，由此产生的信访案件也不在少数。为避免冲突升级，在做好现场处置的前提下，供电企业相关人员应及时、全面地吃透弄懂相关政策精神，提前做好沟通解释工作，坦诚交换意见，争取最大程度的理解和支持。

2. 依托政府加强树线、线房矛盾综合治理，确保电网安全

近年来，随着人民生活水平的日益提高，用电量增长迅速，电网规模随用电量的增加逐年扩大，线路廊道的保护直接影响电网安全。树线、线房矛盾是供电企业长期以来面临的主要矛盾之一。不少村民在高压线路下种植毛竹、树木等容易危害电力线路的植物，且劝导效果不佳。对此，建议供电企业要紧紧依托政府，建立良好的政企关系，以政府为主导对线路廊道开展定期清理。发现隐患后供电企业应及时下达隐患整改通知书，保留证据，积极主张权利，必要时可通过法院起诉，掌握主动权。部分供电企业通过政府发文，明确电网规划建设项目用地范围内，不得批准其他项目建设，不得占用已列入规划和投入使用的变电设施用地、架空电力线路走廊和电缆通道等。此类做法值得借鉴。

第六节　输电线路建在矿区因涉及公益不必拆除

一、参考案例

【案例 1-22】 探矿权不是采矿权，更不是有矿藏所有权，主张侵权损害应承担举证责任。

案号：（2019）京 02 民终 11699 号

原告乾某矿业公司于 2013 年、2015 年、2017 年连续三次取得某省国土资源厅颁发的矿产资源勘查许可证，有效期限从 2013 年 5 月 24 日至 2018

年5月31日。但截至本案庭审，原告仍未取得案涉金属矿的采矿许可证。

案涉1000千伏特高压交流输变电工程于2014年7月获得国家发展改革委的核准批复,2014年9月12日获得县人民政府关于线路路径坐标的复函，2014年9月开始施工建设。该工程有23座塔位在乾某矿业公司持有矿产资源勘查许可证的某金铜钼多金属矿的矿区范围内。现乾某矿业公司以对方在其矿区内违法强行施工，塔位（塔基）、高压线路等压覆矿区，不能行使自己合法的探矿权等为由，起诉要求对方赔偿乾某矿业公司由此造成的财产损失1000000元。

一审法院认为，乾某矿业公司以合法手续取得某省国土资源局颁发的矿产资源勘查许可证，对案涉的某省某乡棒子沟一带金铜钼多金属矿享有合法的探矿权权利，其合法权益受法律保护。案涉的1000千伏特高压交流输变电工程经国家发展改革委批准立项，并经相关政府部门批准建设。该工程属国家重点工程，亦涉及重大社会公共利益，工程相关立项、核准、建设手续合法、有效。依据法律规定，矿藏、水流、海域属于国家所有。而探矿权是指勘查矿产资源的权利，经依法登记矿产资源勘查许可，探矿权人依法行使探查矿产的权利。因此，乾某矿业公司仅作为案涉的某省某乡棒子沟一带金铜钼多金属矿的探矿权权利人，并不享有该矿藏的所有权是不争事实。故乾某矿业公司以案涉工程项目造成其矿产资源储量价值的损失为由主张案涉工程项目的招标人、工程建设方、实际施工方的三当事人予以赔偿于法无据。另外，虽然案涉工程的相关塔位（塔基）、高压线路等在上述乾某矿业公司享有探矿权的矿区范围之内，但塔位（塔基）、高压线路的工程路径走向及塔基坐标点等均经过合法审批手续。案涉的锡盟—山东1000千伏特高压交流输变电工程相关立项、核准、建设手续亦合法、有效，并不存在违法施工的情形。一审法院判决驳回乾某矿业公司的全部诉讼请求。

二审法院认为，根据已查明的事实，矿业公司对金铜钼多金属矿享有探矿权，现其主张因涉案输变电工程压覆矿区造成其财产损失，故其应对涉案输变电工程存在违法行为并造成其财产损失承担举证证明责任，同时乾某矿业公司在一、二审中也未举证证明涉案输变电工程与前期成本投入之损失存在因果关系，其主张的财产损失也因没有相应的资料无法进行有效评估。因此二审法院以上诉主张缺乏事实与法律依据，维持原判。

【案例 1-23】 依法审批的 1000 千伏线路塔基建在采矿权区域内，因涉及公益不必拆除（2024 年列入人民法院案例库参考案例）。

案号：（2014）丽云民初字第 324 号、（2015）浙丽民终字第 189 号

原告某叶腊石矿于 2004 年 12 月、2011 年 9 月、2013 年 2 月，经某县国土资源局审批，原告获得某县土岩岗头庵叶腊石矿的开采权，开采方式为露天开采，生产规模为 5 万吨/年。

2014 年 8 月，被告某省电力公司未与原告协商取得原告同意，擅自在原告的矿区内建立了“浙北—福州 1000 千伏交流输电线路第 5R67 号桩”，架设第 5R66～5R68 号桩之间的电线跨越原告的矿区。根据《电力设施保护条例实施细则》第十条规定，任何单位和个人不得在距电力设施周围 500 米范围内（指水平距离）进行爆破作业，以此导致原告不能正常爆破作业开采矿石。原告认为，根据《中华人民共和国矿产资源法》第三条第四款、第四条规定，原告依法获得的采矿权不受侵犯，国家保障矿区和勘查作业区的生产秩序、工作秩序不受影响和破坏；国家保障依法设立的矿山企业开采矿石资源的合法权益。因被告擅自在原告的矿区建立电线支桩和架设电线，导致原告不能正常爆破作业开采矿石并构成重大危险，已构成侵权。据此原告于 2014 年 10 月诉至法院，要求被告立即停止侵害，排除妨害，消除危险，请求判决被告立即拆除建立在原告采矿区内的“浙北—福州 1000 千伏交流输电线路第 5R67 号桩”及第 5R66～5R68 号桩之间的电线，以维护原告的合法权益。

一审法院认为，浙北—福州特高压交流输变电工程系经国家发展改革委依法核准批复，依法建设的国家重点工程，现原告未能提供证据证明被告的行为违反法律规定，加之该工程投资巨大且现已竣工并正式投入运营，如拆除浙北—福州 1000 千伏交流输电线路第 5R67 号桩及第 5R66～5R68 号桩之

间的电线将会给国家利益、社会公共利益造成重大损失，故对原告要求被告拆除第 5R67 号桩及第 5R66～5R68 号桩之间电线的诉讼请求不予支持。原告如认为被告架设的浙北—福州 1000 千伏交流输电线路第 5R67 号桩及第 5R66～5R68 号桩之间的电线的行为对其造成损失，双方可另行通过协商或诉讼途径解决，驳回了原告要求拆除线路的诉讼请求。原告不服一审法院的判决诉至二审法院，二审法院审理后认为，即使被上诉人建设支桩和架设电线的行为构成对上诉人采矿权的妨害，但考虑到浙北—福州特高压交流输变电工程在满足福建与浙江联网送电需要及提高华东电网供电可靠性方面发挥的重要作用，且该工程投资巨大并已正式投入运营，如拆除，必将对浙江省电力供应造成重大影响，电力供应不仅涉及到被上诉人的经济利益，更涉及社会的公共利益。由此，二审维持了原一审判决。

【案例 1-24】 恢复采矿不能影响已投运输电线路的安全运行。

案号：（2017）鄂 2826 民初 1222 号、（2018）鄂 28 民终 844 号

2008 年 6 月 30 日原告某采石场取得了采矿许可证，2011 年 5 月 18 日办理了个体工商户营业执照，之后一直在其矿区范围内从事采矿经营活动。被告某供电公司建设的宜某电气化铁路（恩某段）恩某变电站—利某变电站 220 千伏输电线路工程，于 2008 年 11 月通过评审，2009 年 7 月经省发展改革委核准同意并开始建设，2010 年 6 月正式投入运营。2017 年 4 月，原告向当地安监局申请恢复生产未获同意，同年 5 月向当地经信局申请在矿区内开展爆破也未获批准。原告认为由于宜某电气化铁路的运营导致其正常经营受阻，2017 年 7 月，原告提起诉讼，请求法院判令被告将其营运的 220 千伏变压线路恩某线及其 065 号铁塔迁移至原告矿区 500 米以外。

一审法院认为：原告并未向人民政府电力行政主管部门申请批准在符合安全防护措施的条件下采矿，仅因无法得到相关行政主管部门批准复工及不予批准爆破作业而要求被告排除妨害，且原告 2008 年 6 月至 2011 年 5 月之间未办理个体工商户营业执照，处于无照经营状态，期间该输电线路的建造

中原告亦未向被告主张权利。同时该工程作为国家重大工程项目，项目投资巨大并已投入运营多年，不仅涉及被告的经济利益，更涉及社会的公共利益，原告以无法得到相关行政主管部门批准复工及不予批准爆破作业为由，要求被告迁移相关线路，无足够证据证实，法院不予支持。二审法院驳回原告上诉，维持原判。

【案例1-25】 建设项目与矿区范围重叠，可正常开采不需改线。

案号：（2011）皖民四初字第00001号、（2015）民一终字第203号

2007年10月，明某矿业通过竞买方式取得白某铜矿的探矿权。同年12月，某省电力公司在明某矿业矿区内进行“皖电东送”西通道500千伏六安—铜贵输变电线路施工建设。因西通道输变电线路影响白某铜矿矿产资源预申请的审批，某省发展改革委于2010年7月5日召开协调会并下发会议纪要，要求某省电力公司对西通道输变电线路某阳段进行改线。会后，某省电力设计院依据会议纪要对西通道输变电线路的施工图进行了修改，并于同年10月报送某县人民政府。2010年10月12日，某县国土资源局在改线线路图中签署意见：所改线路不压覆矿产资源，并加盖公章。某县住房和城乡建设局亦在改线线路图中签署同意改迁意见，并加盖公章。随后，西通道输变电线路按修改后的施工图完成施工。期间，鉴于某省电力公司已同意修改线路，某省国土资源厅于2010年8月30日再次作出《关于某省某县白某铜矿矿产资源预申请的复函》，同意明某矿业申请某省某县白某铜矿资源。明某矿业认为改线后的西通道输变电线路仍压覆白某铜矿矿产，致其不能开采，于2011年1月5日诉至某省高级人民法院，请求西通道输变电线路另行改线，保证电力设施远离矿区500米。

一审法院认为，西通道输变电线路虽然存在压覆白某铜矿矿产资源的事实，但某省电力公司已对西通道输变电线路进行改线，且其作为电力设施产权单位已书面同意白某铜矿在距电力设施周围500米范围内进行爆破作业，判决驳回原告的诉讼请求。

二审法院认为，根据《关于规范建设项目压覆矿产资源审批工作的通知》

第二条规定，西通道输变电线路不构成对白某铜矿矿产资源的压覆。一审判决认定某省电力公司建设西通道输变电线路压覆明某矿业矿产资源虽有不当，但裁判结果正确。遂驳回上诉，维持原判。

【案例 1-26】 220 千伏项目未办理压覆矿产资源查询和审批手续，被判决赔偿损失。

案号：（2019）内 04 民终 455 号

原告自 2008 年取得了勘查面积为 45.17 平方千米的案涉铜多金属矿勘探的探矿权，有效期限至 2020 年 6 月 15 日。

被告大某新能源有限公司某风电场 220 千伏送出线路工程于 2013 年 8 月 2 日取得市发展改革委的项目核准的文件，2017 年 11 月 26 日取得县政府征占地补偿的证明（判决书未释明投产日期，该公司对外发布的新闻显示第三批项目于 2017 年 12 月 21 日投产）。2018 年 2 月 8 日，某旗林业局答复原告称案涉项目没有使用林地审批手续。2018 年 5 月 15 日，某国土资源局对案涉项目作出“拆除在非法占用的土地上新建的高压电线送塔基，恢复土地原状；罚款人民币 124610 元，每平方米罚款 10 元”的行政处罚。2018 年 10 月 30 日，被告缴纳了罚款，但未拆除线路。原告诉至法院。

一审法院认为，被告建设的输电线路穿越原告金属矿勘查区，对原告享有的部分探矿权造成压覆，其所造成的压覆资源量和压覆部分的探矿权价值均委托有资质的鉴定机构进行鉴定，被告应当对其侵害原告探矿权的行为承担侵权责任。判决被告大某新能源有限公司赔偿原告赤某金矿业有限公司 5061700 元。

二审法院认为，在输电线路特定区域内不允许爆破是常态。案涉区域内资源量已经处于查明状态，案涉电力设施的建设完成后就获得了法律法规关于电力设施的特殊保护，进而对包括矿业权人在内的其他人的权利义务产生了法律上的不利影响。被告在建设案涉输电线路时并未向省级国土资源管理部门了解输电线所经过地区矿产资源分布和开采情况，由省自然资源厅省国土资源厅出具是否压覆重要或非重要矿产资源的评估报告，并经省级以上国土资源行政主管部门审批批准，具有过错。探矿权和采矿权均实行有偿取得制度，均属于用益物权。因此，对于探矿权这种用益物权的损害赔偿责任，应基于该种用益物权的财产价值来确定，即根据侵害探矿权的财产损失应按照损失发生时的市场价格或者其他方式计算。一审根据有资质的鉴定机构鉴定结果，判决被告应当对其侵害原告探矿权的行为承担侵权责任并无不妥。判决驳回上诉，维持原判。

【案例 1-27】 探矿权属于用益物权，当然具有财产价值。

案号：（2018）浙 0381 民初 12709 号、（2019）浙 03 民终 3767 号

2014 年 9 月，原告振某公司通过转让取得的探矿权，勘查区面积 1.25 平方千米，有效期限 2014 年 9 月 16 日至 2016 年 9 月 16 日，探矿权人为振某公司；2016 年 9 月 16 日振某公司申请了延续，有效期限 2016 年 9 月 16 日至 2018 年 9 月 16 日，勘查区面积 1.25 平方千米。2016 年 1 月，某高速公路有限公司投资高速公路工程建设项目，正好压覆上述原告拥有探矿权的矿产资源项目。于是双方在 2016 年 7 月 22 日就矿产资源是否同意压覆及补偿事宜签订一份协议书，该协议书约定：“原告同意放弃被压覆的矿产资源，并积极配合被告向国土部门办理项目矿产资源的相关报批手续；双方根据法律、法规及省、市相关文件规定，结合实际情况，共同委托有资质的第三方评估机构对探矿权的损失价值进行评估，双方均不得对其进行干涉。在当地政府的监督下，双方对评估的探矿损失结果进行协商，甲方予以乙方合理赔偿。若协商意见不一致时，任何一方均可申请通过司法途径解决。”该协议签订后，被告委托某矿业科技咨询有限责任公司对该探矿权的价值损失进行评估，评估的结论仅为 350.35 万元，但是由于该评估结论存在众多的错误，且现在已经超出评估有效期一年（2017 年 1 月 10 日至 2018 年 1 月 10 日），于是原告委托某咨询有限公司对该探矿权的价值损失进行评估，评估的结论为 837.57 万元。另外，除了前述的探矿权价值损失外，原告因该矿产实行普查、详查而支出的费用也高达数百万元，该费用原告另行主张。

一审法院认为，探矿权属于用益物权，当然具有财产价值。具体的市场价格评估，则是一个专业问题，应由具有探矿权评估资质的相应机构完成。

二审中因上诉人未在指定的期限内预交上诉案件受理费，亦未提出减、免、缓交诉讼费的司法救助申请，不履行二审诉讼义务而按上诉人自动撤回上诉处理，维持原判。

二、关键法条

★《中华人民共和国民法典》（自2021年1月1日起施行）

第八条　民事主体从事民事活动，不得违反法律，不得违背公序良俗。

第一百九十六条　下列请求权不适用诉讼时效的规定：

（一）请求停止侵害、排除妨碍、消除危险；

（二）不动产物权和登记的动产物权的权利人请求返还财产；

（三）请求支付抚养费、赡养费或者扶养费；

（四）依法不适用诉讼时效的其他请求权。

第三百二十九条　依法取得的探矿权、采矿权、取水权和使用水域、滩涂从事养殖、捕捞的权利受法律保护。

第一千一百六十五条　行为人因过错侵害他人民事权益，应当承担侵权责任。

依照法律规定推定行为人有过错，行为人不能证明自己没有过错的，应当承担侵权责任。

★《中华人民共和国矿产资源法》（自2009年8月27日起施行）

第三十三条　在建设铁路、工厂、水库、输油管道、输电线路和各种大型建筑物或者建筑群之前，建设单位必须向所在省、自治区、直辖市地质矿产主管部门了解拟建工程所在地区的矿产资源分布和开采情况。非经国务院授权的部门批准，不得压覆重要矿床。

★《中华人民共和国矿产资源法实施细则》(自 1994 年 3 月 26 日起施行)

第六条 探矿权，是指在依法取得的勘查许可证规定的范围内，勘查矿产资源的权利。取得勘查许可证的单位或者个人称为探矿权人。采矿权，是指在依法取得的采矿许可证规定的范围内，开采矿产资源和获得所开采的矿产品的权利。取得采矿许可证的单位或者个人称为采矿权人。

★《电力设施保护条例》(2011 年修订)

第十二条 任何单位或个人在电力设施周围进行爆破作业，必须按照国家有关规定，确保电力设施的安全。

★《电力设施保护条例实施细则》(2024 年修订)

第十条 任何单位和个人不得在距电力设施范围 500 米内(指水平距离)进行爆破作业。因工作需要必须进行爆破时，应当按国家颁发的有关爆破作业的法律法规，采取可靠的安全防范措施，确保电力设施安全，并征得当地电力设施产权单位或管理部门的书面同意，报经政府有关管理部门批准。

在规定范围外进行的爆破作业必须确保电力设施的安全。

★《国土资源部关于规范建设项目压覆矿产资源审批工作的通知》(国土资发〔2000〕386 号)(已失效)

二、压覆矿产资源是指因建设项目实施后导致矿产资源不能开发利用。但是建设项目与矿区范围重叠而不影响矿产资源正常开采的，不作压覆处理。

★《国土资源部关于进一步做好建设项目压覆重要矿产资源审批管理工作的通知》(国土资发〔2010〕137 号)

二、严格管理范围

凡建设项目实施后，导致其压覆区内已查明的重要矿产资源不能开发利用的，都应按本通知规定报批。未经批准，不得压覆重要矿产资源。

建设项目压覆区与勘查区块范围或矿区范围重叠但不影响矿产资源

正常勘查开采的，不做压覆处理。矿山企业在本矿区范围内的建设项目压覆矿产资源不需审批。

重要矿产资源是指《矿产资源开采登记管理办法》附录所列 34 个矿种和省级国土资源行政主管部门确定的本行政区优势矿产、紧缺矿产。

炼焦用煤、富铁矿、铬铁矿、富铜矿、钨、锡、锑、稀土、钼、铌钽、钾盐、金刚石矿产资源储量规模在中型以上的矿区原则上不得压覆，但国务院批准的或国务院组成部门按照国家产业政策批准的国家重大建设项目除外。

三、要点简析

1. 依法取得的探矿权、采矿权受法律保护

关于探矿权与采矿权的概念，案例 1-26 的二审法院曾有明确的释明。该院认为，勘探一定的国有矿产资源，取得矿石标本、地质资料及其他信息的权利，叫作探矿权；开采一定的国有矿产资源，取得矿产品之权，称为采矿权。探矿权和采矿权均属于矿业权，只是前后不同阶段的权利，取得了探矿权或采矿权都可称为矿业权人。探矿权和采矿权均实行有偿取得制度，均属于用益物权。根据《中华人民共和国民法典》第三百二十九条、《中华人民共和国矿产资源法》第三十三条规定，依法取得的探矿权、采矿权、取水权和使用水域、滩涂从事养殖、捕捞的权利受法律保护。供电企业在建设输变电工程之前，必须向所在省、自治区、直辖市地质矿产主管部门了解拟建工程所在地区的矿产资源分布和开采情况。非经国务院授权的部门批准，不得压覆重要矿床。

2. 探矿权与采矿权的实际财产权利有所不同

压覆矿产指的是在现有技术经济条件下，因建设项目实施后，导致已查明的矿产资源不能开发利用，但是建设项目与矿区范围重叠而不影响矿产资源正常开采的，不作压覆处理。

依法取得的探矿权与采矿权均受法律保护，但探矿权并不必然转化为采矿权。探矿权是在一定的范围内勘探的权利，是一种找矿的行为，而不是实际的财产权，探矿可能有矿，也有可能没有矿。如案例 1-22，被告取得的探矿权有效期限从2013年5月24日至2018年5月31日，但直到本案庭审（2019年9月9日立案，庭审时间未释明），被告仍未取得案涉矿区的采矿许可证。因此法院认为原告仅作为案涉的矿区的探矿权权利人，并不享有该矿藏的所有权，故原告以案涉工程项目造成其矿产资源储量价值的损失为由，主张案涉工程项目的招标人、工程建设方、实际施工方等三当事人予以赔偿的诉讼请求于法无据。

3. 是否妨碍采矿权以是否影响矿产资源正常开采为依据

即使相关探矿权已经有效转为采矿权，也只有经依法认定已压覆矿产资源，被依法有效确认该等压覆必然导致可采矿产资源储量减少或无法正常开采的情形下，压覆方才构成侵权。未查明矿产资源的情况下，探矿权阶段的压覆仅是空间意义上的重叠，并不必然导致探矿权价值的减少。如案例 1-26 的输变电项目业主之所以被判决赔偿损失，不仅是因为项目业主未事先办理压覆矿产资源查询和审批手续存在过错，还因为案涉矿区提供证据证明该矿区存在已经查明的矿产资源。法院认为，案涉电力设施建设完成后就获得了法律法规关于电力设施的特殊保护，进而对包括矿业权人在内的其他人的权利义务产生了法律上的不利影响，因此认定输变电项目业主构成侵权，应承担赔偿责任。

又如案例 1-25，一审与二审判决结果相同，都认为输电线路不需改线，但判决理由不一致，主要是对输电线路是否压覆矿产资源、影响开采的认定不同。一审法院认为，案涉输变电线路存在压覆白某铜矿矿产资源的事实。鉴于某省电力公司已对西通道输变电线路进行改线，且其作为电力设施产权单位已书面同意白某铜矿在距电力设施周围 500 米范围内进行爆破作业，该行为符合《电力设施保护条例实施细则》第十条的规定，现方案已经某省经信委等政府有关管理单位核准，故不支持明某矿业要求改线的主张。二审法院则认为，压覆矿产资源是指因建设项目实施后导致矿产资源不能开发利用，建设项目与矿区范围重叠而不影响矿产资源正常开采的，不作压覆处理。案涉线路改线后经某县国土资源局认定不压覆矿产资源，因此二审法院认为案涉输电线路并未压覆矿产资源，依法驳回了矿业权人的请求。

4. 关于压覆矿产的侵权纠纷不适用诉讼时效

根据我国民法基本原理，诉讼时效适用的客体主要限于债权请求权。《中华人民共和国民法典》第一百九十六条规定“请求停止侵害、排除妨碍、消除危险的案件不适用诉讼时效”。根据该条文，以高压输电线路影响正常工作、生活为由提起停止侵害、排除妨碍、消除危险之诉的，也不受诉讼时效的限制。如案例 1-23，被告某省能投某县电力公司认为其线路建成于 2013 年，但原告 2018 年 12 月才诉至法院，已超过诉讼时效。法院认为，采矿权属于我国民法物权分类中的用益物权，该类请求权诉讼不适用时效。

四、管理建议

1. 输变电项目选址前应办理压覆矿产资源查询和审批手续

电网建设项目不是完全不能压覆任何矿产，而是应该取得相关的手续。如案例 1-26，案涉 220 千伏项目未办理压覆矿产资源查询和审批手续，不仅被处以行政罚款，还被判决赔偿损失。而案例 1-22～1-25 的输变电项目因为行政审批手续齐全，项目属于合法建设，因此能够维护合法权益。因此，电网建设项目的前期工作应注意压覆矿产资源查询和审批手续的办理。建设项目选址前，建设单位应向省级国土资源行政主管部门查询拟建项目所在地区的矿产资源规划、矿产资源分布和矿业权设置情况。不压覆重要矿产资源的，由省级国土资源行政主管部门出具未压覆重要矿产资源的证明；确需压覆重要矿产资源的，建设单位应根据有关工程建设规范确定建设项目压覆重要矿产资源的范围，委托具有相应地质勘查资质的单位编制建设项目压覆重要矿产资源评估报告。

2. 建设项目确需压覆矿产的，应与矿业权人达成协议

根据《国土资源部关于进一步做好建设项目压覆重要矿产资源审批管理工作的通知》（国土资发〔2010〕137 号）文件规定，建设项目压覆已设置矿业权矿产资源的，新的土地使用权人应同时与矿业权人签订协议，协议应包括矿业权人同意放弃被压覆矿区范围及相关补偿内容。补偿的范围原则上应包括：①矿业权人被压覆资源储量在当前市场条件下所应缴的价款（无偿取得的除外）；②所压覆的矿产资源分担的勘查投资、已建的开采设施投入和搬迁相应设施等直接损失。

3. 建设项目确需压覆矿产的，应最大限度降低影响

输变电工程涉及公益，但也存在邻避效应，工程路径走向及塔基坐标点即使已经征得沿线政府部门及相关权益人的同意，仍应采取相应的技术措施最大限度降低影响。对线路路径走向的设计、路径坐标现场踏察等工作要做到问题考虑周全，对线路跨越房屋、道路、河流等塔基要采用高跨设计、加高铁塔高度，做高塔基和线路的落空，最大限度降低对其他主体发展的影响。对线路建设涉及压覆矿区的，应按照有关法律法规、政策予以补偿，确保社会稳定。

第二章　典型停电纠纷化解专题

第一节　不可抗力导致停电供电公司不承担损失

一、参考案例

【案例 2-1】 台风属于不可抗力，供电公司无法事先通知。

案号：（2018）粤 2071 民初 3419 号、（2018）粤 20 民终 7826 号、（2019）粤民申 7319 号

2017 年 8 月 23 日中午，台风“天鸽”袭击某市。供电公司向王某发送短信“尊敬的客户，由于受台风天气影响，个别供电设施已经出现故障，如你所在线路已停电，我局已组织全力抢修，预计在 2017 年 8 月 24 日 18:00 前能恢复正常供电。”24 日 16 时，王某投放 3 万条小鱼进涉案鱼塘。24 日晚上，王某自备发电机无法发电，多次致电供电公司，要求派发电机无果。25 日凌晨鱼陆续死亡。25 日晚上，涉案线路恢复供电。王某诉至法院要求赔偿损失。

一审法院认为，台风停电后，供电局能够预见何时恢复供电，故供电局辩称以不可抗力免责，不予采信，酌情认定供电局承担 50%的责任 24.6953 万元。

二审法院认为，短信是供电公司对用户的一种提醒，具有服务性质，并非对用户的一种承诺，更不能由此推定，若没有按照短信内容的时间通电，供电公司就要承担相应责任。王某作为专业养殖户，在出现自然灾害天气以及停电较长时间的情况下，在未实际通电时便投放大量小鱼，导致鱼缺氧死

亡，其主张供电公司承担赔偿责任，缺乏事实和法律依据。改判供电公司不承担责任。

王某不服，申请再审，被驳回。

【案例2-2】五级大风未被认定为不可抗力，停电损失供电公司担30%。

案号：（2016）鲁11民终1915号

2014年9月28日，某供电公司高压电不稳缺相，烧坏某冷藏厂的电动机2台、水泵2台、冷却塔电工机1台。某供电公司抢修后当晚23时恢复正常供电。某冷藏厂诉至法院请求供电公司赔偿损失。

某供电公司辩称，在接到通知后及时维修，不存在任何过失。依据该市气象监测数据，彼时该区域降雨量达大雨，最大风力达到五级。

法院认为，某供电公司在合同约定供电期间内电能出现缺相，与当时的天气有一定关联性，但并不能证实符合合同约定的不可抗力情形，属于违约行为。应承担30%的赔偿责任。

【案例2-3】即使认定不可抗力，未尽到维护责任还是要担责。

案号：（2014）酉法民初字第03786号、渝四中法民终字第00980号、（2016）渝民申00042号

2014年9月18日，龙某将新收割的烟叶置入电烤棚中进行烤制。当天18时30分许，天降暴雨并刮起大风，案涉某支线001号电杆处的高压线被大风刮倒的树木损坏，导致高压线短路，无法正常供电。次日7时53分，故障修复，恢复了龙某所在地的供电。从9月18日18时30分至第二天7时53分，龙某所在地一直处于停电状态。停电后，龙某曾向当地供电所的工作人员询问情况，该所所长告知龙某，因自然原因造成线路故障，一时难以修复，可能要到第二天才能恢复正常供电，应当准备好备用电源。龙某系种烟大户，家中有发电机，可作备用电源使用。在停电后，龙某使用了备用电源，至9月18日24时左右因油料用尽而停止了使用。至供电恢复时，龙某烤棚中已经在烤制的烟叶全部损坏。事后，龙某邀请了酉某县供电公司、该村村委会和烟叶收购站的工作人员到烤棚处查看了损失情况。之后，龙某

将损坏烟叶的残留物全部焚烧。龙某与酉某县供电公司就龙某要求的损害赔偿问题协商未果。2014 年 11 月，龙某起诉至法院，请求判令酉某县供电公司赔偿龙某烤烟损失 23738.4 元，9 月 19 日至 11 月 25 日的误工费 19040 元，共计 42778.4 元。

一审法院认为，酉某县供电公司未及时履行对电力设施的管理义务，是导致龙某烟叶损失的次要原因，应当承担次要责任，以 10%为宜。龙某不服上诉。二审维持原判，再审驳回申请。

二、关键法条

★《中华人民共和国民法典》（自 2021 年 1 月 1 日起施行）

第一百八十条　因不可抗力不能履行民事义务的，不承担民事责任。法律另有规定的，依照其规定。

不可抗力是不能预见、不能避免且不能克服的客观情况。

第五百九十条当事人一方因不可抗力不能履行合同的，根据不可抗力的影响，部分或者全部免除责任，但是法律另有规定的除外。因不可抗力不能履行合同的，应当及时通知对方，以减轻可能给对方造成的损失，并应当在合理期限内提供证明。

当事人迟延履行后发生不可抗力的，不免除其违约责任。

★《中华人民共和国电力法》（2018 年修正）

第六十条　因电力运行事故给用户或者第三人造成损害的，电力企业应当依法承担赔偿责任。

电力运行事故由下列原因之一造成的，电力企业不承担赔偿责任：

（一）不可抗力；

（二）用户自身的过错。

因用户或者第三人的过错给电力企业或者其他用户造成损害的，该用户或者第三人应当依法承担赔偿责任。

三、要点简析

1．不可抗力的概况

《中华人民共和国民法典》第一百八十条规定，因不可抗力不能履行民事义务的，不承担民事责任。不可抗力是不能预见、不能避免且不能克服的客观情况。不可抗力可以是自然原因酿成的，也可以是人为的、社会因素引起的。前者如地震、水灾、旱灾等，后者如战争、政府禁令、罢工等。不可抗力所造成的是一种法律事实。当不可抗力事故发生后，可能会导致原有经济法律关系的变更、消灭，如必须变更或解除经济合同；也可能导致新的经济法律关系的产生，如财产投保人在遇到因不可抗力所受到的在保险范围内的财产损失时，与保险公司之间产生出赔偿关系。当发生不可抗力，遭遇事故一方应采取一切措施，使损失减少到最低限度。当事人已尽其应尽责任仍未能避免债务不履行或财物毁损时，可不负赔偿责任。

某一情况是否属不可抗力，应从以下几个方面综合加以认定：

（1）不可预见性。法律要求构成不可抗力的事件必须是有关当事人在订立合同时，对这个事件是否会发生是不可能预见到的。在正常情况下，对于一般合同当事人来说，判断其能否预见到某一事件的发生有两个不同的标准：一是客观标准，即在某种具体情况下，一般理智正常的人能够预见到的，合同当事人就应预见到，如果对该种事件的预见需要有一定专门知识，那么只要具有这种专业知识的一般正常水平的人所能预见到的，则该合同的当事人就应该预见到；二是主观标准，即在某种具体情况下，根据行为人的主观条件如年龄、智力发育状况、知识水平，教育和技术能力等来判断合同的当事人是否应该预见到。这两种标准可以单独运用，但在多种情况下应结合使用。

（2）不可避免性。合同生效后，当事人对可能出现的意外情况尽管采取了及时合理的措施，但客观上并不能阻止这一意外情况的发生，这就是不可避免性。如果一个事件的发生完全可以通过当事人及时合理的作为而避免，则该事件就不能认为是不可抗力。

（3）不可克服性。不可克服性是指合同的当事人对于意外发生的某一个事件所造成的损失不能克服。如果某一事件造成的后果可以通过当事人的努力而得到克服，那么这个事件就不是不可抗力事件。

（4）履行期间性。对某一个具体合同而言，构成不可抗力的事件必须是在合同签订之后、终止以前，即合同的履行期间内发生的。如果一项事件发生在合同订立之前或履行之后，或在一方履行迟延而又经对方当事人同意时，则不能构成这个合同的不可抗力事件。

构成一项合同的不可抗力事件，必须同时具备上述四个要件，缺一不可。

在不可抗力的适用上，有以下问题值得注意：

（1）合同中是否约定不可抗力条款，不影响直接援用法律规定。

（2）不可抗力条款是法定免责条款，约定不可抗力条款如小于法定范围，当事人仍可援用法律规定主张免责；如大于法定范围，超出部分应视为另外成立了免责条款。

（3）不可抗力作为免责条款具有强制性，当事人不得约定将不可抗力排除在免责事由之外。

（4）不可抗力的免责效力。因不可抗力不能履行合同的，根据不可抗力的影响，部分或全部免除责任。但有以下例外：金钱债务的迟延责任不得因不可抗力而免除；迟延履行期间发生的不可抗力不具有免责效力。

2. 停电纠纷供电方不可抗力抗辩适用范围有限

鉴于不可抗力的不能预见、不能避免并不能克服即“想不到、躲不过、搞不定”的属性，对于雷电、大风、雨雪这种直观感受较强的恶劣天气，认定具有不可抗力的可能性较大，但是供电方以不可抗力抗辩时负有相关举证责任，需证明相关恶劣天气符合不可抗力要件，并非所有恶劣天气均属于不可抗力。法院对不可抗力的认定也存在差异。

案例 2-2 中供电公司举证依据区域站监测数据，2014 年 9 月 28 日凌晨至 29 日凌晨，该区域出现降水天气，雨量达大雨，最大风力达到五级。但法院认定虽然事故发生时出现降水天气，供电公司并不能证实属于合同约定的不可抗力之情形，属于违约行为。缺相本身并不意味着必然会造成冷藏厂所主张的损失，即双方之间尤其是对损失的范围并不存在必然的因果关系；冷藏厂在电能出现问题时，并没有按合同约定及时通知供电公司，且持续使用一个小时，也没有按照合同约定自备电源等履行自己的义务，亦属违约。冷藏厂在使用电能过程中出现明显过错，导致设备被烧毁，由此产生损失，其主张的损失有扩大损失之虞，鉴于冷藏厂主张的损失依据已经灭失，无鉴定可能及本案双方在因雨天导致供电缺相后合同义务的履行情况及避免损失扩大的注意情况等，对冷藏厂主张的、原审能够确认的损失，酌定由冷藏厂负担 70%，供电公司负担 30%为宜。

案例 2-1 中法院认定根据现有技术手段，人类能在一定程度上提前预知台风；且台风“天鸽”造成涉案鱼塘线路停电后，供电局对于何时恢复供电是能够预见的，故供电局辩称以不可抗力免责，理据不足，不予采信。但供电局及时通知用户并尽到及时抢修义务，故无需对用户损失承担赔偿责任。

案例 2-3 中法院认为大风刮倒树木损坏高压线是导致停电故障的直接原因，也是根本原因，属于自然因素，具有不可抗力；在履行抢修义务方面，故障地点位于极为偏僻的山区，且事故发生时，是暴雨大风的夜晚，其自然条件属于不可抗力，供电公司的工作人员在这样的自然条件下，无法及时确定故障位置进行修复，符合常理。在天气情况好转后，供电公司及时进行了修复并恢复供电，在履行抢修义务时并无明显过错。龙某的烟叶造成损失，根本原因是自然因素，系不可抗力造成。主观过错方面，龙某在供电公司处获知预计第二天才能恢复供电，应当使用备用电源后，未准备充足油料，导致备用电源无法持续使用，是造成其烟叶损失的主要原因，龙某应当自负主要责任；供电公司未及时履行对电力设施的管理义务，是导致龙某烟叶损失的次要原因，应当承担次要责任。

3. 供电企业有电力设施维护管理义务

如案例 2-3，法院虽然认可大风刮倒树木损坏高压线是导致停电故障的直接原因，属于不可抗力。但法院查明，供电公司在履行供电设施管理义务方面存在瑕疵：一是故障地点周边树草丛生，一旦出现暴雨大风天气，很可能出现故障，损坏供电设施，供电公司一直疏于对故障处供电设施及周边的管理，未予排除安全隐患；二是案涉线路有多处分闸，故障发生处有分闸，本可以关掉该分闸，不至于影响龙某所在地的供电，但在本案故障发生前，该分闸开关已发生故障，供电公司只进行了临时维修，将该处分闸的线路直接连线，导致出现故障时不能断开。法院认为，供电公司对供电设施管理不到位的过错，虽然并不必然导致龙某产生损失，但如果供电公司线路巡视到位、廊道清理到位、设施维护到位，则在出现恶劣的自然原因时，可能避免龙某的损失。在自然原因的作用下，该过错与损害后果之间产生了直接的因果关系。因此，未及时履行对电力设施的管理义务的过错是导致龙某烟叶损失的次要原因。

这一判决理由，值得其他供电企业关注与防范。

四、管理建议

1. 注意诉讼技巧，慎用不可抗力抗辩

根据《中华人民共和国民法典》第五百九十条，当事人一方因不可抗力不能履行合同的，根据不可抗力的影响，部分或者全部免除责任，但是法律另有规定的除外。因不可抗力不能履行合同的，应当及时通知对方，以减轻可能给对方造成的损失，并应当在合理期限内提供证明。在司法实践中，当事人使用不可抗力进行抗辩时一般负有举证责任，同时并非只要发生不可抗力，就全部免除受不可抗力影响的一方当事人的履约责任、赔偿责任或者其他责任，而要根据不可抗力对合同的影响程度酌量处置。同时在使用不可抗力进行抗辩时，还需证明已采取有效措施弥补或减少不可抗力所造成的损失。

因此，当事人可以在合同中约定不可抗力具有多大影响时，可以全部免除责任；不可抗力具有多大影响时，可以部分免除责任。同时可以约定，当事人一方在收到另一方当事人关于不可抗力的通知和证明后，应当采取适当措施防止损失的扩大；如没有采取适当措施致使损失扩大的，不得就扩大的损失要求赔偿。当事人一方因防止损失扩大而支出的合理费用，由违约方承担。

2. 加强电网设施设备的运维管理

供电企业作为供用电合同的供电履约方，主动作为，增强责任意识，做细做实各项工作，切实提升供电可靠性水平，既是优质服务的需要，也能最大限度地防范因停电造成客户损失而导致的法律纠纷。一是要做好线路日常巡视、特殊巡视、廊道清理等运维工作，对于发现的设备缺陷和通道安全隐患，及时以书面形式上报管理部门，按照缺陷重要性等级，尽快安排消缺工作；二是加强迎峰度夏、度冬和农忙季节产权分界点表计端电压、功率因数的跟踪监测。特殊时段设备运行工况较为恶劣，电网负荷波动大，易发生低电压、跳闸停电、功率因数不合格等故障，影响客户设备的正常供电，应及时跟踪处理。

3. 合理规划配电网络

对于农村、山区等原先网架结构薄弱的地区，要加大增容布点和线路改造力度，增强供电能力。10 千伏及以下线路较长的应尽量采取多电源点环路供电，加装分闸开关并规范运维，减少故障停电影响范围。

第二节　因自然灾害等断电供电方无需事先通知

一、参考案例

【案例 2-4】雷雨断电供电公司事后告知并及时抢修，不存在违约行为。

案号：（2020）粤 0606 民初 29309 号、（2021）粤 06 民终 6907 号

原告郭某与被告某供电局签订了供用电合同，约定被告为供电方，原告

为用电方，供、用电双方按产权归属各自负责其电力设施的维护、日常管理和安全工作，并承担有关法律责任。2020 年 9 月 1 日 19 时许，本案用电地址所在的公用线路因雷击而发生故障，对原告鱼塘造成经营损失。原告没有在用电地址自备发电机，但安装了 5 台增氧机。本案停电事故发生后，原告开动了一台增氧机并使用了增氧剂。原告在本案中主张损失 135457.2 元，包括已死亡鱼的价格 133697.2 元、出现死鱼后鱼塘消毒支出的消毒液 560 元、消毒鱼药 800 元、2 天收拾死鱼的人工费 1200 元。

法院认为，本案为供用电合同纠纷。涉案的停电事故系由于雷击造成的线路故障所导致，属于因不可抗力导致被告不能履行合同，而被告在事发后已及时通知原告，并在合理的时间内维修后恢复供电，本案没有证据反映被告对发生故障的起因及发生故障后的处理过程存在违约情形。另外，原告没有根据实际用电需求预先自备发电设备，在停电持续期间也未合理采取措施防止和减少损失发生，其要求被告赔偿损失，缺乏事实及法律依据，法院不予支持。

二审维持原判。

二、关键法条

★《中华人民共和国民法典》（自 2021 年 1 月 1 日起施行）

第六百五十二条　供电人因供电设施计划检修、临时检修、依法限电或者用电人违法用电等原因，需要中断供电时，应当按照国家有关规定事先通知用电人；未事先通知用电人中断供电，造成用电人损失的，应当承担赔偿责任。

第六百五十三条　因自然灾害等原因断电，供电人应当按照国家有关规定及时抢修；未及时抢修，造成用电人损失的，应当承担赔偿责任。

★《中华人民共和国电力法》（2018 年修正）

第二十九条　供电企业在发电、供电系统正常的情况下，应当连续向用户供电，不得中断。因供电设施检修、依法限电或者用户违法用电等原因，需要中断供电时，供电企业应当按照国家有关规定事先通知用户。

用户对供电企业中断供电有异议的，可以向电力管理部门投诉；受理投诉的电力管理部门应当依法处理。

★《电力供应与使用条例》（2019年修订）

第二十八条 除本条例另有规定外，在发电、供电系统正常运行的情况下，供电企业应当连续向用户供电；因故需要停止供电时，应当按照下列要求事先通知用户或者进行公告：

（一）因供电设施计划检修需要停电时，供电企业应当提前7天通知用户或者进行公告；

（二）因供电设施临时检修需要停止供电时，供电企业应当提前24小时通知重要用户；

（三）因发电、供电系统发生故障需要停电、限电时，供电企业应当按照事先确定的限电序位进行停电或者限电。引起停电或者限电的原因消除后，供电企业应当尽快恢复供电。

★《供电营业规则》（自2024年6月1日起施行）

第一百零四条 供电企业对查获的窃电者，应当予以制止并按照本规则规定程序中止供电。窃电用户应当按照所窃电量补交电费，并按照供用电合同的约定承担不高于应补交电费三倍的违约使用电费。拒绝承担窃电责任的，供电企业应当报请电力管理部门依法处理。窃电数额较大或情节严重的，供电企业应当提请司法机关依法追究刑事责任。

三、要点简析

1. 停电前应事先通知的情形

根据《中华人民共和国民法典》第六百五十二条，停电前应事先通知的情形主要有四种：

（1）计划检修，就是提前预设安排的停电计划，是供电企业保障客户用电需求的一项日常工作，其目的是通过设备日常检修维护和电网升级改造，确保电网安全可靠运行。

（2）临时检修，是指计划检修以外需适时安排的检修工作。

（3）依法限电，是指依据相关法律指通过间歇或按时供电的方式，临时减少客户用电负荷的措施。

（4）用电人违法用电，是指减少国家电费收入，危及人身、设备安全的用电行为，包括窃电、私自引入电源、擅自使用已报暂停的设备等行为。

2. 停电通知的程序要求

针对计划检修，根据国家能源监管局《供电企业信息公开实施办法》第六条第五点要求“因供电设施计划检修需要停限电的，供电企业应当提前 7 日公告停电区域、停电线路和停电时间”。《高压供用电合同》中也约定“供电设施计划检修需要中止供电的，供电人应当提前 7 日公告停电区域、停电线路、停电时间，并通知重要电力用户等级的用电人”。在实际操作中，供电公司一般采取张贴公告、发送短信、电话通知等方式提前通知受停电影响的相关客户提前调整生产、生活计划。涉及重要用户的停电，应将停电通知书报送同级电力管理部门。在停电前 30 分钟，将停电时间再通知用户，方可进行停电。

针对临时检修，《电力供应与使用条例》第二十八条第二款规定“供电设施临时检修需要中止供电的，供电人应当提前 24 小时公告停电区域、停电线路、停电时间，并通知重要电力用户等级的用电人。”在实际操作中，除停电通知时限与计划抢修不同，通知程序、方式与计划检修一致。

针对限电，需根据决定主体的相关要求履行停电通知程序。因执行政府机关或授权机构依法做出的限电指令而中止供电时，供电公司需要按照事先确定的限电序位进行停电或者限电。所以，供电企业要合法限电不仅需要事先通知用户，而且还要提交限电序位表，经政府相关部门批准以后，由电力调度机构进行执行，没有经过批准限电序位的和没有事先通知用户的限电行为不符合法律规定的。但国家对因限电进行通知的程序未进行明确规定，通常由供电公司发布公告、发送短信或由客户经理进行电话通知等方式进行。

针对用电人违法用电进行停电的，按照《供电营业规则》第一百零四条的规定，供电企业应当予以制止并按照本规则规定程序中止供电，须在中止供电前履行事先通知义务。同时需保留相关证据，并以书面形式告知用电人。

3. 故障抢修不属于事先通知范围

电力系统设备、线路点多面广，发生的故障既可能是自身原因也可能是外部原因，故障抢修无法事先预见并通知。案例 2-4 中，法院认为涉案线路停电是由于雷电暴雨极端天气导致线路故障而引发，根据《中华人民共和国民法典》第六百五十三条因自然灾害等原因断电，供电人应当按照国家有关规定及时抢修；未及时抢修，造成用电人损失的，应当承担赔偿责任。根据供电局提供的紧急抢修工作票、技术交底单、临时性作业风险快速评估表、现场勘验工作单原件及短信通知记录等证据，表明供电局已及时通知停电情况并组织抢修。且原告确认收到了供电局的停电短信通知，可知供电局已履行了向养殖户通知的义务，故未支持原告诉讼请求。由此可见，在外部原因引发的故障导致断电的情况，供电企业无法预见并预先通知。但在故障发生后要及时通知用户并做好故障抢修，因未及时抢修造成用电人损失的，应当承担赔偿责任。

四、管理建议

1. 停电通知要注意形式，进行有效通知

供电企业应严格执行对符合条件用电人中止供电的事先告知义务，做好停电通知记录留存，确保程序合法合规。针对不同的停电类型停电的通知时间、程序要求存在不同，在通知中需要明确包含停电时间、预计送电时间、停电类型、停电原因、停电范围等要素信息，同时在通知时要留有书面证据，包括纸质停电通知单，微信、短信等书证，若停电以电话等形式进行通知的，应注意做好录音留证工作。

为实现停电通知的有效接收，防范通知不到位的法律风险，纸质通知要发布或张贴在明显的位置且留存足够长的时间，短信、微信等通知时应得到通知人的有效回应。针对邮寄停电通知书等方式进行通知的，应确保收件人本人已收到相关通知文件，不能以快件送达签收即认为已履行通知义务。

2. 按要求恢复供电义务

根据电力相关法律规定，在供电系统正常的情况下，供电企业有义务向用户连续供电，同时《中华人民共和国民法典》第六百五十三条规定了供电人的抢修义务，即因自然灾害等原因断电，供电人应当按照国家有关规定及时抢修。“自然灾害等原因”主要指不可抗力的原因。虽然不可抗力是合同的免责事由，但在不可抗力发生以后，当事人仍应以诚实善意的态度去努力克服，最大限度地减少因不可抗力所造成的损失。这是合同诚信原则的要求。因此，因自然灾害等原因断电后，供电人应当按照国家有关规定及时抢修。

第三节 故障停电供电公司应履行及时抢修义务

一、参考案例

【案例 2-5】 故障因非供电公司主动中断供电，只需审查抢修义务。

案号：（2018）鄂 96 民终 812 号

2017 年 8 月 8 日 19 时 19 分许，原告鱼塘供电线路断电，因原告未自备应急电源，其随即向供电所报修。当日 23 时 30 分许，抢修成功。原告诉至法院要求赔偿损失。

法院认为，断电原因非供电公司主动中断供电。本案应适用《中华人民共和国合同法》第一百八十一条的规定，只需审查供电公司是否已履行及时抢修的义务。供电公司先后有3名工作人员连续参与抢修，反复检测，在晚上耗时4小时左右排除故障，恢复供电，已履行了及时抢修义务。原告对供电的可靠性如有特殊要求，根据双方签订低压供用电合同约定，电网意外断电原告应自行采取电或非电保安措施。综上所述，原告的请求不成立。二审驳回上诉，维持原判。

【案例2-6】 故障停电供电公司及时抢修不承担责任。

案号：（2018）鲁1092民初1084号

2017年7月22日，高压线路发生故障停电，导致原告鱼缸打氧机无法工作，鱼缸内的金龙鱼因缺氧死亡。原告诉至法院要求供电公司赔偿。

法院认为：被告在事故发生3小时抢修并恢复了供电，已经履行抢修义务，不应承担赔偿责任。本案中引起断电的原因不可预见且超出被告控制范围，在断电发生后，被告及时组织抢修并恢复了供电，履行了及时抢修的义务。原告要求被告承担赔偿责任，不予支持。

二、关键法条

★《中华人民共和国民法典》（自2021年1月1日起施行）

第六百五十三条 因自然灾害等原因断电，供电人应当按照国家有关规定及时抢修；未及时抢修，造成用电人损失的，应当承担赔偿责任。

★《供电监管办法》（2024年修订）

第十四条 电力监管机构对供电企业处理供电故障的情况实施监管。

供电企业应当建立完善的报修服务制度，公开报修电话，保持电话畅通，24小时受理供电故障报修。

供电企业应当迅速组织人员处理供电故障，尽快恢复正常供电。供电企业工作人员到达现场抢修的时限，自接到报修之时起，城区范围不超过 60 分钟，农村地区不超过 120 分钟，边远、交通不便地区不超过 240 分钟。因天气、交通等特殊原因无法在规定时限内到达现场的，应当向用户做出解释。

★《浙江省电力条例》(自 2023 年 1 月 1 日起施行)

第四十七条　发生供电故障的，供电企业应当迅速处理，及时恢复正常供电。供电企业工作人员到达现场抢修的期限，自接到报修起，城镇建成区内不得超过一小时，交通不便的山区、海岛地区不得超过四小时，其他区域不得超过两小时。因天气、交通等特殊原因无法在规定期限内到达现场的，应当及时向用户说明原因。

三、要点简析

1. 故障停电供电公司及时抢修不承担停电损失赔偿责任

《中华人民共和国民法典》第六百五十三条规定了供电人的及时抢修义务："因自然灾害等原因断电，供电人应当按照国家有关规定及时抢修；未及时抢修，造成用电人损失的，应当承担赔偿责任。"因自然灾害等断电时，供电人应当迅速反应，及时抢修，在合理期限内恢复供电。出现断电以后，供电人应当根据国家有关规定及时抢修，以减少用电人的经济损失。若供电人未尽到及时抢修的义务，将会向用电人承担赔偿责任。判断供电人是否尽到及时抢修义务，需要结合《供电监管办法》等法律法规有关规定及电力线路设备维修项目的难易程度综合考虑。

2. 供电公司时限要求是十项承诺之一，应按承诺履行

《供电监管办法》第十四条规定供电企业应当建立完善的报修服务制度，公开报修电话，保持电话畅通，24 小时受理供电故障报修。供电企业应当迅速组织人员处理供电故障，尽快恢复正常供电。供电企业工作人员到达现场抢修的时限，自接到报修之时起，城区范围不超过 60 分钟，农村地区不

超过 120 分钟，边远、交通不便地区不超过 240 分钟。因天气、交通等特殊原因无法在规定时限内到达现场的，应当向用户做出解释。供电公司对于抢修的时限承诺高于《供电监管办法》的，系在意思自治的情况下作出高于法律法规要求的承诺是履行社会责任、提高服务质量的表现，应按照承诺履行责任，并接受社会监督。

3. 浙江省对故障抢修时限有特别规定

《浙江省电力条例》第四十七条明确，发生供电故障的，供电企业应当迅速处理，及时恢复正常供电。供电企业工作人员到达现场抢修的期限，自接到报修起，城镇建成区内不得超过一小时，交通不便的山区、海岛地区不得超过四小时，其他区域不得超过两小时。因天气、交通等特殊原因无法在规定期限内到达现场的，应当及时向用户说明原因。上述条款明确了供电企业对企业用户、居民用户的承诺办电时长，以及包括山区、海岛在内地区办理用电业务期限。与《供电监管办法》“城区、农村、交通不便地区”表述不同的是本款对应表述为“城镇建成区，交通不便的山区、海岛地区，其他区域”。城镇建成区内不得超过一小时，不再区分农村地区，而是统一划分为其他区域不得超过两小时，有利于推动供电企业进一步提升服务标准，简化业务办理流程，助力企业增产增效。

四、管理建议

1. 电力企业应及时履行抢修义务

《中华人民共和国民法典》第六百五十三条规定了因自然灾害等原因造成断电的，供电人承担及时抢修的义务。所谓“及时”，要根据具体案件的情况进行判断，判断时可以参照相关法律法规和部门规章的规定。根据《供电监管办法》第十四条的规定，供电企业应当建立完善的报修服务制度，公开报修电话，保持电话畅通，24 小时受理供电故障报修。供电企业应当迅速组织人员处理供电故障，尽快恢复正常供电。因天气、交通等特殊原因无法在规定时限内到达现场的，应当向用户作出解释。本条规定的是自然灾害等原因造成供电中断的，故存在因天气、交通等特殊原因无法在规定时限内到达现场的情况，但是在相关原因消失或者能够克服后，供电人应及时履行抢修义务。在供电人和用电人就供电人是否及时抢修产生争议时，供电人应对自己已及时抢修负证明责任。

对于供电人未履行及时抢修义务给用电人造成损失的，供电人应予赔偿。本条的损失赔偿范围系供电人未履行及时抢修义务给用电人造成的可得利益的损失，但要受到可预见规则、减损规则等的必要限制。

2. 严格遵守故障抢修服务行为规范

故障抢修时要严格履行“两告知一回复”要求，在接到故障报修信息、到达现场、结束抢修后，第一时间联系客户，并实时告知客户处理进度。故障抢修人员着装规范、佩戴工作牌，抢修车辆进入客户单位或居民小区减速慢行，注意停放位置，礼让行人。故障抢修携带的工器具、材料等配置齐备、摆放有序。现场抢修严格遵守标准工艺的要求，一次完成抢修工作。故障抢修过程中，遇到表计损坏等情况，应先复电后抢修，并及时告知计量人员现场处理。开展故障抢修时，做好安全措施，摆放醒目的警示牌或设置围栏，防止人身伤亡事故。对单户报修，现场抢修前先核实客户交费状态，如判定为客户欠费停电，及时通知相关人员联系客户处理。发生多户、大面积停电时，及时发布停电信息，按照故障分级原则，优先处置危及安全、救灾抢险等紧急类事件，如短时无法恢复供电，多渠道公告抢修进度。在故障抢修现场，对客户提出的非故障抢修诉求，应耐心解释，做好信息收集和上报工作。故障抢修作业结束后，确保现场做到“工完、料尽、场地清”，并向客户交代有关注意事项，主动征求客户意见。对于城中村、大型小区或重要、敏感民生客户自有产权配电设施故障停电的，应第一时间上报相关情况，配合用户做好故障抢修，必要时采取应急保电措施，帮助及时恢复供电。

第四节　用户未按约定配自备电源停电损失自负

一、参考案例

【案例 2-7】 供电公司线路跳闸导致原告停电，用户未配自备电源损失自担。

案号：（2020）沪 02 民终 5709 号

2019 年 1 月 2 日 14 时 45 分许，上海某厨房用具有限公司外部线路故障断电，导致厂区停电，致使正在正常运转的玻璃钢化炉成套设备毁损。上海某厨房用具有限公司认为其为特殊用电用户，玻璃锅盖生产线用电要求极高，供电公司突然长时间停电而未事先告知，给该公司造成重大经济损失，要求对设备损坏和生产影响进行经济赔偿。

法院认为，供电公司对跳闸停电并无主观过错，且事后进行了及时抢修，符合电力抢修操作规程。供电方案通知单载明："请贵户按照相关技术规范及相应规定配置合适的自备应急电源设备""自备应急电源的建设、运行、维护和管理由贵户自行负责。"根据相关法律条款和供用电合同约定，原告公司未依约配置应急电源，跳闸停电后因其断电保护装置未工作而导致其作业受损，损失后果应由其自身承担。判决驳回诉讼请求。

【案例 2-8】 供电人过错导致断电，供电人及时抢修不应承担损害赔偿责任。

案号：（2018）鄂 9005 民初 2217 号、（2019）鄂 9005 民初 2829 号、（2020）鄂 96 民终 241 号

2018 年 8 月 31 日 5 时 12 分，因原告线路相间短路，造成越级跳闸，致全镇停电。原告因未自备应急电源，致其鱼塘中的成鱼因天气炎热缺氧而大量死亡。经资产评估事务所评估，原告的经济损失共计 93802 元。之后，

原告多次与被告供电公司协商未果，向法院提起诉讼。

法院认为，无论是自然灾害，还是其他人为原因，若不是由于供电人过错导致断电的，供电人不需要承担赔偿责任；除非断电后，供电人没有及时抢修被损坏的设施，造成用电人损失的，供电人才应当承担损害赔偿责任。另外，原告与被告签订的供用电合同亦约定原告未按合同约定安装自备应急电源或采取非电保安措施，导致损失扩大部分被告不承担违约责任。本案中，原告未按合同约定安装自备应急电源或采取非电保安措施，即便存在原告所主张的损失，也不能归责于被告。判决驳回原告诉讼请求。

【案例 2-9】 正常天气停电，用户因未配自备电源损失自担。

案号：（2018）鄂 96 民终 812 号

2017 年 8 月 8 日 19 时 19 分许，原告鱼塘供电线路断电，因原告未自备应急电源，其随即向供电所报修。当日 23 时 30 分许，抢修成功。原告诉至法院要求赔偿损失。

法院认为，断电原因非供电公司主动中断供电。本案应适用《中华人民共和国合同法》第一百八十一条的规定，只需审查供电公司是否已履行及时抢修的义务。供电公司先后有 3 名工作人员连续参与抢修，反复检测，在晚上耗时 4 小时左右排除故障，恢复供电，已履行了及时抢修义务。原告对供电的可靠性如有特殊要求，根据双方签订低压供用电合同约定，电网意外断电原告应自行采取电或非电保安措施。综上所述，原告的请求不成立。二审驳回上诉，维持原判。

【案例 2-10】 因缺相造成用户损失，供电公司承担 90%责任。

案号：（2023）皖 1623 民初 290 号

2022 年 2 月 2 日晚上 10 时左右至 2 月 3 日上午，因被告对原告居住的周边地区供电时动力电缺相，导致原告风机、换气扇不能正常工作，大棚内温度升高造成鹌鹑大批死亡，经按价格鉴定财产损失为 279766 元。

法院认为，本案中三相电动力缺相是导致原告用于养殖的电机停止工作的直接原因，由于换气扇、风机无法正常工作，大棚内温度升高导致鹌鹑死亡。被告供电公司违反安全供电义务造成的电力故障与原告所受损失之间存在因果关系，判决被告公司承担90%责任。

【案例2-11】停电后原告及时启动增氧仍造成损失，供电公司承担20%责任。

案号：（2022）粤0606民初29649号

2022年8月8日17时50分，因被告供电设备故障，造成原告鱼塘所在片区大面积停电，经供电人员抢修后，于2022年8月9日2时50分恢复正常供电。在停电期间，原告即时自购1台发电机自行为增氧机发电，并全塘泼洒“颗粒氧”“超能氧”“快快氧”等增氧剂鱼药。但仍造成案涉鱼塘共死亡加州鲈鱼1085斤（542.5千克），死鱼大小约3～4两/尾（150～200克/尾）。期间原告支付购买鱼药费6834元。

法院认为，被告作为电路产权人和管理方，对电路已进行恰当的管理和维护，发生停电故障后已及时通知停电情况并组织抢修，也没有证据显示被告存在其他管理责任。但原告在收到停电通知后已及时启动后备发电机，并配备有增氧机和增氧剂等，其对案涉损失的造成亦不存在过错。结合受害方的损害程度、被告的经济能力等综合考虑，综合本案的实际，法院酌情认定被告应补偿20%的停电损失。

二、关键法条

★《中华人民共和国民法典》（自2021年1月1日起施行）

第一千一百七十三条　被侵权人对同一损害的发生或者扩大有过错的，可以减轻侵权人的责任。

第一千一百七十四条　损害是因受害人故意造成的，行为人不承担责任。

第一千一百七十五条　损害是因第三人造成的，第三人应当承担侵权责任。

第一千一百八十六条　受害人和行为人对损害的发生都没有过错的，

依照法律的规定由双方分担损失。

★《中华人民共和国电力法》（2018 年修正）

第二十八条第二款　用户对供电质量有特殊要求的，供电企业应当根据其必要性和电网的可能性，提供相应的电力。

第六十条　因电力运行事故给用户或者第三人造成损害的，电力企业应当依法承担赔偿责任。

电力运行事故由下列原因之一造成的，电力企业不承担赔偿责任：

（一）不可抗力；

（二）用户自身的过错。

因用户或者第三人的过错给电力企业或者其他用户造成损害的，该用户或者第三人应当依法承担赔偿责任。

★《供电监管办法》（2024 年修订）

第七条　电力监管机构对供电企业的供电质量实施监管。

在电力系统正常的情况下，供电企业的供电质量应当符合下列规定：

（一）向用户提供的电能质量符合国家标准或者电力行业标准；

（二）城市地区年供电可靠率不低于 99%，城市居民用户受电端电压合格率不低于 95%，10 千伏以上供电用户受电端电压合格率不低于 98%；

（三）农村地区年供电可靠率和农村居民用户受电端电压合格率符合派出机构的规定。派出机构有关农村地区年供电可靠率和农村居民用户受电端电压合格率的规定，应当报国家能源局备案。

供电企业应当审核用电设施产生谐波、冲击负荷的情况，按照国家有关规定拒绝不符合规定的用电设施接入电网。用电设施产生谐波、冲击负荷影响供电质量或者干扰电力系统安全运行的，供电企业应当及时告知用户采取有效措施予以消除；用户不采取措施或者采取措施不力，产生的谐波、冲击负荷仍超过国家标准的，供电企业可以按照国家有关规定拒绝其接入电网或者中止供电。

★《重要电力用户供电电源及自备应急电源配置技术规范》(GB/T 29328—2018)

7.2　自备应急电源配置原则

7.2.1　重要电力用户均应配置自备应急电源，电源容量至少应满足全部保安负荷正常启动和带载运行的要求。

7.2.3　自备应急电源的配置应依据保安负荷的允许断电时间、容量、停电影响等负荷特性，综合考虑各类应急电源在启动时间、切换方式容量大小、持续供电时间、电能质量、节能环保、适用场所等方面的技术性能，合理的选取自备应急电源。重要电力用户自备应急电源配置典型模式参见附录D。

★《浙江省电力条例》(自2023年1月1日起施行)

第五十九条　发生停电可能造成人身安全事故、公共秩序混乱、较大环境污染、重要设施设备损坏或者重大经济损失的用户，以及对供电可靠性有特殊要求的用户，应当按照国家和省有关规定配备多路电源、自备电源或者采取非电性质应急安全保护措施，供电企业应当提供技术指导。

用户按照规定应当配备多路电源、自备电源而未配备，应当采取非电性质应急安全保护措施而未采取的，该用户因停电产生的损失由其自行承担。

本条第一款规定的用户范围由省电力管理部门确定；具体用户名单由设区的市、县（市、区）电力管理部门确定。

★《江苏省电力条例》(自2020年5月1日起施行)

第五十一条第二款　重要电力用户应当按照相关技术标准和有关规定，配备多路电源、自备应急电源或者采取其他应急保安措施。

三、要点简析

1. 用户对供电可靠性如果有特殊要求，应主动告知并与供电公司协商供电方式

鉴于我国目前的输配电价核价体系，电网投资按照核价办法严格审核。

如果要保证所有的用户 100%不能停电，势必大大增加电网投资以无限提高供电可靠性，最后将整体推高输配电价。其实质是让全社会为对供电可靠性有特殊要求的用户买单。

因此，《供电监管办法》第七条仅规定，城市地区年供电可靠率不低于99%，城市居民用户受电端电压合格率不低于 95%，10 千伏以上供电用户受电端电压合格率不低于 98%。根据《中华人民共和国电力法》第二十八条，如果用户对供电可靠性有高于国家标准的特殊要求的，应当向供电企业提出，采用双电源或多路电源供电，而供电企业也应当根据其必要性和电网的可能性，提供相应的电力。双电源或多路电源用户应按规定，向供电企业支付高可靠性费用。

实务中，因按照重要电力用户的标准配备主供电源和备用电源，用户将增加线路、设备和双电源高可靠性供电费用等投资。为了减少投资，或者因为对重要电力用户的理解有偏差，用户在申请供电时并未向供电企业说明其对供电的特殊要求，但被中断供电后，却认为其是对供电有特殊要求的重要电力用户，从而向供电企业主张停电赔偿。《江苏省电力条例》第五十一条第二款规定，重要电力用户应当按照相关技术标准和有关规定，配备多路电源、自备应急电源或者采取其他应急保安措施。《浙江省电力条例》第五十九条，也将重要电力用户“应当按照国家和省有关规定配备多路电源、自备电源或者采取非电性质应急安全保护措施”明确为法定义务，明确按照规定应当配备多路电源、自备电源而未配备，应当采取非电性质应急安全保护措施而未采取的，该用户因停电产生的损失由其自行承担。即明确了用户未按照规定配备多路电源、自备电源或非电性质应急安全保护措施，属于违反法定义务，由此产生的停电损失应由用户自行承担。

2. 用户未依约配自备电源，供电公司一般不承担停电损失

自备应急电源是指在主供电源和备用电源全部发生中断的情况下，由用户自行配备的，能为用户保安负荷（用于保障用电场所人身与财产安全所需的电力负荷）可靠供电的独立电源。

用户自备应急电源的配备有两种情况。一是强制配备的用户。根据《重要电力用户供电电源及自备应急电源配置技术规范》（GB/T 29328—2018）等相关规定，发生停电可能造成人身安全事故、公共秩序混乱、较大环境污染、重要设施设备损坏或者重大经济损失的重要用户，应当配备自备应急电源。重要电力用户均应配置自备应急电源，电源容量至少应当满足全部保安负荷正常启动和带载运行的要求。二是虽未列入重要用户，但用户自身认为其对供电可靠性要求高于国家标准，也应当向供电企业明示，并与供电企业约定配备用户自备应急电源。

一般产生纠纷的大多数是第二种情况。供用电双方在合同中约定了由用户配自备电源，且明确约定“用电人未按合同约定安装自备应急电源或采取非电保安措施，或者对自备应急电源和非电保安措施维护管理不当，导致损失扩大部分”，供电人不承担停电产生的违约责任。如案例 2-7～2-11，法院均采纳供电公司不承担责任的辩护意见。如案例 2-8，因被告线路相间短路，造成越级跳闸，致全镇停电。法院认为，停电原因并非被告主动中断供电，且停电后，供电所即指派 5 名工作人员仅耗时不到 2 小时即排除故障，迅速恢复供电。从抢修过程分析，被告已履行了及时抢修义务，并不属于合同规定的供电设施计划检修需要中止供电和供电设施临时检修需要中止供电情形。另外，原、被告签订的供用电合同亦约定被告对下列情形不承担违约责任：原告未按合同约定安装自备应急电源或采取非电保安措施，或者对自备应急电源或非电保安措施维护管理不当，导致损失扩大部分。原告未按合同约定安装自备应急电源或采取非电保安措施，即便存在原告所主张的损失，也不能归责于被告。判决驳回原告诉讼请求。

当然，如果用户按照约定配备了自备电源，但仍造成了损失，在用户不存在过错的情况，则应依据《中华人民共和国民法典》第一千一百八十六条，受害人和行为人对损害的发生都没有过错的，依照法律的规定由双方分担损失，如案例 2-11。而案例 2-10，供电公司因为缺相造成用户损失，与停电用户应自备应急电源不同，属于供电质量不达标，存在过错，是违约行为，应当承担赔偿责任。

四、管理建议

1. 供电公司对用户配自备电源有指导义务

供电企业的技术指导，可以系统地引导电力用户科学合理地配置自备应急电源和应急安全保护措施，以较低的社会综合成本减少电力用户的断电损失，更高效地发挥供电企业对重要电力用户的供电保障作用。因此，供电企业应当履行重要电力用户配备供电电源的技术指导义务。

供电企业的基层班组、供电所应建立辖区重要用户、敏感客户的台账资料，按时上门服务，根据其用电需求特性和供用电合同条款约定，书面告知用户可能发生的供电风险，提醒用户做好自备电源、发电机及油料的保养和储备工作，开展必要的技术服务支持。

2. 加强供用电合同的规范管理

某供电公司曾遇到这么一个案例：供用电合同关于自备电源条款的空白处未划“/”，法院认为双方约定不明，供电公司无法免责。因此，基层单位在签订供用电合同时，务必按照国家电网有限公司及各网省公司下达的说明规范填写。特别应关注：一是自备电源的约定条款要清晰，要在主合同中明确约定自备电源的容量，如果没有自备电源，也应在“（1）用电人自备发电机________千瓦”的下划线上画上“/”；二是要明确非电保安措施条款，并签订自备电源补充协议，明确自备电源的配置和维护责任界限等；三是对免责条款，最好下划线提请用户重视，避免因事先拟定的条款免除自己的责任或加重对方的责任，成为无效条款。

3. 加强自备电源管理，避免倒送电事故

客户在购置和使用自备电源时，普遍存在隐蔽性强、操作不规范、设备防误操作能力弱等特点，不仅直接威胁到电网安全稳定运行，还威胁到电网检修作业人员的生命安全。如果在电网停电检修中，客户自备电源和电网电源间没有正确的切换装置和可靠的联锁装置，一旦客户发动自备发电机供电，自备电源向电网倒送电，现场作业人员只能依靠一组接地线保护，安全可靠性十分薄弱，很可能造成人身安全事故。供电公司应当高度重视用户侧双电源、自备电源的排查工作，加强用户侧自备电源检查和技术指导，从源头上杜绝工作线路倒送电，防止自备发电机组倒送电至公用电网而造成人身伤亡或设备损坏等恶性事故的发生。同时要加强对用户侧自备电源的安全管理，多向用户宣传安全用电知识，提高事故防范能力，营造良好的供用电环境。

第五节　第三人原因导致停电供电公司可不担责

一、参考案例

【案例 2-12】 第三人故障引起停电，供电公司不承担损失。

案号：（2018）津 0113 民初 5728 号

2018 年 3 月 26 日 17 时左右，第三人安某公司变压器发生故障，原告某昌公司于当日 17 时 38 分左右拨打 95598 供电服务热线。被告于当日 17 时 58 分到达现场，经核实，为安某公司变压器故障导致原告受损。3 月 26 日全天，被告产权并负责运行维护管理的线路电流稳定，实际供电情况符合国家标准。

法院认为，被告并未发生电力运行事故及停电情形，第三人安某公司变压器短路故障是原告磨床受损的原因。判决驳回原告的诉讼请求。

【案例 2-13】 第三人故障引起停电，供电公司需承担损失。

案号：（2022）辽 01 民终 6921 号

2020 年 5 月 14 日 12 时 30 分左右，因第三人振某塑业产权变压器故障导致原告三某公司用电线路电压出现异常大幅波动，三某公司设备受损为维修设备共计花费 173365 元，三某公司诉至法院要求某阳供电公司承担损失赔偿责任。

法院认为，三某公司与某阳供电公司双方达成供用电合同关系，供电公司作为供电人负有向用电人三某公司安全供电的义务，未能安全供电，造成三某公司损失的，应当承担损害赔偿责任。根据《中华人民共和国合同法》第一百二十一条规定："当事人一方因第三人的原因造成违约的，应当向对方承担违约责任。当事人一方和第三人之间的纠纷，依照法律规定或者按照约定解决。"某阳供电公司因第三人原因对三某公司造成违约，应由其与第三人之间予以解决，某阳公司不能以此对抗其应对三某公司承担的违约责任。判决某阳供电公司赔偿原告三某公司维修设备损失共计 173365 元。二审维持原判。

二、关键法条

★《中华人民共和国民法典》（自 2021 年 1 月 1 日起施行）

第五百九十三条　当事人一方因第三人的原因造成违约的，应当依法向对方承担违约责任。当事人一方和第三人之间的纠纷，依照法律规定或者按照约定处理。

第一千一百七十五条　损害是因第三人造成的，第三人应当承担侵权责任。

★《中华人民共和国电力法》（2018 年修正）

第六十条　因电力运行事故给用户或者第三人造成损害的，电力企业应当依法承担赔偿责任。

电力运行事故由下列原因之一造成的，电力企业不承担赔偿责任：

（一）不可抗力；

（二）用户自身的过错。

因用户或者第三人的过错给电力企业或者其他用户造成损害的，该用户或者第三人应当依法承担赔偿责任。

★《供电营业规则》(自 2024 年 6 月 1 日起施行)

第九十七条 供用电双方在合同中订有电力运行事故责任条款的，按照下列规定办理，双方另有约定的除外：

（一）由于供电企业电力运行事故造成用户停电时，供电企业应当按照用户在停电时间内可能用电量乘以当期同类用户平均电量电价的四倍（两部制电价的为五倍）给予赔偿；用户在停电时间内可能用电量，按照停电前用户正常用电月份或正常用电一定天数内的每小时平均用电量乘以停电小时计算；

（二）用户责任造成供电企业对外停电的，用户应当按照供电企业对外停电时间少供电量，乘以上月供电企业平均售电单价给予赔偿；

因用户过错造成其他用户损害的，受害用户要求赔偿时，该用户应当依法承担赔偿责任；

虽因用户过错，但由于供电企业责任而使事故扩大造成其他用户损害的，该用户不承担事故扩大部分的赔偿责任；

（三）对停电责任的分析和停电时间及少供电量的计算，均按照供电企业的事故记录及有关规定办理；停电时间不足一小时按照一小时计算，超过一小时按照实际时间计算。

三、要点简析

（一）第三人承担责任的法律分析

因第三人原因停电导致电力用户受损的纠纷案件时有发生。面对此类案件，用户的法律救济途径主要有两个：基于侵权事由请求第三人承担侵权责任，或者基于违约事由请求供电企业承担违约责任。侵权责任与违约责任在构成要件、举证规则、承担责任的方式等方面，均存在较大差异。《中华人民共和国民法典》第一百八十六条规定“因当事人一方的违约行为，损害对方人身权益、财产权益的，受损害方有权选择请求其承担违约责任或者侵权责任”。如果当事人一方的违约行为侵害了对方的人身、财产权益，则同时构成侵权行为，这时违约方既负有违约责任，又负有侵权责任，此即违约责任与侵权责任的竞合，受害人既可以就违约责任行使请求权，也可以就侵权责任行使请求权。根据《中华人民共和国民法典》的规定，受害人可以在两种请求权中选择一种行使，这意味着受害人只能行使一种请求权，如果受害人选择一种请求权并得到实现，则另一种请求权即告消灭。在实际案例中，法院对此类案件通常有两种责任认定，一是第三方的侵权责任，二是供电企业的违约责任。

1. 侵权责任

《中华人民共和国电力法》第六十条规定“因电力运行事故给用户或者第三人造成损害的，电力企业应当依法承担赔偿责任。电力运行事故由下列原因之一造成的，电力企业不承担赔偿责任：（一）不可抗力；（二）用户自身的过错。因用户或者第三人的过错给电力企业或者其他用户造成损害的，该用户或者第三人应当依法承担赔偿责任”。该条文表达的核心要义是第三人承担的是过错责任；赔偿方面，《中华人民共和国电力法》并未提供具体的赔偿规则，而是采用立法技术，规定“依法”承担赔偿责任。此处所指的“法律”目前主要是《中华人民共和国民法典》的相关规定。由上可知，因第三人侵权导致的赔偿责任方面，《中华人民共和国电力法》并未创设特殊规则，而是保持了与民事基本法的一致，体现了法秩序的内在统一。

《中华人民共和国民法典》第一千一百七十五条规定“损害是因第三人造成的，第三人应当承担侵权责任”，该条处于侵权责任篇“一般规定”一章，具有统领作用。《中华人民共和国民法典》第一千一百六十五条第一款规定“行为人因过错侵害他人民事权益造成损害的，应当承担侵权责任”，该条为规范侵权责任承担的一般条款，根据该条规定，一般情况下，承担侵权责任的主体为“行为人”。因第三人原因停电给用户造成损害的，该第三人是“行为人”，故被评价为侵权人，根据《中华人民共和国民法典》的规定，该第三人应当承担侵权责任。

基于鼓励行为自由与他人法益保护的平衡，在民事侵权领域，侵权责任的承担以贯彻“责任自负”为原则、承担替代责任为例外；以承担过错责任为原则、以承担无过错责任为例外（限于法律的明确规定）。在法律无特别规定供电企业承担替代责任的情况下，并不能认为在上述情形中，供电企业是侵权人；同时，法院也不能判令供电企业承担侵权责任，或者判令供电企业与第三人承担连带责任，除非供电企业自身存在过错。

2. 违约责任

《中华人民共和国民法典》第五百九十三条规定“当事人一方因第三人的原因造成违约的，应当依法向对方承担违约责任。当事人一方和第三人之间的纠纷，依照法律规定或者按照约定处理”。即合同主要在特定的合同当事人之间发生法律约束力，只有合同当事人一方能基于合同向合同对方提出请求或提起诉讼，而不能向与其无合同关系的第三人设定合同上的义务。案例 2-13 中法院认为本案事故原因为“振某塑业产权变压器故障导致系统电压异常波动，造成三某检车线设备烧损”，可以认定上述电压异常的情况导致了三某公司检车线设备毁损的事实，某阳供电公司作为供电方，未能保证提供的电能质量符合合同约定，并造成三某公司损失，显系违约，应当承担违约责任。案例 2-13 中的《高压供用电合同》约定了因第三人的过错行为所导致的供电人违约，供电人不承担责任，但该合同系某阳供电公司提供的格式合同，该条款明显系减轻供电人责任并与三合公司有重大利益关系，而某阳供电公司并未举证证明采取合理方式提示三某公司对此条款予以注意，故该条款不应成为合同内容，故其应赔偿三某公司所受损失。

（二）供电公司系统稳定正常才能让第三人担责

被法院认定为侵权的判例中，第三人发生故障并非导致用户损失的必然条件，供电公司作为电力系统的运维方需要同时佐证故障发生时系统稳定正常运行，并非发生系统故障造成用户损失，即排除自身的侵权责任才可引导用户依据侵权责任向第三人索赔。

四、管理建议

1. 及时查明事故原因并引导用户向第三人主张赔偿

就实际判例来看，侵权责任认定与违约责任认定根本上是法律适用问题。对广大电力用户而言，与供电企业签订《供用电合同》并按时缴纳电费即视为其获得连续可靠电力供应，无论何种外部原因导致断电，其无法直接准确判断并承担举证责任，也无法准确获取诉讼对象。故其通常在无法获取第三人相关信息时通常以合同违约为由将供电公司作为被告诉至法院，倒逼供电企业承担举证责任，同时供电企业存在败诉风险。所以在发生故障导致用户断电后，供电企业需及时查明事故原因并保留相关证据，积极引导用户向第三方主张侵权赔偿。

2. 供电企业保证系统稳定正常，供电可靠性和电能质量

供电企业在日常系统运行维护时应加强配电网建设，提高线路联络水平，加强配电网自动化建设，自动判别并隔离故障区域，缩小故障影响范围。加大线路设备巡视力度，做好隐患登记消缺工作，常态化开展计划检修，对运行时间长、老旧设备及时更换整改，提升系统的供电可靠性与电能质量。

第六节　供电企业配合政府停电属行政辅助行为

一、参考案例

【案例 2-14】 最高法认定配合政府停电是行政辅助行为。

案号：（2017）最高法行申 8513 号

2014 年 12 月 10 日，区政府向供电公司发函要求配合停止恒某公司违法建筑的供电。恒某公司诉至法院。一审判决确认区政府要求供电公司对恒某公司停止供电行为违法。区政府不服上诉。二审维持原判。区政府向最高法申请再审。

关于配合政府停电行为的性质，最高法认为，对涉案开发地块停止电力供应是区政府拆迁工作的一部分，涉案开发地块是否如涉案函和通知中所述属于违法建设、是否存在火灾隐患的判断职责属于区政府，供电公司对上述事项不具有判断能力，也没有判断义务，其停止电力供应仅是辅助区政府的行为。相应的，停止供电可能对恒某公司造成的不利影响的合理注意义务，也应当由区政府来承担。驳回区政府再审请求。

【案例 2-15】最高法认定供电公司配合政府停电行为不产生民事损害赔偿关系。

案号：（2016）豫民终 385 号、（2017）最高法民申 897 号

2001 年 5 月 30 日，某县人民政府作出文件要求从 2001 年 6 月 1 日起，对县（市）、区属及乡镇煤矿除部分停产不停电整顿的矿井外，其余乡镇煤矿一律实行停电停产整顿，凡没有及时对停电矿井实施断电，没有及时对停电、停产整顿矿井停供并收缴剩余火工用品造成煤矿违规生产的，要从严追究供电、公安部门主要领导的责任。某县供电公司 2001 年 6 月 1 日根据政府提供的停缓建基建矿井名单，对某煤矿实施停电。某煤矿法定代表人齐某于 2015 年 7 月 7 日向法院提起行政赔偿诉讼，要求某县供电公司赔偿损失 5500 万元。法院以“不属于行政诉讼范围”驳回申请人提起的行政诉讼请求。后申请人向法院提起民事诉讼，请求法院依法判定被申请人停电操作行为违法，并承担违法行为导致损害的赔偿责任。法院以齐某与某县供电公司非平等民事主体的关系驳回起诉。申请人认为原审认定事实和适用法律错误，请求依法再审。

再审法院认为：某县供电公司的停电行为不是基于供电合同关系发生的，双方不产生民事损害赔偿关系。一、二审裁定认定本案不属于人民法院受理民事诉讼案件的范围，并无不当。驳回齐某的再审申请。

【案例 2-16】 配合发展改革委停电供电公司不担责。

案号：（2023）苏 1081 民初 2462 号

2020 年 10 月 15 日，某市发展改革委发出《关于对 4 个违建内 9 家企业停止电力供应的通知》（仪发改〔2020〕107 号），请市供电公司配合市棚

改指挥部对等4个违建内9家企业在10月17日前实施停电措施。收到通知后，供电公司交下属某分公司供电所配合。2020年10月23日下午，政府、所在村、派出所组织实施停电，供电所派电工到现场配合对原告某有限公司实施停电。原告诉至法院要求被告供电公司恢复供电并赔偿损失。

法院认为，结合某市发展改革委《关于对4个违建内9家企业停止电力供应的通知》（仪发改〔2020〕107 号）及被告出具的说明可以证实，某供电公司接到市发展改革委文件后，委托被告实施将主电源与连接原告使用的电路设备断开的行为。因此，对原告实施断电行为实际上是行政机关实施的行政行为，如原告认为断电行为对原告构成侵权，主张恢复供电，也不应以供电公司作为被告提起民事诉讼，驳回原告起诉请求。

二、关键法条

★《中华人民共和国民法典》（自2021年1月1日起施行）

第六百五十二条　供电人因供电设施计划检修、临时检修、依法限电或者用电人违法用电等原因，需要中断供电时，应当按照国家有关规定事先通知用电人；未事先通知用电人中断供电，造成用电人损失的，应当承担赔偿责任。

★《中华人民共和国突发事件应对法》（2024年修正）

第七十四条　社会安全事件发生后，组织处置工作的人民政府应当立即启动应急响应，组织有关部门针对事件的性质和特点，依照有关法律、行政法规和国家其他有关规定，采取下列一项或者多项应急处置措施：

（二）对特定区域内的建筑物、交通工具、设备、设施以及燃料、燃气、电力、水的供应进行控制。

★《中华人民共和国环境保护法》（自2015年1月1日起施行）

第六十条　企业事业单位和其他生产经营者超过污染物排放标准或者超过重点污染物排放总量控制指标排放污染物的，县级以上人民政府环境保护主管部门可以责令其采取限制生产、停产整治等措施；情节严重的，报经有批准权的人民政府批准，责令停业、关闭。

★《供电监管办法》（2024 年修订）

第二十四条第三款 供电企业应当严格执行政府有关部门依法作出的对淘汰企业、关停企业或者环境违法企业采取停限电措施的决定。未收到政府有关部门决定恢复送电的通知，供电企业不得擅自对政府有关部门责令限期整改的用户恢复送电。

★《中华人民共和国消防法》（2021 年修正）

第四十五条 消防救援机构统一组织和指挥火灾现场扑救，应当优先保障遇险人员的生命安全。

火灾现场总指挥根据扑救火灾的需要，有权决定下列事项：

（二）截断电力、可燃气体和可燃液体的输送，限制用火用电；

（六）调动供水、供电、供气、通信、医疗救护、交通运输、环境保护等有关单位协助灭火救援。

第五十四条 公安机关消防机构在消防监督检查中发现火灾隐患的，应当通知有关单位或者个人立即采取措施消除隐患；不及时消除隐患可能严重威胁公共安全的，公安机关消防机构应当依照规定对危险部位或者场所采取临时查封措施。

第五十五条 消防机构在消防监督检查中发现城乡消防安全布局、公共消防设施不符合消防安全要求，或者发现本地区存在影响公共安全的重大火灾隐患的，应当由公安机关书面报告本级人民政府。

接到报告的人民政府应当及时核实情况，组织或者责成有关部门、单位采取措施，予以整改。

★《中华人民共和国安全生产法》（2021 年修正）

第七十条第一款 负有安全生产监督管理职责的部门依法对存在重大事故隐患的生产经营单位作出停产停业、停止施工、停止使用相关设施或者设备的决定，生产经营单位应当依法执行，及时消除事故隐患。生产经营单位拒不执行，有发生生产安全事故的现实危险的，在保证安全的前提下，经本部门主要负责人批准，负有安全生产监督管理职责的部门可以采取通知有关单位停止供电、停止供应民用爆炸物品等措施，强制生产经营单位履行决定。通知应当采用书面形式，有关单位应当予以配合。

★《中华人民共和国行政强制法》（自 2012 年 1 月 1 日起施行）

第四十三条 行政机关不得在夜间或者法定节假日实施行政强制执行。但是，情况紧急的除外。

行政机关不得对居民生活采取停止供水、供电、供热、供燃气等方式迫使当事人履行相关行政决定。

★《国有土地上房屋征收与补偿条例》（自 2011 年 1 月 21 日起施行）

第二十七条 实施房屋征收应当先补偿、后搬迁。

作出房屋征收决定的市、县级人民政府对被征收人给予补偿后，被征收人应当在补偿协议约定或者补偿决定确定的搬迁期限内完成搬迁。

任何单位和个人不得采取暴力、威胁或者违反规定中断供水、供热、供气、供电和道路通行等非法方式迫使被征收人搬迁。禁止建设单位参与搬迁活动。

★《供电营业规则》（自 2024 年 6 月 1 日起施行）

第七十二条 引起停电或限电的原因消除后，供电企业应当在二十四小时内恢复供电。不能在二十四小时内恢复供电的，供电企业应当向用户说明原因。

★《浙江省违法建筑处置规定》（2020 年修订）

第二十三条 单位或者个人就违法建筑申请办理供电、供水、供气等手续的，违法建筑处置决定执行完毕前，供电、供水、供气等单位不得办理。

★《浙江省水污染防治条例》（2020 年修订）

第五十一条 排污单位拒不履行县级以上人民政府或者环境保护主

管部门作出的责令停产、停业、关闭或者停产整顿决定，继续违法生产的，县级以上人民政府可以作出停止或者限制向排污单位供水、供电的决定。

★《浙江省房屋使用安全管理条例》(2020年修订)

第十二条第二款 县（市、区）住房城乡建设主管部门接到物业服务企业或者居民委员会报告，或者受理有关单位和个人的投诉、举报后，应当及时到现场调查，确认存在违反本条例第十条规定行为的，应当书面责令房屋装修经营者停止施工，并采取恢复原状、维修加固等改正措施消除房屋使用安全隐患；房屋装修经营者拒不停止施工，有发生房屋安全事故现实危险，且房屋内无人居住的，经本部门主要负责人批准，可以书面通知供电单位实施停电措施，供电单位应当予以配合。

★《浙江省电力条例》(自2023年1月1日起施行)

第五十三条 供电企业对特定用户中断供电不得影响其他用户的正常用电，不得损害社会公共利益或者危害公共安全。

引起中断供电的原因消除后，供电企业应当及时恢复供电。

三、要点简析

1. 配合政府停电是具体行政行为的辅助行为，不是供用电合同行为

行政行为是指具有行政权能的组织运用行政权，针对行政相对人设定、变更或者消灭权利义务的行为。案例2-14中，法院认定区政府通知供电公司停电是希望供电公司提供辅助行为，并未在区政府与供电公司之间设立、变更或者消灭权利义务，不具备行政行为的实质要件，因此区政府通知停电行为不是行政行为。但是区政府作为一级地方人民政府，具有行政权能，其通知供电公司停电是其涉案拆迁工作的一部分，具体运用了行政权，是一种行政事实行为。对涉案开发地块停止电力供应是区政府拆迁工作的一部分，涉案开发地块是否如涉案函和通知中所述属于违法建设、存在火灾隐患的判断职责属于区政府，供电公司对上述事项不具有判断能力，其也没有判断义务，其停止电力供应仅是辅助金水区政府的行为。

民法调整平等主体之间的财产关系和人身关系，民事诉讼的受理范围是平等主体之间发生的财产关系纠纷和人身关系纠纷。本节案例 2-15 中，某县供电公司系国有企业而非行政机关，其对齐某个人开办的某县奋发煤矿采取的停电行为，是在某县人民政府对地方煤矿进行全面停产整顿过程中，为保证当地政府专项治理整顿工作的落实，依照《某县人民政府关于转发全市地方煤矿全面停产整顿实施意见的通知》的要求实施的，属于执行某县人民政府决定的行为，并非基于双方民事法律关系所产生。在上述停电行为实施过程中，某县供电公司与某煤矿及齐某之间并非平等民事主体的关系，由此产生的纠纷不属于人民法院受理民事诉讼案件的范围。配合政府停电行为的诉讼与赔偿主体不是供电公司，而应是发出停电指令的行政机关。

2. 供电企业不是配合政府停电的通知主体

根据《中华人民共和国民法典》第六百五十二条，供电人只有在供电设施计划检修、临时检修、依法限电或者用电人违法用电等情况需要中断供电时，才有事先通知用电人的义务。供电企业与用电人在双方的供用电合同中，约定中止供用电应事先通知的情形，与《中华人民共和国民法典》的规定大致相同。配合政府停电的性质不是合同行为，因此，具体的停电通知也应由发出指令的行政部门通知到被停电人。具体实务中，建议各地供电企业规范配合政府停电的流程，并配合政府制订相关管理办法，明确由政府职能部门参照其他类停电履行提前通知义务，再安排供电公司停电。

3. 供电企业配合政府停电的风险分析

配合停限电的指令主要来源于政府相关部门、司法机关，具体事由可能包括征地拆迁、工商违法、拆除违法建筑、淘汰关停企业、关停环境污染企业、关停重大事故隐患的生产经营企业、协助司法执行等各个方面。

从本节所列的法条可知，法律对不同的情形给政府相关部门、司法机关的赋权有所不同。政府要求供电企业配合停电的相关决定，可能因程序不到位等原因而被法院撤销。政府部门要求供电企业停电的指令并不一定是合法的。如对淘汰关停企业，《中华人民共和国环境保护法》第六十条、《浙江省水污染防治条例》第五十一条规定，县级以上人民政府环境保护主管部门可以责令企业采取限制生产、停产整治等措施，但如果要对企业停止供水、供电等，则应由县级以上人民政府作出决定。如果某县环保局未经政府批准，要求供电企业以停电促使企业停业、关闭，则该指令存在不合法被撤销的风险。对此类停电要求，供电企业应谨慎、有限配合。《中华人民共和国行政强制法》第四十三条第二款对行政机关履行行政强制措施进行了限制，不得对居民生活采取停止供水、供电、供热、供燃气等方式迫使当事人履行相关行政决定。当政府部门要求供电企业对居民生活用电实施停电时，供电企业有义务提出异议。当然，如前所述，从性质上讲，配合政府停电行为的诉讼与赔偿主体不是供电公司，而是发出停电指令的行政机关，即，如果行政机关要求配合停电的指令错误，也应由发出停电指令的行政机关承担错停的责任。

对不同情况下配合政府停电行为所面临的法律风险做对比分析，见表 2-1。

表 2-1　　不同情况下配合政府停电行为所面临的法律风险对比

序号	停电情形	实施主体	处理建议	法律依据
1	征地拆迁	县级以上人民政府、国土局、建设局	风险较高，配合需谨慎	《国有土地上房屋征收与补偿条例》（国务院令第 590 号，2011 年 1 月 21 日）第二十七条
2	工商违法	县级以上人民政府、管理部门	风险较高，配合需谨慎	—
3	拆除违法建筑	县级以上人民政府，“三改一拆”专项工作领导小组、违法建设综合治理工作领导小组办公室等非常设机构	有一定风险，必须支撑材料齐全	《浙江省违法建筑处置规定》（供参考）
4	淘汰关停企业	县级以上人民政府、经信局、环保局	有一定风险，必须支撑材料齐全	《供电监督办法》第二十四条、《中华人民共和国环境保护法》第六十条

续表

序号	停电情形	实施主体	处理建议	法律依据
5	关停环境污染企业	县级以上人民政府、环保局	有一定风险，必须支撑材料齐全	《供电监督办法》第二十四条、《中华人民共和国环境保护法》第六十条
6	重大事故隐患的生产经营企业	县级以上人民政府、安监局	风险较低，配合	《中华人民共和国安全生产法》第六十七条
7	消防隐患	县级以上人民政府	风险较高，配合需谨慎	《中华人民共和国消防法》第五十五条
8	火灾现场	县级以上人民政府、应急管理局	风险较低，配合	《中华人民共和国消防法》第四十五条
9	协助司法执行	各级人民法院	风险较低，配合	《中华人民共和国民事诉讼法》第二百五十条
10	对居民停电	各政府部门	风险很高，极有限配合	《中华人民共和国行政强制法》第四十三条

4. 供电企业配合司法机关中断供电风险分析

人民法院在执行过程中对涉案房地产采取查封、腾空、拍卖及因被执行人（包括其他相关人员）拒不配合人民法院腾空而采取的中止、恢复供电等司法处置措施，系依法履行法律赋予的执行权。供电公司作为配合单位根据人民法院要求协助采取的中止、恢复供电强制措施，系供电公司的协助执行行为。供电公司对按人民法院要求协助执行产生的后果，不承担责任。

四、管理建议

（一）要求行政机关提供协助行政执法停电的法律依据及书面文件

供电公司协助行政执法停电的行为属于具体行政行为的辅助实施行为。所以供电公司的停电是否合法，取决于该行政机关作出的具体行政行为是否合法。供电公司协助行政执法停电，行政机关应通过适当方式通知供电公司。供电公司在接到协助停电通知时，应当要求行政机关提供其行政行为合法的法律依据及书面有效文书如行政机关作出的行政决定等。如行政机关不具备相应职权或者协助执行的法律文书明显错误或违反法律强制性、禁止性规定，则供电公司有权拒绝协助行政执法停电。对于政府部门实施某项专项工作成立的各类临时性工作领导小组或其他组织机构，其是否有权要求供电公司协助停电，应根据其授权确定，对超越授权范围的，供电公司有权予以拒绝。

（二）取得书面协助通知后方可实施

配合政府务必收到书面通知。如《中华人民共和国安全生产法》第六十七条第一款规定“负有安全生产监督管理职责的部门依法对存在重大事故隐患的生产经营单位作出停产停业、停止施工、停止使用相关设施或者设备的决定，生产经营单位应当依法执行，及时消除事故隐患。生产经营单位拒不执行，有发生生产安全事故的现实危险的，在保证安全的前提下，经本部门主要负责人批准，负有安全生产监督管理职责的部门可以采取通知有关单位停止供电、停止供应民用爆炸物品等措施，强制生产经营单位履行决定。通知应当采用书面形式，有关单位应当予以配合。”实务中，基层单位可能存在执行政府部门口头指令配合停电的情况。如果供电公司在停电前没有取得县（区）级以上政府部门的书面通知，一旦政府部门要求供电公司停电的指令不合法被撤销，而供电公司无法有效举证停电是应政府要求而实施的，则面临违法、违约停电的民事赔偿风险。故正式停电前，供电公司应取得政府或政府部门的书面停电通知，停电通知书中应说明停电依据、具体停电时间以及停电对象。如存在停电可能造成难以弥补的损失的，应及时书面告知作出停电决定的政府或政府部门。

（三）认真核对停电名单，避免错停

由于政府出具函件上的停电清单，与供电公司营销业务系统开户的户名、用电地址往往存在偏差，供电公司在接到政府部门的转办函件后，需会同政府执法人员到现场逐一核对确认，将供电公司内部的户号、户名、局号、用电地址核对无误后，再安排现场停电配合工作。

实务中还存在简单粗暴直接停上一级开关的情况，因此，《浙江省电力条例》第五十三条第一款明确供电企业对特定用户中断供电不得影响其他用户的正常用电，不得损害社会公共利益或者危害公共安全。因此，供电公司在配合政府有关部门、司法机关等对特定用户采取停限电措施，应认真核对停电名单，准确界定停电范围，避免影响其他用户的正常用电，避免损害社会公共利益或者危害公共安全。

（四）电费担保达成一致

配合政府停电往往涉及环保整治、关停、征地拆迁等容易产生纠纷的事项。停电后的电费回收将成为难题。因此，在配合停电前，供电公司参与政府协调会的领导或专业人员、接收停电指令的责任班所等，必须牢固树立电费回收意识，与政府部门就电费回收事宜达成一致，避免因配合停电导致电费无法回收。

（五）需有执法人员现场配合、确保实施停电人员的人身安全

配合实施停电时，应按函件要求并经审批的时间节点，在政府相关部门执法人员现场主持下，对函件中明确且经内部审批的客户实施停电，严禁自行对客户采取停电措施。特别是一些强制拆迁现场，危险性大，供电企业工作人员应切实提高安全意识，确保自身人身安全，不可擅自、盲目行动。在停电时如发现现场情况可能面临失控或有其他危及自身安全情况发生时，应尽快撤离现场。停电过程中，严禁发生与客户争执等影响企业形象的情况。此外，在实施停电过程中，停电操作人员应相互配合，尽量做好现场照片和影像资料采集工作。

（六）正确完成内部流程

营销系统流程：政府部门要求配合停电、恢复送电的函件以及内部审批单，应在营销业务系统发起停电审批流程时，进行电子化存档，由责任班组在智能档案系统上传归档。函件原件妥善归档保存。相关纸质及现场执行的照片或影像资料独立归档保存，保存期限建议不少于 2 年。

现场操作流程：供电企业的责任班组应根据现场核查的具体情况，与政府职能部门对接，明确配合政府停电的操作方式。

1. 涉及销户的操作流程

（1）情况 1：已经被政府认定为违章建筑，并且要实施房屋拆除的用户，可在政府拆除违章建筑当日，在政府相关部门执法人员现场主持下，对函件中明确的客户实施断电，并将表计拆回。在违章建筑被拆除之后，由责任班组在营销业务系统当天发起销户流程，政府函件和审批单作为发起销户的依据资料。

（2）情况 2：用户自行或委托办理销户手续的，营业厅按照正常的销户流程受理后，由责任班组进行表计拆除等工作。

2. 涉及强停的操作流程

配合政府对淘汰、关停、限期整改，但不进行房屋拆除和永久关停的用户实施停电，供电企业应选择强停而不是销户。具体停电根据实际情况，低压用户可采取远程停电和现场断电，高压用户可采取强停。

（1）情况 1：低压远程停电。由责任班组在营销业务系统发起“无欠费停电流程”，流程备注需注明“配合政府停电”，现场不拆除表计和表前线。

（2）情况 2：低压现场断电。由责任班组现场拆除表前线和表计，为保证低压采集率指标，应保证表计上线。

（3）情况 3：高压强停。由营销责任班组对接政府部门，要求政府部门履行告知义务，确保政府相关执法部门责令用户拉开低压出线开关后，由运检责任班组配合拉开产权分界点开关，营销责任班组及时在营销业务系统发起强停流程。

值得注意的是，供电企业配合政府对特定用户停电后，在未收到政府有关部门决定恢复送电通知的情况下，不得擅自对该特定用户恢复送电。主要依据是《供电监管办法》第二十四条第三款规定“供电企业应当严格执行政府有关部门依法作出的对淘汰企业、关停企业或者环境违法企业采取停限电措施的决定。未收到政府有关部门决定恢复送电的通知，供电企业不得擅自对政府有关部门责令限期整改的用户恢复送电。”上述规定不仅明确了供电企业有配合政府有关部门对特定用户中断供电的义务，同时也明确了恢复供电的要求。

在收到政府书面函件告知停电原因消失，决定对停电对象恢复正常供电后，责任班所应及时与相关部门联系确认，按照政府部门要求的时间及时恢复供电。

第三章　电能质量纠纷化解专题

第一节　对电能质量有特殊要求需自行采取措施

一、参考案例

【案例 3-1】 普通用户无特殊约定，电压波动供电公司不承担责任。

案号：（2017）辽 01 民终 212 号

某公司在原告某保险公司投保财产一切险。保期内某公司由于突然停电造成 31 件零件报废。原告保险公司向某公司支付保险赔偿款 70.2868 万元后，诉至法院要求供电公司承担赔偿责任。

法院认为，某公司负荷性质为三类负荷，未对供电情况作出特殊约定。某公司称由于电能波动导致零件损坏，但无证据佐证零件损失与供电波动之间的因果关系。原告要求被告供电公司承担赔偿责任的诉讼请求，不予支持。

二、关键法条

★《中华人民共和国电力法》（2018 年修正）

第二十八条第二款　用户对供电质量有特殊要求的，供电企业应当根据其必要性和电网的可能性，提供相应的电力。

★《供电监管办法》（2024 年修订）

第七条　电力监管机构对供电企业的供电质量实施监管。

在电力系统正常的情况下，供电企业的供电质量应当符合下列规定：

（一）向用户提供的电能质量符合国家标准或者电力行业标准；

（二）城市地区年供电可靠率不低于 99%，城市居民用户受电端电压合格率不低于 95%，10 千伏以上供电用户受电端电压合格率不低于 98%；

（三）农村地区年供电可靠率和农村居民用户受电端电压合格率符合派出机构的规定。派出机构有关农村地区年供电可靠率和农村居民用户受电端电压合格率的规定，应当报国家能源局备案。

★电能质量主要指标

（1）电压偏差，是指由于电力系统运行状态的缓慢变化使电压水平发生的偏移。

《电能质量　供电电压偏差》（GB/T 12325—2008）

35kV 及以上：正、负偏差的绝对值之和不超过 10%。

10kV 及以下：±10%。

220V 单相供电：+7%、−10%。

（2）三相电压不平衡度，是指电力系统中三相不平衡的程度。

（3）谐波，是指频率为电源基波频率整数倍的正弦电压或电流。

（4）电压波动，是指电压方均根值一系列的变动或连续的改变。

（5）频率偏差，是指系统频率的实际值和标称值之差。

★《电能质量管理办法（暂行）》（自 2024 年 4 月 1 日起施行）

第三十一条　本办法下列用语的含义：

（一）电能质量，是指电力系统指定点处的电特性，关系到供用电设备正常工作（或运行）的电压、电流、频率的各种指标偏离基准技术参数的程度。电能质量指标包括电力系统频率偏差、供电电压偏差、谐波（间谐波）、三相电压不平衡、电压波动与闪变、电压暂升/暂降与短时中断等，各项电能质量指标应符合下列国家标准：

1.《电能质量　电力系统频率偏差》（GB/T 15945）；

2.《电能质量　供电电压偏差》（GB/T 12325）；

3.《电能质量　公用电网谐波》（GB/T 14549）；

4.《电能质量　公用电网间谐波》（GB/T 24337）；

5.《电能质量　三相电压不平衡》（GB/T 15543）；

6.《电能质量　电压波动和闪变》（GB/T 12326）；

7.《电能质量　电压暂降与短时中断》（GB/T 30137）。

8．其他电能质量相关国家标准。

三、要点简析

1. 供电可靠率、供电质量、电能质量相关概念

供电可靠率、供电质量和电能质量是与电力供应相关的指标，它们描述了电力系统的可靠性和质量程度。

供电可靠率是指电力系统按照用户需求提供持续、可靠供电服务的能力。它衡量了电力系统故障发生时的可恢复性和系统维护工作的有效性。供电可靠率通常以百分比形式表示，即整个供电周期内供电正常的时间占比。供电可靠率的高低直接影响到用户的用电质量和生产运营的连续性。

供电质量是指电力系统提供的电能在电压、频率、波形和纹波等方面是否符合预期标准。良好的供电质量意味着电压稳定、频率准确、波形纹波较小，以及对电力负载产生最小的干扰。供电质量的好坏对电力设备的正常运行和电子设备的稳定工作都至关重要。

电能质量是指电力系统供应的电能与用户需求之间的一致性程度。它涉及电压偏差、频率变化、谐波、电流失真等方面，在电能传输和使用过程中的损耗和变形程度。良好的电能质量能够减少能源浪费、提高能源利用效率，并减少对电力设备的影响。

供电可靠率、供电质量和电能质量都是评估电力供应可靠性和质量的重要指标。保持供电可靠、提高供电质量和电能质量对于确保稳定的电力运行、

提高用电设备的寿命和运行效果以及减少能源消耗都至关重要。

2. 供电企业供电质量、电能质量的管理义务

供电企业在供电质量和电能质量方面承担着一系列管理义务。供电企业有责任确保持续、可靠的电力供应，满足用户的用电需求。应建立和维护有效的电力输送和分配系统，以确保供电不中断或中断时间尽可能短。同时供电企业需要定期检修和维护电力输电、变电和配电设备，包括变压器、开关设备、导线和电缆等，以确保这些设备的可靠性和安全性。应该控制供电系统的电压和频率在合理的范围内，以确保电力设备的正常运行和用户设备的稳定工作。供电企业需要采取措施来减少电力系统的故障发生和干扰引起的电能质量问题，包括及时检测和修复故障、安装滤波器和补偿设备以减少谐波，以及合理规划和运营电力系统。

供电企业应该建立电能监测系统，定期监测和记录供电质量和电能质量参数，并对异常情况进行及时报告和处理。这有助于识别问题区域，并采取适当的措施改进供电质量和电能质量。

这些管理义务是为了确保供电企业提供安全、可靠、高质量的电力供应，以满足用户的用电需求，并遵守相关的法规和标准。通过有效的管理措施和持续改进，供电企业可以提高供电质量和电能质量，并提供更好的供电服务。

3. 用户负荷分类及供电公司电源、电能要求

电力用户的负荷可以根据不同的属性和特征进行分类。常见的电力用户负荷可分为以下六类：

（1）工业负荷：工业用户是从事生产和制造业的用户，其负荷通常较大且波动范围较大。工业负荷通常由大型机械设备、生产线和其他耗能设备产生，需求对电力质量和稳定性较高。

（2）商业负荷：商业用户是零售、服务、办公等行业的用户，其负荷相对较小且波动较小。商业负荷通常由照明、空调、计算机设备和电子设备等产生。

（3）居民负荷：居民用户是住宅区的用户，其负荷相对较小且波动范围有限。居民用户的负荷主要来自家庭照明、家电设备、取暖和空调等。

（4）农业负荷：农业用户是从事农业生产的用户，其负荷通常较大且波动范围较大。农业负荷主要来自灌溉系统、农业机械设备和养殖设备等。

（5）公共负荷：公共用户是指公共机构和设施，如医院、学校、政府机关、公共交通等。公共负荷的特点是负荷大且稳定性要求高。

（6）特殊负荷：特殊负荷指那些不属于上述常见分类的用户，例如电力站、电力转供站、大型体育场馆等，其负荷通常较大且对电力质量和稳定性有较高的要求。

以上是一些常见的电力用户负荷分类，了解用户负荷的特征可以为电力系统的规划、设备配置和负荷调度提供参考。不同类型的用户负荷对电力供应的要求有所不同，电力系统需要根据实际情况进行合理调整和管理。

4. 用户对供电有特殊要求应主动告知供电公司，明示、并采取措施

电能质量是供电公司和用户共同关注的重要问题。如果用户对供电有特殊要求或存在敏感设备，应及时将其特殊要求和需求告知供电公司，明确说明需要特殊的电能质量标准或保障措施。用户可以通过书面或口头的方式，与供电公司的客户服务部门或相关负责人进行沟通，并在合同中加以明确。

用户应明确告知供电公司其敏感设备的特点和要求，例如对电压稳定性、频率稳定性、谐波抑制、电压波动等方面的要求。有助于供电公司了解用户的需求并采取相应的措施。用户可以委托相关企业进行电能质量评估和技术咨询，确定供电系统是否满足其特殊要求。供电公司可以进行现场调查、测量和分析，提供相关建议和改进措施。如果用户的特殊要求无法直接满足，供电公司和用户可以共同合作，探讨可行的解决方案。

四、管理建议

（一）加强供电质量管理

1. 供电可靠性

加强供电可靠性是供电公司的重要工作任务，定期进行设备的检修、维

护和升级工作，确保电力设备的正常运行和性能稳定。建立合理的备用设备和备件管理制度，确保足够的备用设备和备件储备。利用自动化技术和远程监控系统，及时发现和处理供电系统的故障和异常情况。通过实时监测和远程操作，可以提高故障的检测速度和处理效率。建立完善的故障管理流程，包括故障报告、故障分析、紧急抢修等。在发生故障时，采取快速恢复措施，减少对用户的影响，并尽快修复供电系统。基于需求预测和负荷增长趋势，进行供电网络规划和容量评估。确保供电系统有足够的容量和灵活性，以适应未来的负荷增长和变化。在供电系统设计中考虑分布和冗余，以降低单点故障的风险。采用多路供电和冗余设备可以提高供电系统的可靠性，减少停电的可能性。对供电公司的工作人员进行培训和技能提升，确保他们具备处理供电系统故障和问题的专业知识和技能。培训可以包括设备操作、故障诊断、紧急处理等方面。与用户建立良好的沟通渠道，了解用户的需求和反馈，以及时解决问题和改进供电服务。供电公司应根据实际情况和技术要求，结合经济和可行性因素，制定适合的措施和计划来提高供电可靠性。

2. 电能质量

提升电能质量是供电公司和电力用户共同关注的重要目标。可以对电压波动、电压偏差等进行监测和调控，采取必要的措施如控制电源调节和安装电压稳定器等来稳定供电电压。通过控制和调整发电机输出功率、负荷均衡等措施，确保频率在合理范围内稳定运行。采用滤波器、谐波抑制装置等设备，可以有效降低谐波水平，保持电能质量。可以通过合理的设备运行和配电系统设计来控制和减少电压波动和闪变，如安装电容器、调整电网结构、提高线路电阻等。建立完善的故障管理流程，包括故障检测、故障定位和及时的恢复措施。通过快速诊断和紧急抢修，减少停电时间和供电中断，提升电能供应的可靠性和质量。建立合理的过电压和过电流保护装置，防止这些异常条件对供电系统和用户设备造成损坏。建立畅通的故障通报和信息沟通机制，及时向用户提供供电信息、故障情况和预计恢复时间等信息。用户在了解供电状况的同时，可以采取相应措施，提高对电能质量的容忍度。通过多种措施的综合应用，供电公司可以提升电能质量，为用户提供稳定、高品质的电力供应。同时，电力用户自身也可以采取一些措施，如安装稳压器、有效过滤器、电容器补偿等设备，以减少对电能质量敏感设备的影响。

（二）加强供用电合同的规范管理、准确界定负荷分类、特殊要求等

加强供用电合同的规范管理是确保供电和用电双方权益的重要措施，应在合同约定中准确界定负荷分类和特殊要求：

（1）明确负荷分类：在供用电合同中，明确不同负荷的分类，如工业负荷、商业负荷、居民负荷等。每类负荷可能有不同的特点和要求，准确界定负荷分类可以为供电公司提供更好的供电方案，并确保合同执行的合理性。

（2）确定电能质量要求：在供用电合同中，明确定义电能质量要求，如电压稳定性、频率稳定性、谐波限制、波形失真等。根据用户特殊需求，可以针对性地制定电能质量标准，并确保供电系统能够满足这些要求。

（3）约定供电服务可靠性：在合同中，约定供电服务的可靠性指标，如停电次数、停电时长等。这些指标可以根据用户的实际需求进行约定，并在合同中明确责任和赔偿机制，确保供电公司提供稳定可靠的电力。

（4）特殊负荷管理：对于特殊负荷，如大型工业设备、医疗设备等，合同中应明确额外的要求和保障措施。比如，约定供电公司在发生故障时提供备用电源或快速响应的服务。

（5）合同管理和监督机制：建立供用电合同的管理和监督机制，确保供电公司和用户共同遵守合同内容。合同管理可以包括定期的评估和监测，对合同执行情况进行检查和评估，并及时解决问题。

（6）技术支持和咨询服务：供电公司可以提供技术支持和咨询服务，帮助用户理解供用电合同的内容，解答相关问题，并根据用户的实际需求提供专业的建议和方案。

通过加强供用电合同的规范管理，可以确保供电公司和用户之间的权益得到有效保护，同时也能提升供电质量和可靠性，满足用户的特殊需求和要求。

（三）履行重要客户告知、技术服务等责任

供电企业的基层班组、供电所应建立辖区重要用户、敏感客户的台账资料，按时上门服务，根据其用电需求特性和供用电合同条款约定，书面告知用户可能发生的供电风险，提醒用户做好电能质量监测管理工作，开展必要的技术服务支持。

第二节　电压超差造成用户损失应承担赔偿责任

一、参考案例

【案例 3-2】 电压过低自吸泵发热引发火灾，供电公司承担 70%。

案号：（2020）豫 15 民终 1411 号

2019 年 2 月 8 日 14 时许，原告冯某门面房中的自吸泵因发热起火引发火灾。某产品质量鉴定所出具鉴定意见：自吸泵起火原因符合电源电压较低引起定子电流增加造成定子绕组发热，同时定子绕组绝缘存在问题引起绝缘不良，二者共同作用造成定子绕组短路导致起火；鉴定意见认为，与某供电公司提供电力之间有因果关系。

一审法院认为，某供电公司的供电质量不合格是该起事故发生的根本原因，原告自吸泵未配备合格的用电保护装置，在自吸泵旁边堆放洗衣机、塑料盆等易燃物品，导致损失扩大，本身有一定过错。根据过错责任的大小，法院酌定被告某供电公司承担原告经济损失的 70%，原告承担损失的 30%。二审维持原判。

【案例 3-3】 电压过高烧线路停电鸡舍损失供电公司赔 80%。

案号：（2021）鄂 01 民终 1629 号

2020 年 8 月 9 日凌晨，因被告某供电公司管理的线路故障，导致原告夏某家鸡舍高温报警器和控制设备的电脑等烧坏，同日 3 时 30 分许，夏某对鸡舍进行巡查时，发现鸡全部死亡。事故发生后，某供电公司对夏某家损坏的设备进行了维修。

一审法院认为，案涉鸡舍非停电，而是电压过高导致线路烧断。某供电公司作为供电人，没有按照国家规定的供电质量标准和约定安全供电，未保证供电质量，造成电压过高而烧断线路，继而致使鸡群中暑死亡。判决某供电公司承担80%责任，赔偿夏某各项损失共计20.52万元。二审维持原判。

【案例 3-4】 电压过低调控菇房温度升高造成菌菇大量死亡，供电公司赔70%。

案号：（2022）闽0627民初634号

原告系生产秀珍菇食用菌的农场公司，秀珍菇生产要求菇房内温度保持在21～24摄氏度，原告为调控菇房温度安装了电机、冷冻机140匹（102.9千瓦），与被告签订《供电合同》，约定被告提供交流380伏/50赫兹电源，供电到用电点的电能质量应符合国家规定的标准。2020年6月16日，原告发现被告供电突然低电压，烧坏电机4台、压缩机2台、管道离心泵1台，菇房温度骤然升高，造成菇房内秀珍菇菌大量死亡。当即打电话被告某供电公司所属的某供电所报告要求处理，同时向原告所在地的村民委员会主任杨某报告，请求协助处理。杨某接电话后到达菇房现场，观察到原告报告的情况属实，打电话给某供电所要求尽快处理，避免扩大损失。但被告拖延未处理，致经济损失继续产生，原告不得已通过95598、信访窗口投诉。2020年7月24日被告某供电所派人员现场测量电压314伏，证实原告投诉事实。

一审法院认为，某供电公司作为供电人，应当按照国家规定的供电质量标准和合同约定的条款供应电力，电压要稳定，频率要达到标准。本案中，某供电公司未按照国家规定的供电质量标准和约定安全供电，造成用电人损失，应当承担损害赔偿责任，赔偿原告损失72600元。

【案例 3-5】 因供电问题造成用户电器损坏，供电公司应承担赔偿责任。

案号：（2023）苏0321民初10545号

2023年1月29日中午，原告段某因家中停电向被告某供电公司打电话报修，被告的工作人员到场后进行了维修。当晚，原告因发现家中电器异常再次拨打被告电话报修，被告工作人员到场后确认系供电电路问题导致使用220伏电压的电器被烧毁，并让原告自行维修电器。后原告多次向被告追要维修费用70944元，但被告拒绝支付，遂向法院起诉。

原告与被告签订的《居民供用电合同》约定：

“三、供电质量和计量方式

1. 在电力系统正常状态下，乙方按照国家规定的电能质量标准向甲方供电。因故需要实施停电、限电、中止供电或者恢复供电，乙方应当按照国家有关规定执行……

五、电力设施运行维护管理责任分界及运行维护职责

1. 电力设施运行维护管理责任分界点设为计量表后10厘米；其中对计量箱内有表后出线开关的，分界点设在表后开关出线触头。分界点电源侧电力设施属乙方，由乙方负责运行维护管理；分界点负荷侧电力设施属甲方，由甲方负责运行维护管理。

2. 甲、乙双方应做好各自分管的电力设施的运行维护管理工作，并依法承担相应责任。

3. 电能计量及采集装置产权属乙方。如发生用电计量及采集装置丢失、损坏、封印脱落或过负荷烧坏等情况，发现方应及时通知对方。因甲方责任致使用电计量及采集装置出现故障或灭失的，由甲方承担维修或更换费用；其他原因引起的，由乙方负责维修或更换，不收费用……

七、违约责任

1. 因乙方的电力运行事故引起甲方家用电器损坏或者导致其他人身、财产损害的，依照国家有关法律法规的有关规定处理。

2. 甲方未按规定期限足额交纳电费，应承担违约责任，并依法交纳电费违约金……”

一审法院认为，原告段某家中使用220伏电压的电器因被告某供电公司的供电问题而损坏，被告应就此向原告承担损害赔偿责任。故判决被告某供电公司赔偿原告段某财产损失70944元。

二、关键法条

★《中华人民共和国电力法》（2018 年修正）

第二十八条　供电企业应当保证供给用户的供电质量符合国家标准。对公用供电设施引起的供电质量问题，应当及时处理。

用户对供电质量有特殊要求的，供电企业应当根据其必要性和电网的可能，提供相应的电力。

★《供电营业规则》（自 2024 年 6 月 1 日起施行）

第六十一条　供电企业和用户应当共同加强电能质量管理。对电能质量有异议的可以由具有相应资质的技术检测机构进行技术判断。

第九十八条　供用电双方在合同中订有电压质量责任条款的，按照下列规定办理，双方另有约定的除外：

（一）用户用电功率因数达到规定标准，而供电电压超出本规则规定的允许偏差，给用户造成损失的，供电企业应当按照用户每月在电压不合格的累计时间内所用的电量，乘以用户当月用电的平均电价的百分之二十给予赔偿；

（二）用户用电功率因数未达到规定标准或其他用户原因引起 电压质量不合格的，供电企业不承担赔偿责任；

（三）电压偏差超出允许偏差的时间，以用户自备并经供电企业认可的电压自动记录仪表的记录为准，如用户未装此项仪表，则以供电企业的电压记录为准。

★《浙江省电力条例》（自 2023 年 1 月 1 日起施行）

第五十一条　供电企业不得有下列损害用户权益的行为：

（一）无法律、法规依据，拒绝或者中断向用户供电；

（二）未按国家电能质量标准供电；

（三）未按国家和省核定的电价计收电费；

（四）为用户安装的用电计量装置未经检定合格或者不能满足电力交易的技术要求；

（五）为用户受电工程指定设计单位、施工单位和设备材料供应单位；

（六）其他损害用户权益的行为。

第五十六条　供电企业应当对其负有安全责任的电力设施定期检修或者试验，及时消除电力运行安全隐患和电能质量问题，确保安全平稳供电。

用户对其用电设施设备的安全负责，预防安全事故发生；用电设施设备危及人身安全或者电力运行安全的，应当立即检修、停用。

★《江苏省电力条例》（自2020年5月1日起施行）

第四十九条　供电企业不得有下列损害用户权益的行为：

（一）无法律、法规依据，拒绝向用户供电；

（二）在发电、供电系统正常的情况下中断向用户供电；

（三）未按照国家电能质量标准供电；

（四）未按照国家和省核准的电价、用电计量装置的记录计收电费；

（五）对用户受电工程指定设计单位、施工单位和设备材料供应单位；

（六）对用户投诉、咨询推诿塞责，不及时处理投诉、举报；

（七）其他损害用户权益的行为。

第五十一条　用户应当对其设备的用电安全负责。用户应当定期进行用电设备和保护装置的检查、检修和试验，消除设备安全隐患，预防用电设备安全事故发生；用电设备危及人身和电力运行安全时，应当立即检修或者停用。

重要电力用户应当按照相关技术标准和有关规定，配备多路电源、自备应急电源或者采取其他应急保安措施。

★《电能质量管理办法（暂行）》（自2024年4月1日起施行）

第八条　电网企业负责所属电网电能质量管理工作。负责所属电网电能质量监测和调控。负责发电并网点和电力用户公共连接点的电能质量管理。协助国家能源局及其派出机构、地方各级电力管理部门督促发电企业、电力用户电能质量治理措施落实。

第十八条 电网企业应当不断完善网架结构、优化运行方式，提高电网适应性。在发电设备和用电设备接入电力系统时，电网企业应当审核发电设备和用电设备接入电力系统产生电能质量干扰的情况，可按照国家有关规定拒绝不符合规定的发电设备和用电设备接入电力系统。

第二十条 电网企业应当加强对新能源场站并网点、10 千伏及以上接有干扰源用户的公共连接点的电能质量问题分析。由于发电企业或电力用户影响电能质量或者干扰电力系统安全运行时，发电企业或电力用户应采取防治措施予以消除。对不采取措施或者采取措施不力的，电网企业可按照国家有关规定拒绝其接入电网或者中止供电，并报送本级电力管理部门、抄报所属国家能源局派出机构。

干扰源用户消除引起中止供电的原因后，电网企业应当在 24 小时内恢复供电，不能在 24 小时内恢复供电的，应向干扰源用户说明原因。

第二十一条 电网企业应当开展电能质量管理工作相关信息采集与问题分析治理能力建设，建立电能质量监测、调控设备台账，定期维护更新。

三、要点简析

质量良好的电能应该是连续的，电源的电压和频率总是保持在允许范围内，且电压和电流具有标准正弦波曲线。供电企业应当向用户提供符合国家标准的电能。

1. 停电与电压不合格两者含义不同

停电指停止电力传送，使电器无法获取外部电源。包括人为停电（如维修线路、错峰用电、拉闸限电、拖欠电费等）、保护停电（如防雷击、防止电器过载等)、意外停电(如人为破坏、恶劣天气、电路短路、意外断路等)。包括中止供电、停止供电和终止供电。

电压不合格是电能质量众多指标中的一个。电能质量指电力系统指定点处的电特性，关系到供用电设备正常工作(或运行)的电压、电流、频率的各种指标偏离基准技术参数的程度。电能质量指标包括电力系统频率偏差、供电电压偏差、谐波(间谐波)、三相电压不平衡、电压波动与闪变、电压暂升/暂降与短时中断等。

配电网电能质量问题主要是首端过电压末端低电压。我国输电线路压降需要在−10%～+7%以内。为了保证配电线路实际电压水平在用电设备允许的范围之内，线路长度一般保持在合理的距离，而且会根据实际使用情况，不允许带过大负荷。而实际情况是，随着用电负荷的增加，很多线路因为各种条件限制，输电线路只能相应延伸。线路长度增加，自身的阻抗和用电负荷增加。由于线路电压不能保持恒定，当实际电压水平超过正常电压允许波动的范围时，势必严重影响电力系统及用电设备的正常使用，会导致末端电压实际的电压水平超出用电设备的工作电压范围。在我国城乡电网中，大部分线路存在供电半径过大、线径较小、负荷时间性波动较大等原因，因此线路末端电压不合格现象是不可避免的。

2. 停电与电压不合格的危害、后果不同

有计划的停电，厂家及市民有预备，可以安排后备发电机、电筒等。不过，意外停电则容易引发致命后果，如医院手术室、飞机场海关及保安检查系统、电脑服务器、升降机、工厂流水式生产线等。在停电之后，突然恢复输送电力，又会产生意外，损坏电器，不可不防。

电压不合格可能造成用电设备运行性能恶化，使用寿命缩短或者设备损坏。同时对电力系统的安全稳定及经济运行产生危害，如线损率变高、供电成本提高。

3. 停电与电压不合格的法律后果不同

实务中，电压过低、过高造成的损失与停电造成的损失，供电公司承担的责任不同，供电公司可能需要根据具体情况和合同条款来承担一定的责任。用户未按约定配备或维护自备电源，停电造成的损失扩大部分，供电公司不承担责任。

《供电营业规则》第九十七条规定："供用电双方在合同中订有电力运行事故责任条款的，按照下列规定办理，双方另有约定的除外：（一）由于供电企业电力运行事故造成用户停电时，供电企业应当按照用户在停电时间内可能用电量乘以当期同类用户平均电量电价的四倍（两部制电价为五倍）给予赔偿；用户在停电时间内可能用电量，按照停电前用户正常用电月份或正常用电一定天数内的每小时平均用电量乘以停电小时计算；（二）由于用户责任造成供电企业对外停电时，用户应当按照供电企业对外停电时间少供电量，乘以上月供电企业平均售电单价给予赔偿。用户过错，但由于供电企业责任而使事故扩大造成其他用户损害的，用户不承担事故扩大部分的赔偿责任。"

电能质量的约定是"高于国家标准，用户应自行采取必要的技术措施"，因此电压过低、过高造成的损失，供电公司的责任相对更大。

《供电营业规则》第九十八条规定："供用电双方在合同中订有电压质量责任条款的，按照下列规定办理，双方另有约定的除外：（一）用户用电功率因数达到规定标准，而供电电压超出本规则规定的允许偏差，给用户造成损失的，供电企业应当按照用户每月在电压不合格的累计时间内所用的电量，乘以用户当月用电的平均电价的百分之二十给予赔偿；（二）用户用电功率因数未达到规定标准或其他用户原因引起电压质量不合格的，供电企业不承担赔偿责任。"

四、管理建议

1. 加强配电网项目管理，确保过电压与低电压能够及时治理

（1）加强过程管控：明确配电网过电压与低电压治理的责任主体，依托

智能化供电服务指挥系统中配电变压器出口低电压综合分析功能，并结合配电网负荷实际，剖析配电网的供电薄弱环节。采取调整三项负荷不平衡、配电变压器分接头调整、重载线路负荷转移等措施，持续开展低电压整改工作确保配电网配电变压器低电压治理工作。

（2）完善监测系统：采购并安装电压监测终端，完善配电网的电压监测系统，确保能够及时捕捉到过电压和低电压事件。使用先进的传感器和自动化设备，实现对电网运行状态监控。

（3）定期维护与检查：制定和执行定期电网设备维护计划，包括变压器、断路器、电缆等关键设备的运维和检修，以防因设备问题导致的电压问题。

2. 结合配电网项目管理的计划性

配电网项目管理的计划性是确保项目成功实施的关键。电网建设项目是高技术含量项目，在规划配电网项目时，必须根据当地电力需求实际情况，分析本地电力负荷状况，然后进行合理的负荷预测，最终制定电网规划。在建立配电网框架的过程中，应计算现有运行负荷，并做好负荷增长预测，进行科学的配电网建设，对设备选型、容量配置、接线方式等进行科学规划，构建科学合理的电网施工方案。在实施电网建设与改造计划时，应统筹考虑增加电网电源点，改造电网供电薄弱环节，提高电网供电能力。因此，配电网项目管理应更好地适应实际需求的变化，规划坚强、智能配电网，确保电能质量满足用户的高标准要求。在发生相关案件时，法务应及时跟进与服务，提供法律保障。

第四章　供电公司的高压触电无过错责任

第一节　高压触电案件经营者应承担无过错责任

一、参考案例

【案例 4-1】 智力残疾人员爬离地 60 厘米变压器触电，供电公司承担 50%责任。

案号：（2021）桂 04 民终 141 号

2020 年 5 月 30 日 10 时 30 分，智力残疾三级的莫某在变压器上触电身亡，经公安部门现场勘验及法医检验，莫某为触电身亡，排除他杀可能。原告诉至法院请求供电公司赔偿各项损失 393217 元。

原告认为，本案属于高压造成人身损害，应当适用无过错原则，且供电公司变压器安装存在缺陷，要求供电公司承担损害赔偿责任。

法院认为，电力部门的变压器支架抱箍至地面距离只有 0.6 米，变压器周围没有设置防护栏安全防护设备，行人能轻易从抱箍处攀爬到变压器台面上，存在明显安全隐患，且没有明显安全警示标志，供电公司对事故发生存在一定过错，考虑到莫某不具有完全民事行为能力，莫某监护人没有履行监管职责，判定原被告双方各自承担 50%责任。

【案例 4-2】 挖掘机臂触高压线高度不够，供电公司承担 70%责任。

案号：（2021）湘 11 民终 333 号

2020 年 9 月 4 日，段某驾驶托运车至篮球场装载挖掘机，途经架空高压电线下路段接触导线导致车辆无法前行，段某下车试图将高压导线移开，导致触电身亡，同时引起车辆燃烧。

原告认为，供电公司架空线路离地高度不足5米，不符合安全离地距离标准，以致发生接触继而造成段某触电，要求供电公司承担医疗费、护理费、交通费、车辆维修费、丧葬费并赔付死亡赔偿金共计1173288元。

法院认为，供电公司因对地安全距离不足导致车辆与高压线发生接触，继而造成段某触电身亡且车辆燃烧，供电公司作为高压线的经营者应对造成段某触电身亡和托运车发生燃烧的损害后果承担侵权责任。段某在车辆与导线接触后，忽视安全，没有采取安全措施，反而试图将高压线移开，段某对自己触电身亡和托运车因燃烧受损的损害后果发生存在一定过失，可以酌情减轻供电公司30%的责任，判定供电公司承担70%的责任，段某承担30%的责任。

【案例4-3】 高压线下装桃触电，供电公司承担50%责任，无过错责任。

案号：（2021）晋08民终363号

2020年6月5日，梁某驾驶卡车至某路边装桃，11时许，停放车辆装桃时，触碰上方10千伏高压线（裸线）当场身亡，经查，车辆高度接近4米。

原告认为，供电公司高压线距地高度仅4.37米，对地距离未达到行业标准，且其所使用的导线不符合多股胶合导线的标准，梁某触碰高压线电击身亡，供电公司应当对其承担高压触电的无过错责任。

法院认为，供电公司作为高度危险活动经营者，适用无过错责任原则，梁某作为完全民事行为能力人，未尽到审慎安全义务，导致自己触电身亡，主观上存在过失，可以减轻供电公司经营者责任，酌定供电公司与原告各自承担50%的责任。

【案例4-4】 爬到变压器上触电，供电公司承担30%责任。

案号：（2021）皖05民终433号

2020年1月20日上午，沈某独自一人爬至某供电公司高压电塔上，不慎触电身亡。

原告认为，供电公司管理区域因高压电线杆下堆积泥土高出地面为沈某攀爬电杆提供了方便，沈某触电系供电公司电力设施管理不当造成，要求供电公司承担死亡赔偿金、丧葬费、被抚养人生活费、精神损害抚慰金等共计 1298391 元。

法院认为，因现场无证据表明沈某的死亡损害后果系其故意或不可抗力为之，供电公司作为涉案高压电线塔的经营者，适用无过错责任原则，沈某无视安全警示标志的攀爬行为具有重大过失，可以减轻供电公司责任，酌定供电公司承担 30%赔偿责任。

【案例 4-5】 高压触电，供电公司须证明受害人故意方可免责。

案号：（2017）皖民申 896 号

2019 年，高某被发现在杆塔触电身亡，其家属提供某卫生院出具的《居民死亡医学证明（推断）书》，要求供电公司承担无过错责任，供电公司提出死者系自杀申请法院再审。

原告认为，根据司法鉴定意见书，高某属于电击身亡，原审法院认定其触电死亡的依据并无不当。

法院认为，虽然没有行政机关出具结论排除自杀可能，但供电公司并未提供死者系自杀的有力证明，无法认定死者系自杀造成火灾与触电，原审法院判定供电公司承担赔偿责任的结论并无不当。

【案例 4-6】 证明死者系受害者故意自杀方可免责。

案号：（2018）粤 01 民终 12960 号

2017 年 10 月 5 日凌晨 4 时 18 分，邓某独自一人爬上高压电塔坠落身亡。原告诉至法院请求供电局支付人身损害赔偿金 75 万元，丧葬费 4 万余元，精神损害抚慰金 20 万元。

原告代理律师认为，邓某是为了躲避其父亲不小心爬到了电塔上，而不是故意攀爬。被告举证了派出所工作人员对当事医生和治安联防员的询问笔录及 2018 年 1 月 29 日一审法院的庭审笔录，证明死者在攀爬高压线塔杆前数小时内曾存在自残，或有自杀意向的行为。

法院认为，电力设施产权人承担无过错责任，唯一免责条件是证明“损害由受害人故意造成”。本案中，高压电塔四周有铁栏杆围蔽，铁栏杆上明显标注“止步，高压危险”，被告供电局尽到了警示防护责任。死者邓某已年满 16 周岁，应该意识到攀爬高压电塔的危险性，根据公安部门的现场勘验以及监控录像等证据材料，确认死者邓某系故意攀爬高压电塔触电、高坠死亡，故被告供电局不应承担赔偿责任。

【案例 4-7】 线被括地未停电致徒手接触电线的行人触电，供电公司承担 70%责任。

案号:（2021）鲁 06 民终 4444 号

2020 年 9 月 28 日，某路段重型半挂牵引车经过低压电缆线下方后，该路段出现电缆线断裂分布于路段两侧，现场人员致电供电公司。10 分钟后车某驾车经过，考虑到电缆线影响后续车辆通行，下车将该电缆线移动至路段一侧，在将电缆线向路边警示牌缠绕时，车某触电身亡。原告诉至法院请求供电公司支付医疗费、死亡赔偿金、丧葬费、精神抚慰金等共计 991957.25 元。

原告认为，在无法确认由车辆挂断电缆的情况下，供电公司作为线路产权人，应履行线路维护、及时采取断电措施等义务，对车某的触电身亡应当承担赔偿责任。

法院认为，车某在被提醒明确有电的情况下，未尽安全注意义务，对触电事故发生具有过错，承担 30%责任，在道路交通事故证明和司法鉴定均无法认定线路由车辆挂断的情况下，供电公司未及时采取相应措施做好防范工作，履行职责存在过错，应当承担 70%赔偿责任。

二、关键法条

★《中华人民共和国民法典》（自 2021 年 1 月 1 日起施行）

第一千二百四十条 从事高空、高压、地下挖掘活动或者使用高速轨道运输工具造成他人损害的，经营者应当承担侵权责任；但是，能够证明损害是因受害人故意或者不可抗力造成的，不承担责任。被侵权人对损害的发生有重大过失的，可以减轻经营者的责任。

第一千二百三十六条　从事高度危险作业造成他人损害的，应当承担侵权责任。

第六百五十条　供用电合同的履行地点，按照当事人约定；当事人没有约定或约定不明确的，供电设施的产权分界处为履行地点。

第一千一百七十三条　被侵权人对同一损害的发生或者扩大有过错的，可以减轻侵权人的责任。

★《中华人民共和国电力法》（2018年修正）

第五十三条　电力管理部门应当按照国务院有关电力设施保护的规定，对电力设施保护区设立标志。

第六十条　因电力运行事故给用户或者第三人造成损害的，电力企业应当依法承担赔偿责任。

电力运行事故由下列原因之一造成的，电力企业不承担赔偿责任：

（一）不可抗力；

（二）用户自身的过错。因用户或者第三人的过错给电力企业或者其他用户造成损害的，该用户或者第三人应当依法承担赔偿责任。

★《供电营业规则》（自2024年6月1日起施行）

第七条　供电企业供电的额定电压：

（一）低压供电：单相为220伏，三相三线为380伏，三相四线为380/220伏；

（二）高压供电：为10（6、20）、35、110（66）、220（330）千伏。

用户需要的电压等级不在上列范围时，应当自行采取变压措施解决。

用户需要的电压等级在110千伏以上时，其受电装置应当作为终端变电站设计。

第五十条　供电设施的运行维护管理范围，按照产权归属确定。产权归属不明确的，责任分界点按照下列各项确定：

（一）公用低压线路供电的，以电能表前的供电接户线用户端最后支持物为分界点，支持物属供电企业；

（二）10（6、20）千伏以下公用高压线路供电的，以用户厂界外或配电室前的第一断路器或第一支持物为分界点，第一断路器或第一支持物属供电企业；

（三）35 千伏以上公用高压线路供电的，以用户厂界外或用户变电站外第一基电杆为分界点，第一基电杆属供电企业；

（四）采用电缆供电的，本着便于维护管理的原则，分界点由供电企业与用户协商确定；

（五）产权属于用户且由用户运行维护的线路，以公用线路分支杆或专用线路接引的公用变电站外第一基电杆为分界点，专用线路第一基电杆属用户。

在电气上的具体分界点，由供用双方协商确定。

第五十四条 供电设施产权所有者对在供电设施上发生的事故承担法律责任，但法律法规另有规定的除外。

★《电力设施保护条例》(2011 年修订)

第十条 电力线路保护区：

（一）架空电力线路保护区：导线边线向外侧水平延伸并垂直于地面所形成的两平行面内的区域，在一般地区各级电压导线的边线延伸距离如下：

1～10 千伏：5 米；

35～110 千伏：10 米；

154～330 千伏：15 米；

500 千伏：20 米。

在厂矿、城镇等人口密集地区，架空电力线路保护区的区域可略小于上述规定。但各级电压导线边线延伸的距离，不应小于导线边线在最大计算弧垂及最大计算风偏后的水平距离和风偏后距建筑物的安全距离之和。

（二）电力电缆线路保护区：地下电缆为电缆线路地面标桩两侧各 0.75 米所形成的两平行线内的区域；海底电缆一般为线路两侧各 2 海里（港内为两侧各 100 米），江河电缆一般不小于线路两侧各 100 米（中、小河流一般不小于各 50 米）所形成的两平行线内的水域。

第二十七条　违反本条例规定，危害发电设施、变电设施和电力线路设施的，由电力管理部门责令改正；拒不改正的，处 1 万元以下的罚款。

★《10kV 及以下架空配电线路设计规范》（DL/T 5220—2021）

11.0.1 导线与地面、建筑物、构筑物、树木、铁路、道路、河流、管道、索道及各种架空线路间的距离，应按下列原则确定：

1 应根据最高气温情况或覆冰情况求得的最大弧垂和最大风速情况或覆冰情况求得的最大风偏进行计算；

2 计算上述距离应计入导线架线后塑性伸长的影响和设计、施工的误差，但不应计入电流、太阳辐射、覆冰不均匀等因素引起的弧垂增大；

3 当架空配电线路与标准轨距铁路、高速公路和一级公路交叉且档距超过 200m 时，最大弧垂应按导线最高长期允许工作温度计算。

11.0.2 导线与地面的距离，不应小于表 11.0.2 所列数值。

表 11.0.2　导线与地面的最小距离（m）

线路经过地区	线路电压	
	3kV～10kV	3kV 以下
居民区	6.5	6
非居民区	5.5	5
交通困难地区	4.5	4

11.0.3 导线与山坡、峭壁、岩石地段之间的净空距离，在最大计算风偏情况下，不应小于表 11.0.3 所列数值。

表 11.0.3　导线与山坡、峭壁、岩石之间的最小距离（m）

线路经过地区	线路电压	
	3kV～10kV	3kV 以下
步行可到达的山坡	4.5	3.0
步行不能到达的山坡、峭壁、和岩石	1.5	1.0

11.0.4 架空配电线路不应跨越屋顶为易燃材料做成的建筑，对非易燃屋顶的建筑，如需跨越，在最大计算弧垂情况下，架空导线与该建筑物、构筑物的垂直距离不应小于 3m。

11.0.5 架空配电线路在计及风偏的情况下，边导线与多层建筑或规划建筑线之间的最小水平距离，以及边导线与不在规划范围内的建筑物、构筑物间的最小净空距离应符合表 11.0.5 中数值的规定；架空配电线路边导线与不在规划范围内的建筑物间的水平距离，在无风偏情况下，不应小于表 11.0.5 中规定数值的 50%。

表 11.0.5　　边导线与建筑物间的最小距离（m）

线路电压	3kV～10kV	3kV 以下
距离	1.5（0.75）	1.0（0.2）

注　括号内数值仅限绝缘导线与相邻建筑物无门窗或实墙的最小净空距离，当墙体有门窗时，应执行括号外数值。

11.0.6 10kV 及以下架空配电线路通过林区应砍伐出通道，通道宽度不宜小于线路两侧向外各延伸 2.5m，当采用绝缘导线时不应小于 1m，在下列情况下，如不妨碍架线施工，可不砍伐通道：

1．树木自然生长高度不超过 2m；

2．导线与树木（考虑自然生长高度）之间的垂直距离不小于 3m。

架空配电线路通过公园、绿化区和防护林带，导线与树木的净空距离在最大风偏情况下不应小于 3m；架空配电线路通过果林、经济作物以及城市灌木林，不应砍伐通道，但导线至树梢的距离不应小于 1.5m。架空配电线路的导线与街道行道树之间的距离，不应小于表 11.0.6 所列的数值。校验导线与树木之间的垂直距离应考虑树木在修剪周期内生长的高度。

表 11.0.6　　导线与街道行道树之间的最小距离（m）

导线与街道行道树之间	线路电压	
	3kV～10kV	3kV 以下
最大弧垂情况的垂直最小距离	1.5（0.8）	1.0（0.2）
最大风偏情况的水平最小距离	2.0（1.0）	1.0（0.5）

注　括号内数值为绝缘导线的距离。

三、要点简析

1. 高压触电与低压触电的归责原则完全不同

高压触电与低压触电的归责原则完全不同，高压触电归责适用《中华人民共和国民法典》第一千二百四十条规定，“从事高空、高压、地下挖掘活动或者使用高速轨道运输工具造成他人损害的，经营者应当承担侵权责任”，该条款确认了高压经营者主体系高度危险责任承担者，侵权损害行为的发生不问缘由，高压经营者主体均承担无过错责任，即高压经营者不论是否存在过错，均应当承担侵权责任。案例 4-1 中，车某的死亡责任并无法区分由挂壁车挂断电线导致还是本人过错导致，但由于死者系高压触电，供电公司即使不存在过错，也要承担无过错责任。案例 4-4 中，供电公司无法证明受害人故意，二审维持原判。无过错责任条款设立的缘由是，经营者从事的经营活动内容，譬如高压电对周围环境与人类的生命、健康以及财产存在较大的危险，经营者应以超过一般意义的审慎态度进行管理，故而应当承担无过错责任。

而低压触电适用过错责任原则，即根据侵权损害结果的发生原因区分侵权人与被侵权人的过错承担分成，二者归责存在明显不同。如案例 4-7，因是低压触电，法院并未适用无过错责任，而是以供电公司存在过错为由判定供电公司承担相应的责任。

2. 供电公司存在过错将承担更高比例的侵权责任

在高压架空线路中，经营者从事的经营活动内容，譬如高压电对周围环境与人类的生命、健康以及财产存在较大的危险，经营者应以超过一般意义的审慎态度进行管理，如供电公司未设置安全警示标志、导线对地距离不足、导线房屋水平距离不足、未能及时进行断电、未尽到审慎管理义务、未尽到监督义务（存在一定争议）等，均会导致法院认定供电公司存在未及时发现隐患或未采取必要的安全措施，造成被侵权人产生高压触电，从而判定供电公司承担更高比例的侵权责任。案例 4-3 中，供电公司架空线路接地距离不足 5 米，不符合安全规程，原告虽因其存在忽视危险源存在过错承担，但由于供电公司未设安全标志，且接地线不足，未尽审慎义务，因此承担了 50% 的责任。

3. 免责、减责事由应注意证据采集

根据《中华人民共和国民法典》第一千二百四十条规定，“从事高空、高压、地下挖掘活动或者使用高速轨道运输工具造成他人损害的，经营者应当承担侵权责任；但是，能够证明损害是因受害人故意或者不可抗力造成的，不承担责任。被侵权人对损害的发生有重大过失的，可以减轻经营者的责任。”从举证责任角度划分，侵权人要求免责的举证责任，归属于提出主张的一方，因此在高压触电责任的免责、减责事由中，供电公司承担举证责任。

通常情况下，在高压触电危险损害的免责事由中，证明受害人故意需证明受害人存在确切的自杀行为，例如有足够的书证、勘验笔录证明其确系自杀，否则在实际案例中，供电公司很难免责。案例 4-6 中，在确切证据证明触电者系自杀的情况下，供电公司才存在免责的可能。而案例 4-5 中，由于供电公司无法举证触电者系自杀身亡，因而依然承担了无过错责任。不可抗力的免责包含重大的自然灾害如地震、海啸、台风等，以及重大社会非正常事件（如新冠疫情），部分具备一定标准的政府政策也可参照不可抗力进行处置。

高压触电危险损害的减责事由中，受害人存在重大过失的，可以减轻经营者责任，此处应重点关注重大过失与普通过失的区分，在法院审判案例中，重点区分该受害人是否完成在社会常理情形下能注意到的审慎义务，如果应当注意未能注意导致产生后果，则被视作重大过失，如果在通常社会常理情形下，一般人无法注意到该项审慎义务的，则被认定为一般过失，因此，在证据收集过程中，供电公司应当特别注意收集能够证明受害人未尽审慎义务，存在过失的相关材料。

四、管理建议

1. 充分重视产权分界点的约定，明确供电设施运行维护管理责任

在高压触电案件中，首要的证据就是《供用电合同》中关于产权分界点的约定，高压触电的产权基本在供电公司，但并不排除日常电缆布设情况复杂，产权不明晰的情况，在约定不明的情况下，产权分界点也是合同履行地，因此，在日常实际业务中，明确产权分界点至关重要。

在签署各类供用电合同时，首先，要准确、清晰、完整地列明产权分界点条款，作出加粗、下划线等着重提示，同时，对维护管理责任条款也一并作出加粗、下划线等重点提示，以明晰与客户之间的责任；其次，要严格日常供用电合同的签署管理，必须使用统一的合同文本，并及时续签合同，避免合同超期的情况出现，在线路情况复杂，产权约定不明的情况下，要签署补充协议，点明双方产权分界，并附上产权分界图片，明晰责任划分。

2. 做好电力设施保护宣传工作

在高压触电案件中，存在很大一部分被侵权人因缺乏电力相关常识，导致误触高压电缆产生触电的情况，因此，增强人民群众的安全用电意识，做到事前预防，可以有效避免该类案件的发生，压降触电案件，保护民众生命安全。养成良好的用电习惯，培养安全的用电意识，提高居民用电防护的能力，是供电公司履行社会责任的重要一环。供电公司应当多开展安全用电宣传活动，如安全用电进校园、进社区、进养老院、进乡村等近距离教育普及，以及印发宣传安全用电手册，普及用电常识，从而保证电网安全稳定运行，有效保证百姓生命安全。

3. 做好规划设计与巡线运维，确保电网设施符合技术规范和安全要求

在高压触电案件中，存在很多架空距离不足导致案件发生的情况，要避免该类事件发生，必须做到事前规划防控以及事后运维监督。在实施电网规划时，应当严格按照《10kV 及以下架空配电线路设计规范》

（DL/T 5220—2021）的要求，做好架空线路的安全距离设计，可以很大程度降低人们日常活动中触碰高压电线的概率。同时，针对已经架好的输电线路，应当将安全距离作为日常巡线的重点工作内容，做好巡线记录，标记检查时间，对不符合电力法律法规和电力行业技术标准、规程的电力设施要及时落实整改，及时排除安全隐患，减少触电安全事故的发生，同时，在巡线过程中，发现不符合安全距离的导线，在未能及时整改之前，应当注意及时设立明显的警示标志，做好防护隔离工作，以避免触电案件发生。

4. 加强电力设施警示标志的安装

根据《电力设施保护条例》规定，在人口密集地区，钓鱼场所等事故易发地区，应当设置明显的永久性警示标志，并做到及时维护、管理与更换。供电公司应当做好电力设施现场周围地形的图片、影视公证资料备案，在高压线缆易发触电位置，要做好明显的警示标志，在日常巡线过程中的重点危险区域，要设立非常明显的警示标识。对一些通过警示标识依然难以防范触电案件发生的重点危险区域，要做好产权人、承包人、运维人的安全告知工作，必要时，与其签订安全责任协议，以避免产生高压触电后，承担更多的侵权责任。

第二节　高压触电案件经营者认定存在较大分歧

一、参考案例

【案例 4-8】 用户侧高压触电，供电公司非产权人不担责。

案号：（2023）辽 02 民终 1858 号

2019 年 8 月 29 日，豆某和受害人曹某在金某大厦变电所入户线处外墙粉刷作业。曹某在粉刷涂料时触电受伤坠地身亡，触电位置位于“古城乙杆 7 号右 2 杆开关负荷侧端子”分界点负荷侧。

一审法院认为本案中事故触电点在供电公司与金某大厦约定的产权分界点金某大厦一侧，发生触电事故的电力设施产权属于金某大厦。金某大厦可以实际管理、控制，并对该电力设施拥有支配权。同时，金某大厦以其电力设施为载体利用电能进行生产活动，享受运行利益，因此金某大厦是本案侵权责任主体。被告供电公司非电力设施产权人，非本案侵权责任主体，不承担侵权责任。

二审法院认为根据被告供电公司与金某大厦签订的《高压供用电合同》，发生事故处为金某大厦产权侧，金某大厦应当对产权范围内供用电设施上发生的事故负法律责任，故二审裁判驳回上诉，维持原判。

【案例 4-9】 私自进入变压器室触电身亡，供电公司非产权人、管理者不担责。

案号：（2020）赣 11 民终 1409 号

2019 年 11 月 23 日，被害人周某、龚某擅自打开变压器保护箱门，触碰变压器高低压桩，当场身亡。

一审法院认为，按照《侵权责任法》第七十六条之规定，未经许可进入高度危险活动区域或者高度危险物存放区域受到损害，管理人已经采取安全措施并尽到警示义务的，可以减轻或者不承担责任。本案中，被害人作为完全民事行为能力人，应当知晓案涉封闭变压器室具有高度危险性且闲人不得入内，可其擅自进入案涉变压器室内，该行为无视自身安全，其明知自身危险行为而进入，对于其遭受的损害持放任态度，故应当对自身损害承担责任。被告区城管局、区住建局作为实际管理人已经对变压器的设置起合理的警示义务，对事故的发生不承担责任，被告供电公司非案涉变压器室产权人，不承担责任。

二审法院认为区城管局作为变压器室的实际管理人，虽然已尽到安全与警示义务，但应考虑到变压器室对普通人极具危险性且涉案变压器室未加锁，未能有效方式阻止外人进入，应对受害人损失承担 15%的损失。

【案例 4-10】 用户产权发生触电，供电公司被认定为“经营者”而承担责任[1]。

案号：（2023）鄂 05 民再 14 号、（2021）鄂 05 民终 3236 号、（2021）鄂 0582 民初 109 号

2021 年，朱某 1 未经朱某 2 许可，进入朱某 2 所有鱼塘钓鱼，过程中，朱某 1 触碰鱼塘周围高压线，触电身亡。经查明，朱某 1 遭受电击的高压线路为本案被告鲍某为满足生产所建，鲍某与供电公司签署《高压供用电合同》中已载明双方产权分界点，案发地点位于鲍某产权侧。

法院认为高度危险责任实行无过错责任原则，即无需考虑加害人的过错。高度危险责任中的“经营者”，是指能够支配高压、高空和地下挖掘等高度危险活动的运行并从中享受运行利益的主体。而在本案中，导致朱某 1 死亡的原因是持续运行的高压电流。供电公司对高压线路的运行具有绝对支配地位并从中享受运行利益，应认定为“经营者”，依法承担赔偿责任。此外，本案纠纷系因侵权导致，供电公司与用户签订的《高压供用电合同》中关于产权及责任的划分，不能约定排除供电公司的赔偿责任，故供电公司应当承担相应的侵权责任。

【案例 4-11】 用户产权发生触电事故，供电公司被认定为经营者承担 30%责任。

案号：（2023）鄂 10 民终 706 号

2022 年 4 月 6 日，佘某受被告聚某公司的委托，邀请伤者覃某 1 与覃某 2 给聚某公司安装有变压器的房屋房顶做防水施工。当日 14 时许，覃某 1 与高压线接触后触电受伤。根据被告供电公司与聚某公司签订的《高压供用电合同》，事故发生在聚某公司产权侧。

一审法院认为本案中变压器的产权人虽然是聚某公司，但覃某 1 的损害是因供电公司作为供电方提供的高压触电所致，供电公司对该变压器存在运行利益，供电公司可视为高压的经营者，故供电公司应当对覃某 1 损

[1] 2024 年列入人民法院案例库参考案例。

害承担无过错赔偿责任。二审法院认为高压触电案件赔偿义务主体是经营者而非产权人，涉案设备所带高压电经营者是供电公司，故应承担相应赔偿责任。

【案例 4-12】用户产权发生触电，供电公司因收取电费被认定为高压线路经营者承担 30%责任。

案号：（2021）鲁 15 民终 4450 号

某乡镇变压器由李某私人承包，2018 年 10 月，被告该县供电公司与李某签订《高压供用电》并约定产权分界点。受害人张某在 2020 年后，于产权分界点与变压器之间建了一座养鸡棚，后其在拆除养鸡棚钢管时，触电身亡。经查，案发地点位于李某产权侧。

一审法院认为认定高压设施的经营者的依据是对输电线路上的高压电流享有运行支配和运行利益。本案中被告某县供电公司应当被认定为该高压设施的经营者，对受害人的死亡承担赔偿责任。二审法院认为本案危险源系高压电能而非输电线路。该县供电公司提供电能并收取费用，享受运行利益，应为高压电能的经营者，故判决驳回上诉，维持原判。

二、关键法条

★《中华人民共和国民法典》（自 2021 年 1 月 1 日起施行）

第一千二百三十六条　从事高度危险作业造成他人损害的，应当承担侵权责任。

第一千二百四十条　从事高空、高压、地下挖掘活动或者使用高速轨道运输工具造成他人损害的，经营者应当承担侵权责任；但是，能够证明损害是因受害人故意或者不可抗力造成的，不承担责任。被侵权人对损害的发生有重大过失的，可以减轻经营者的责任。

第一千一百六十六条　行为人造成他人民事权益损害，不论行为人有无过错，法律规定应当承担侵权责任的，依照其规定。

★《供电营业规则》（自 2024 年 6 月 1 日起施行）

第五十四条 供电设施产权所有者对在供电设施上发生的事故承担法律责任，但法律法规另有规定的除外。

★《中华人民共和国电力法》（2018 年修正）

第六十条 因电力运行事故给用户或者第三人造成损害的，电力企业应当依法承担赔偿责任。

电力运行事故由下列原因之一造成的，电力企业不承担赔偿责任：

（一）不可抗力；

（二）用户自身的过错。

因用户或者第三人的过错给电力企业或者其他用户造成损害的，该用户或者第三人应当依法承担赔偿责任。

★《最高人民法院关于审理触电人身损害赔偿案件若干问题的解释》（法释〔2001〕3 号）（已失效）

第二条 因高压电造成人身损害的案件，由电力设施产权人依照民法通则第一百二十三条的规定承担民事责任。

但对因高压电引起的人身损害是由多个原因造成的，按照致害人的行为与损害结果之间的原因力确定各自的责任。致害人的行为是损害后果发生的主要原因，应当承担主要责任；致害人的行为是损害后果发生的非主要原因，则承担相应的责任。

第三条 因高压电造成他人人身损害有下列情形之一的，电力设施产权人不承担民事责任：

（一）不可抗力；

（二）受害人以触电方式自杀、自伤；

（三）受害人盗窃电能，盗窃、破坏电力设施或者因其他犯罪行为而引起触电事故；

（四）受害人在电力设施保护区从事法律、行政法规所禁止的行为。

三、要点简析

（一）高压触电案件责任分配的法律规定及裁判情况

1. 我国关于高压触电案件的法律规定

我国对于高压触电致人损害案件的规定较为复杂。1986 年《中华人民共和国民法通则》第一百二十三条规定最早对高压作业致人损害问题进行了规定："从事高空、高压、易燃、易爆、剧毒、放射性、高速运输工具等对周围环境有高度危险的作业造成他人损害的，应当承担民事责任；如果能够证明损害是由受害人故意造成的，不承担民事责任"。1995 年《中华人民共和国电力法》生效，在第六十条中也对赔偿主体及免责事由进行了规定。但是两部规范性文件所规定的赔偿主体与免责事由表述不完全一致。

1996 年，《供电营业规则》出台，第五十一条直接规定高压触电致人损害案件的赔偿主体是电力设施产权人。2000 年，为解决不同法律之间表述不一致，司法裁判存争议的问题，最高法出台《最高人民法院关于审理触电人身损害赔偿案件若干问题的解释》（法释〔2001〕3 号，已失效），专门规定了高压触电致损案件的赔偿主体是电力设施产权人，也进一步明确了免责事由。2010 年，《中华人民共和国侵权责任法》颁布实施，规定高压触电致人损害案件的赔偿主体为经营者，但是对于何谓"经营者"尚未界定。后《中华人民共和国民法典》生效继续沿用《中华人民共和国侵权责任法》的规定。

2024 年《供电营业规则》修改，第五十四条规定"供电设施产权所有者对在供电设施上发生的事故承担法律责任，但法律法规另有规定的除外"。根据上述高压触电责任条款的相关法律规定，新供规在坚持产权人承担责任的前提下将法院裁判的法律适用引到《中华人民共和国民法典》一千二百四十条上，也即由经营者承担责任。

2. 用户产权高压触电责任承担裁判情况分析

本书编写组通过北大法宝-司法案例库共检索到高压触电致人损害案件中因用户专有线路而引起的侵权纠纷案件 1421 件。在用户专有高压供电线路致人损害这一类案件的判决结果中，除地方法院判决被侵权人依据其过错承担相应责任外，对于侵权责任的分配主要分为两大类：

一是法院认为根据原《供电营业规则》第五十一条："在供电设施上发生事故引起的法律责任，按供电设施产权归属确定。产权归属于谁，谁就承担其拥有的供电设施上发生事故引起的法律责任。但产权所有者不承担受害者因违反安全或其他规章制度，擅自进入供电设施非安全区域内而发生事故引起的法律责任，以及在委托维护的供电设施上，因代理方维护不当所发生事故引起的法律责任"，认定相关设备的产权人享有设备的运行利益，并可实际控制、管理相关设备，因此其对案涉触电设备负有管理和维护的义务，对设备上发生的事故应当承担无过错责任。而供电公司如若不存在过错则无需承担责任。

二是根据原《中华人民共和国侵权责任法》第七十三条（现《中华人民共和国民法典》第一千二百四十条）的高度危险责任条款来判决供电公司作为"经营者"承担无过错侵权责任。该类案例主要存在三种裁判观点：一是法院认为产权界限划分的是电力设备的产权，而非高压电流的产权。造成侵权损害后果的主要危险源并非实体的电力设备，而是电线所承载无形的高压电流，供电公司通过输送电流收取电费，应当认定为经营者，故应承担无过错责任；二是法院认为高压供用电合同中产权分界及责任约定违反了《中华人民共和国民法典》中对于高度危险活动经营者的无过错责任，因此该约定无效，供电公司应承担法定无过错责任；三是供电公司作为高压线路经营者输送高压电流获取收益，对案涉设备具有运行利益，应当承担无过错责任。同时案涉设备产权人对设备具有管理维护义务，未适当履行的，应当和供电公司承担共同侵权责任。

综上所述，在高压触电案件中，法院对于经营者的认定以及责任的分配都存在不同观点。总的来说，通过对检索出的案例进行分析，显示出截至2023年12月31日以往大部分案例中，法院裁判倾向适用《供电营业规则》相关条款，判决由高压设备产权人承担无过错侵权责任，供电公司不担责。但是在2024年3月，人民法院案例库将案例4-10列入参考案例。该判决法院认为本案中导致受害人死亡的原因是持续运行的高压电流，而电网企业对高压线路的运行具有绝对的支配地位并从中享受运行利益，应当认定为“经营者”承担相应的赔偿责任，并且认定供电公司和用户签订的供用电合同中关于产权及责任划分的条款不能约定排除供电公司的赔偿责任。然而，关于专线用户何时作为高压触电案件“经营者”，《最高人民法院民事案件案由规定理解与适用》中也有论断，其表述为“如果是在工厂内高压电力生产设备造成损害的，责任主体就是该工厂的经营者。”本书编写组认为，专线用户与电网企业有明确的产权分界点约定，该产权分界点同时也是运行维护责任的分界点。因此，对于案例 4-10 中的裁判观点，本书编写组持保留意见。

此外，关于高压电能的生产者即发电企业何时作为高压触电案件“经营者”，2021 年《最高人民法院民事案件案由规定理解与适用》曾解释为：“如果是高压电造成损害的，作为责任主体的经营者则依具体情况而定……发电、输电、配电和用电一般情况下分属不同主体。如果是在发电企业内的高压设备造成损害的，作为责任主体的经营者就是发电企业。”该解释明确了在发电企业内部高压设备造成损害的，责任主体是该发电企业。实务中，发电企业将高压电能输送至电网企业并网前，需要与电网企业明确产权分界点。如果并网之前在发电企业产权线路及设备上发生高压触电侵权案件，鉴于此时发电企业尚未将高压电能交付于电网企业，故发电企业仍是高压电能的经营者。本书编写组在征集多方专家意见后认为，并网前在发电企业产权线路或设备上发生高压触电事故，仅由发电企业承担无过错侵权责任。

（二）高压触电案件中的免责事由

1. 不可抗力

不可抗力，是指该事件的发生以人力不可抵抗或避免，且难以预料的情况，一般表现为各种自然灾害，如地震等。对于不可抗力是否能够作为高度危险作业的免责条款，理论上仍然存疑，然而我国相关立法已然将不可抗力规定为免责条款。

根据《中华人民共和国电力法》规定，因不可抗力导致的高压触电人身损害事故，电力企业不承担责任。对于该条款的解读，不仅需要理解不可抗力，也需要注意到该免责条款是以电力运行事故作为前提的。只有不可抗力导致了高压触电事故，而该高压触电事故导致了人身财产损失，才免除电力企业的责任，损害结果与不可抗力之间存在着直接关系。

2. 受害人故意

受害人故意，是指受害人明知其行为可能产生损害结果，但主观上对此持有直接故意或间接故意的态度，期望或放任结果的发生。根据《中华人民共和国民法典》一千一百七十四条之规定，损害是因受害人故意造成的，行为人不承担责任。具体来讲，高压触电事故既可以是受害人间接故意，如盗窃电力设施及其零件不慎触电，也可以是受害人直接故意，如以触电方式自杀自伤等。受害人故意是法定的免责事由，供电公司不承担因此带来的赔偿责任。

3. 第三人过错导致的损害

在因第三方原因致人损害的情况下，需要通过分析经营者在结果发生中的原因力大小来确定责任归属。若第三方原因是导致高压触电事故发生的全部原因，则由于损害结果的发生与电力设施经营者之间没有因果关系，因而经营者无需承担责任。例如，超高卡车经过拉断架空线路导致路过人员触电身亡，此种情形下，由于架空线路经营者与损害结果之间不具备因果关系，事故发生的原因是卡车超高，因而由卡车一方承担全部责任。从原因力作用大小来看，若此架空线路应有绝缘保护而未有，则即使肯定卡车超高的责任，也不能否定架空线路经营者的责任，因而需要双方在各自作用大小范围内承担相应的责任。

四、管理建议

1. 加强产权管理

在司法实践中，产权归属很大程度上决定了责任的归属，产权的确定一般是通过签订《供用电合同》来约定的。然而案例 4-10 作为人民法院参考案例认为“虽然供电公司与用户约定了明确的产权分界点，但该约定并不能排除供电公司作为高压电流经营者的无过错责任，供电公司会因‘法定无过错责任’或

‘未履行适当的管理义务’而承担相应责任。”但这并不说明产权分界点不重要，在产权约定不明的情况下，法院通常不会认可相关约定的法律效力而判决直接由供电公司承担责任。而在产权约定明确的情况下，法院则会考虑产权对责任的影响，判决由产权方承担责任或者供电公司与产权方共同担责。但是在日常工作中存在因工作人员疏忽导致签订《供用电合同》时产权分界点约定不明等情况，产权界定不明确会导致不能清晰地明确双方的维护、巡视范围，影响设备运维，极易造成缺陷无人整改，引发相关事故。因此，在签订《供用电合同》时，应加强对相关产权分界条款的审查，保证设备产权明确、清晰。

2. 加强日常巡视维护，及时消危消缺

对于产权明确的电力设施，巡视工作和消缺工作基本都按照规定的时间完成，风险相对较小。而对于产权不属于供电公司或者产权归属存在纠纷的地方，巡视消缺工作就存在缺陷。从判决书看，法院普遍认为，这些产权归属有争议或者不属于供电公司的设备设施，供电公司应该有基本的巡视义务，在发现问题时应当及时告知用户采取有效措施进行处理并督促其进行整改，确保隐患的消除，如若不及时巡视消缺而发生事故，供电公司所要承担的责任以及承担责任的比例会更高。

第三节　高压线下钓鱼触电案件无过错责任承担

一、参考案例

【案例 4-13】 高压线下钓鱼触电，经营者承担无过错责任。

案号：（2021）辽 0283 民初 7378 号、（2022）辽 02 民终 3770 号

2021 年 10 月 25 日 17 时 50 分左右，林某在某海参圈钓鱼时，因钓鱼线触碰到上方高压线而触电身亡。当地派出所和 120 救护站接到报警和求救后到达现场。派出所于 2021 年 12 月 13 日出具情况说明，载明该所民警到达现场后发现林某躺在海参圈坝上，其身边有一只断裂的鱼竿和装鱼桶，死

者林某上空有电线，电线上缠绕鱼线。120医护人员到达现场后发现林某有电击伤，初步诊断为触电死亡。案涉海参圈坝上电线杆处均有禁止钓鱼的警示标志。法院组织双方当事人进行现场勘查，事发地上方10千伏高压线最低点距地面5.66米，高压线挂有鱼线处距地面6.5米，符合相关规定。一审法院经审理认为，供电公司作为高压线路经营者虽对林某的死亡无过错，但基于其对林某触电死亡的后果承担的为法定责任，故依法酌定供电公司对林某的死亡承担30%的赔偿责任。二审法院维持原判。

【案例4-14】 触电具体位置不同，责任主体不同。

案号：（2021）皖0322民初162号、（2021）皖03民终3059号

2019年6月1日13时许，受害人王某在某窑厂附近的鱼塘钓鱼，钓鱼时不幸被高压电击中，经抢救无效死亡。某供电公司作为供电人与用电人某村签有《高压供用电合同》，在合同中明确约定了供用电设施的产权分界点及维护责任划分供用电设施的产权分界点。案发后各方对王某触电的具体位置在电源侧还是负荷侧的陈述不一致。二审法院于2021年12月23日到事发地点勘验现场。根据现场勘验，认为事发地点位于“某供电公司产权分界牌”的用电人某村一侧。

二审法院经审理认为，受害人王某在高压线下钓鱼时不幸被高压电击中，经抢救无效死亡，产权人某村村民委员会应对线路进行管理并有义务设置相关警示标志，防范危险的发生，但其未提供证据证明其设置警示标志，未尽到应尽的义务，依法应承担相应的赔偿责任。受害人王某在高压线下钓鱼，理应知道可能存在的危险，其未尽到审慎注意义务，作为完全民事行为能力人，具有重大过错，应承担主要责任。结合本案的具体情况，法院酌情认定某村村民委员会承担10%的责任，受害人王某承担90%的责任。

【案例4-15】 对地距离不够、未设警示标志，供电公司承担50%责任。

案号：（2023）鄂1022民初288号、（2023）鄂10民终1648号

2022年10月19日12时许，受害人刘某1与案外人向某、张某1、刘某2一同到位于某村的鱼塘钓鱼，钓了约40分钟后，受害人刘某拿着钓鱼竿换地方钓鱼，经过高压线时，因钓竿触及鱼塘上方10千伏高压线路而电

击身亡。该电力线路穿过鱼塘上空，在鱼塘水中设置高压电杆一根，电杆上无警示标志，该电力线路的产权人及经营人为供电公司。事发路段高压线对地垂直距离经各方当事人测量为 4.58 米。事发地鱼塘所有权人为某渔场，承包人为张某 2。鱼塘附近均为农田，距离居民区较近，庭审中张某 2 陈述旋耕机可以爬上鱼塘。该高压线路于 20 世纪 80 年代建立，后张某 2 曾将鱼塘梗子填高。事故发生地 2020 年曾发生过钓鱼触电事故。

一审法院经审理认为，案涉鱼塘所在区域为非居民区，且非交通困难地区，本案事发地段的对地距离不符合非居民区导线与地面的最小距离值，供电公司在涉案高压线路的架设或维护、管理上存在一定过错。此外，供电公司未能提供证据证明，事故发生时其在事发地点附近设有警示标识，没有起到警示作用，其作为高压电的经营者和管理人，应有相应义务对此进行必要的监督和管理。一审法院酌定供电公司承担 50%的责任，某渔场承担 10%的责任，张某 2 承担 20%的责任。受害人刘某 1 自身承担 20%的责任。二审法院维持原判。

【案例 4-16】 巡视不到位、警示不明显，供电公司承担 20%责任。

案号：（2020）鲁 0830 民初 5055 号、（2021）鲁 08 民终 1332 号

2020 年 9 月 9 日 18 时左右，王某 1、王某 2 和辛某到垂钓园进行垂钓。期间辛某在甩杆过程中，鱼竿与高压线相触碰，不幸触电身亡，涉案垂钓园由石某经营管理使用。一审法院认为，被告供电公司虽然在高压线下设置了“禁止垂钓”警示牌，但是没有尽到一定的巡视义务，使得警示牌被杂草遮挡，不易发现，且没有及时告知池塘工作人员，在高压线附近养殖、垂钓、生活的相应风险，对受害人的身亡也具有一定的过错，酌定供电公司承担 20%的责任，垂钓园经营管理人石某和受害人辛某各承担 20%、60%。二审法院维持原判。

【案例 4-17】 报停线路仍带电，供电公司承担 15%责任。

案号：（2021）黑 0205 民初 562 号、（2022）黑 02 民终 245 号

2021 年 8 月 29 日早 8 时许，张某与朋友马某在某渔场钓鱼，二人交了 60 元钓鱼费。中午 11 时许，张某倒地不起，后经 120 急救送至齐齐哈尔市院，抢救无效死亡。经尸检确定其为电击死亡。触电位置在主干线 T 形接点

分出的第一根电线杆处，电压为10千伏，该线路及变压器为某村村委会所有，事发时处于停用状态，但事实上仍然有电。一审法院认为在案涉高压线已经停用的情况下，未妥善进行管理和维护，使高压线仍处于通电状态，导致张某触电事故的发生，供电公司应承担50%责任；产权人某村村委会、某渔场各承担5%责任；张某自身应承担40%责任。二审改判供电公司承担15%的责任，某村村委会、某渔场、张某分别承担15%、40%、30%的责任。

二、关键法条

★《中华人民共和国民法典》（自2021年1月1日起施行）

第一千二百四十条 从事高空、高压、地下挖掘活动或者使用高速轨道运输工具造成他人损害的，经营者应当承担侵权责任；但是，能够证明损害是因受害人故意或者不可抗力造成的，不承担责任。被侵权人对损害的发生有重大过失的，可以减轻经营者的责任。

★《中华人民共和国电力法》（2018年修正）

第五十四条 任何单位和个人需要在依法划定的电力设施保护区内进行可能危及电力设施安全的作业时，应当经电力管理部门批准并采取安全措施后，方可进行作业。

★《电力供应与使用条例》（2019年修订）

第十七条 公用供电设施建成投产后，由供电单位统一维护管理。经电力管理部门批准，供电企业可以使用、改造、扩建该供电设施。

共用供电设施的维护管理，由产权单位协商确定，产权单位可自行维护管理，也可以委托供电企业维护管理。

用户专用的供电设施建成投产后，由用户维护管理或者委托供电企业维护管理。

★《电力设施保护条例》（2011年修订）

第十一条 县级以上地方各级电力管理部门应采取以下措施，保护电力设施：

（一）在必要的架空电力线路保护区的区界上，应设立标志，并标明保护区的宽度和保护规定；

（二）在架空电力线路导线跨越重要公路和航道的区段，应设立标志，并标明导线距穿越物体之间的安全距离；

（三）地下电缆铺设后，应设立永久性标志，并将地下电缆所在位置书面通知有关部门；

（四）水底电缆敷设后，应设立永久性标志，并将水底电缆所在位置书面通知有关部门。

第十四条 任何单位或个人，不得从事下列危害电力线路设施的行为：

（一）向电力线路设施射击；

（二）向导线抛掷物体；

（三）在架空电力线路导线两侧各300米的区域内放风筝；

（四）擅自在导线上接用电器设备；

（五）擅自攀登杆塔或在杆塔上架设电力线、通信线、广播线，安装广播喇叭；

（六）利用杆塔、拉线作起重牵引地锚；

（七）在杆塔、拉线上拴牲畜、悬挂物体、攀附农作物；

（八）在杆塔、拉线基础的规定范围内取土、打桩、钻探、开挖或倾倒酸、碱、盐及其他有害化学物品；

（九）在杆塔内（不含杆塔与杆塔之间）或杆塔与拉线之间修筑道路；

（十）拆卸杆塔或拉线上的器材，移动、损坏永久性标志或标志牌；

（十一）其他危害电力线路设施的行为。

★《供电营业规则》（自2024年6月1日施行）

第五十条 供电设施的运行维护管理范围，按照产权归属确定。

第五十四条 供电设施产权所有者对在供电设施上发生的事故承担法律责任，但法律法规另有规定的除外。

★《10kV及以下架空配电线路设计技术规程》(DL/T 5220-2021)

11.0.2 导线与地面的距离，不应小于表11.0.2所列数值。

表11.0.2 导线与地面或水面的最小距离（m）

线路经过地区	线路电压	
	1kV ~ 10kV	1kV 以下
居民区	6.5	6
非居民区	5.5	5
交通困难地区	4.5	4

11.0.4 架空配电线路不应跨越屋顶为易燃材料做成的建筑，对非易燃屋顶的建筑，如需跨越，在最大计算弧垂情况下，架空导线与该建筑物、构筑物的垂直距离不应小于3m。

11.0.5 架空配电线路在计及风偏的情况下，边导线与多层建筑或规划建筑线之间的最小水平距离，以及边导线与不在规划范围内的建筑物、构筑物间的最小净空距离应符合表11.0.5中数值的规定；架空配电线路边导线与不在规划范围内的建筑物间的水平距离，在无风偏情况下，不应小于表11.0.5中规定数值的50%。

表11.0.5 边导线与建筑物间的最小距离（m）

线路电压	3kV~10kV	3kV 以下
距离	1.5（0.75）	1.0（0.2）

注 括号内数值仅限绝缘导线与相邻建筑物无门窗或实墙的最小净空距离，当墙体有门窗时，应执行括号外数值。

三、要点简析

1. 高压触电适用无过错责任原则

近年来，钓鱼触电案件高发频发。根据《中华人民共和国民法典》第一千二百四十条规定，从事高空、高压、地下挖掘活动或者使用高速轨道运输工具造成他人损害的，经营者应当承担侵权责任。这是一种特殊的侵权责任，适用特殊民事侵权的无过错责任原则。无过错责任，顾名思义，一般理解为“无论是否有过错”都应承担责任。作为高压电力设施的产权所有人，对供电设施拥有支配权并享有运行利益的，一般会被认定为经营者。一旦产权设施上发生触电事故，无论是否存在警示标志不到位、安全距离不够、用电检查不到位等过错，经营者承担侵权责任。但是如果存在警示标志不到位、安全距离不够、用电检查不到位等过错，则承担赔偿责任的比例可能更高。见参考案例。

2. 低压触电适用过错责任原则

不同于高压触电，低压触电属于一般侵权，适用过错责任原则。根据《中华人民共和国民法典》第一千一百六十五条、第一千一百七十四条、第一千一百七十五条规定，行为人因过错侵害他人民事权益造成损害的，应当承担侵权责任。损害是因受害人故意造成的，行为人不承担责任。损害是因第三人造成的，第三人应当承担侵权责任。《供电营业规则》第五十四条明确规定了按照供电设施产权归属确定事故的法律责任。因此，在低压触电案件中，如果产权所有人因没有尽到应尽的管理维护责任等过错而引发触电事故的，会承担相应的过错责任；如果触电是由受害人故意或者第三人造成的，由受害人、第三人承担侵权责任；如果由受害人、第三人、产权所有人共同过错导致的，则由各方按照过错程度分别承担法律责任。因此，此类案件如果产权归供电公司所有，那么对于供电公司是否设有明显的警示标志、是否按要求履行用电检查义务、安全距离是否符合规范等举证要求较高。

3. 高压无过错责任体现了一定的社会公平性

无过错责任原则的公平性体现在“对弱者的加强保护”。根据《中华人民共和国民法典》等相关规定，无过错责任的适用范围主要有高度危险作业致害责任、环境污染致人损害责任、动物致人损害责任、地面施工致人损害责任、职务侵权致害责任、产品缺陷致害责任等。无过错责任意味着损害方在法律上有多于常人的注意义务。这是因为无过错责任加害方的行为或者状态有高度的危险性。这种高度危险性即使加害方穷尽注意义务，亦难以避免损害的发生，仅仅适用过错责任原则不足以保障人身及财产安全。

无过错责任原则具有预防性和惩罚性的作用，可以责成责任的承担者采取一切可能的措施，预防可能发生的损害和风险，不断地改进技术安全措施，防患于未然；可以促使从事高度危险作业和危险行为的人、产品制造者和销售者、环境污染的制造者以及动物的饲养人、管理人等，对自己的工作高度负责，谨慎小心从事，提高工作质量，尽力保障周围人员环境的安全；一旦造成损失，能迅速、及时查清事实，尽快赔偿人身损害和财产损失。

4. 高压触电案件中，被侵权人重大过失可以减轻经营者责任

根据《中华人民共和国民法典》一千二百四十条，高压钓鱼触电案件中，经营者免责的法定情形是受害人故意或者不可抗力；减轻责任的法定情形，是被侵权人对损害的发生有重大过失。

《电力设施保护条例》第十四条第（二）、（三）、（十一）项分别对向导线抛掷物体、在架空电力线路导线两侧各 300 米的区域内放风筝，以及其他危害电力线路设施的行为作了禁止性规定。国家电力监管委员会在给某省经贸委《关于能否在高压线下钓鱼的回复》中明确了“在依法划定的电力设施保护区内钓鱼甩掷鱼竿属于违反《电力设施保护条例》第十四条的规定”。

案例 4-13，案发地上方高压线由供电公司经营管理，线路高度符合规定，且高线输电线杆上均有明显的警示标志，足以起到警示、提示的作用。死者林某作为成年人，对于在高压线下钓鱼具有极大危险性应有充分的认知能力，其在明知案发现场有高压线路、有警示标志，且非正规垂钓场所的情况下，在钓鱼过程中将鱼线触碰到高压线，最终导致其触电身亡，林某本身存在重大过错和过失，根据《中华人民共和国民法典》第一千二百四十条，可减轻高压线路经营者的责任。供电公司作为高压线路经营者虽对林某的死亡无过错，但基于其对林某触电死亡的后果承担的为法定责任，故依法酌定供电公司对林某的死亡承担 30%的赔偿责任。

5. 高压触电中的“经营者”认定问题

根据《中华人民共和国民法典》第一千二百四十条规定，高压触电案件由经营者应当承担侵权责任，但是对于“经营者”的认定问题，法律没有明确规定，司法实践中也没有形成共识。在《侵权责任法》（已废止）施行以前，《供电营业规则》以及《最高人民法院关于审理触电人身损害赔偿案件若干问题的解释》（已废止）均明确了高压触电案件中由涉案电力设施产权所有人承担赔偿责任，以产权归属来确定责任主体，更符合“风险控制理论”。根据《中华人民共和国民法典》第六百五十条规定，供用电合同的履行地点，按照当事人约定；当事人没有约定或者约定不明确的，供电设施的产权分界处为履行地点。也就是说，电能作为一种特殊的商品，在通过产权分界点输出后，即完成了交付，实现了所有权的转移，由新的产权所有人管理、维护和使用，并享有利益。因此，笔者认为，“经营者”应该是对高压电力设施具有管理权，对电能享有利益的人，而不能简单地认定为供电人。关于“经营者”的详细分析，见本章第二节。

四、管理建议

1. 架空线路的建设运维应符合法律法规和电力技术规程要求

供电企业在电力设施的设计、安装、运行上应符合法律法规、电力行业技术标准、电力技术规程的要求。中华人民共和国电力行业标准《10kV 及以下架空配电线路设计技术规程》（DL/T 5220-2021）（11.0.2 导线与地面的最小距离）3kV～10kV 架设配电线路设计技术表中表明：居民区为 6.5 米、非居民区为 5.5 米、交通困难地区为 4.5 米。如案例 4-15，因事发地段的对地距离不符合规范要求，法院认为供电公司在涉案高压线路的架设或维护、管理上存在一定过错，承担责任的比例也相应提高。

2. 充分重视产权分界点的约定，明确供电设施运行维护管理责任

在触电类案件实务中，首要的证据就是《供用电合同》中关于产权分界

点、维护管理责任的约定。因此，要加强对各类供用电合同的管理，不仅要严格使用统一合同文本，而且要准确、清晰、完整地填写产权分界点条款，对维护管理责任条款最好作下划线等着重提示，同时还应注意及时续签合同，避免合同超期。

3. 加强巡查，确保电网设施符合技术规范和安全要求

各类电力设施特别是架空线路的安全距离要作为日常巡查的重要内容，重点排查人口密集地区、线树交叉、线路“三跨”地段，做好巡视记录。对不符合电力法律法规和电力行业技术标准、规程的电力设施要及时落实整改，有安全隐患的要限期整改，妥善收集相关证据并配合政府部门采取有效措施制止，有的放矢地做好触电人身损害事故法律风险防范。

4. 依法合规设置电力设施警示标志

供电企业要认真做好排查、整改工作，建立健全鱼塘、河流附近各电压等级架空线路台账及相关资料。协同当地电力管理部门在人口密集地区、台区、钓鱼场所等事故易发地区，依法合规设置“安全警示”标志，并注意及时维护、管理与更换，同时做好警示标志设置情况以及电力设施现场周围地形等图片、影视公证资料备案。对跨鱼塘、房屋、山林等的电力设施，最好与产权人或承包人签订安全责任协议。

5. 及时报案固定证据

钓鱼类触电案件常遇到的问题，一是现场警示标志在触电案发后被毁，或无法证明为案发前设置；二是触电原因无法查明且举证困难；三是触电具体位置难以明确，特别是在高低压线路交错的位置，以及产权分界点附近。在部分案件中，触电具体位置不同，承担责任的主体以及归责原则亦不相同，如案例 4-14。所以发生触电事故后，获悉触电事故的基层涉案单位应当立即向当地公安机关、管理部门及保险公司报案。涉案单位人员到达事故现场后，积极配合公安及安全管理部门做好案件的调查工作，同时开展现场证据收集及保护工作，向知情群众了解事故经过，并对现场环境拍照、摄像留存。

第四节　高压线下违章建房触电的各方责任分担

一、参考案例

【案例 4-18】 高压线下违章建房，触电责任依法分担。

案号：（2020）豫 0422 民初 3549 号、（2021）豫 04 民终 1343 号

2020 年 6 月 29 日，韦某将其房屋的建设承包给李某 1 施工。后李某 1 雇佣李某 2 施工。2020 年 9 月 11 日，李某 2 在楼顶往下传递钢管过程中，不幸触碰到上方 10 千伏高压架空电力裸露铝线触电，致使李某 2 受伤。经医院诊断，李某 2 为重度电击伤，烧伤面积 50%，左腿截肢。案涉线路先于韦某建房几十年，韦某在未取得《建设工程规划许可证》及《建设工程施工许可证》的情况下，在电力设施保护区内建房。

一审法院综合各方过错程度及考虑各过错行为与损害后果之间的原因力大小，酌情判定由李某 1 承担 25%的赔偿责任，韦某承担 25%的赔偿责任，某县供电公司承担 30%的赔偿责任，李某 2 自身承担 20%责任。二审法院维持原判。

高压线下违章建房屡禁不止

【案例 4-19】 未尽注意义务，承担的责任比例可能增加。

案号：（2021）黔 0221 民初 92 号、（2021）黔 02 民终 2245 号

刘某与受害人聂某达成协议，刘某将房屋装修以单包工的形式承包给聂某进行装修，装修完毕后按照每平方米 110 元的单价结算。2020 年 7 月 9 日，聂某在使用钢管搭架准备装修房屋二楼外墙时，手中的钢管不慎触碰到裸露的高压线，被当场击倒在地，后在送往医院的途中经抢救无效死亡。一审法院认为，某供电局作为该高压输电线路的经营者，应对聂某被电击死亡造成的损失，承担 50%的赔偿责任，刘某应对事故的发生承担 20%的责任，聂某自行承担 30%的责任。二审法院认为案涉事故是由于刘某、聂某在电力保护区域内施工所致，某供电局因未对刘某之前的违法施工行为尽到谨慎注意义务，同时考虑到高度危险作业侵权行为的特殊性，酌情认定供电局承担 30%的责任，刘某就其违规在电力保护区域内修建房屋及后续加层行为承担 40%的责任，聂某应就其未尽谨慎注意义务自行承担 30%的责任。

【案例 4-20】 尽到注意义务，法院酌定减轻供电公司责任。

案号：（2019）湘 0423 民初 1024 号、（2020）湘 04 民终 170 号

2018 年 6 月 21 日，康某与周某签订协议，约定康某将一栋住宅楼的泥工、架子工等工程承包给周某，并付周某施工人员保险金 2000 元。施工过程中，周某又将架子工程转包给了谭某。2019 年 4 月 10 日，谭某雇佣的架子工文某在拆案涉房屋外墙架子时，未与邻近的高压架空电线保持安全距离，致使高压电线与文某所持钢管相接触，文某被 10 千伏的高压电击伤。2018 年 7 月 18 日，某供电公司曾与康某签订《关于在电力设施保护区建房的协议》，约定“康某建设案涉房屋时建筑物与架空线水平距离控制在 5 米以外，建筑物顶层与架空线垂直或斜向距离保证在 4.5 米以上、建筑物与架空线一侧楼层控制在一层以内，康某未按规定要求施工，供电公司随时可申请电力管理部门依法停电停工，拆除违法建筑。”后供电公司发现康某所建房屋与 10 千伏高压供电线路距离不够时，及时向电力行政主管部门建议采取措施，当地经济科技和信息化局向康某下达了《整改指令书》，要求康某

立即停止施工。一审法院根据各自过错，且考虑各过错行为与损害后果之间的原因力比例，依法确定康某、周某、谭某、供电公司分别承担10%、10%、30%、30%的责任，其余20%的责任由文某自负。二审法院认为，供电公司已尽到了注意义务，改判承担10%的赔偿责任，康某、周某、谭某分别承担40%、10%、20%的责任，文某自负20%的民事责任。

【案例 4-21】 雇主担责后向供电公司追偿，法院不予支持。

案号：（2020）湘 0724 民初 1540 号、（2020）湘 07 民终 2531 号

2018 年 8 月，邢某与符某签订建房合同约定，邢某所的楼房由符某双采取包工不包料的方式承建。符某雇请吴某做小工。因邢某屋顶上空原有10 万伏架空高压线路径，翻建成四层存在安全隐患，某供电公司于同年 9 月 5 日送达书面通知，告知其安全隐患，要求采取相应规避措施。2019 年 8 月 17 日上午 7 时许，受害人吴某吊钢材到四楼屋顶时，因操作不当导致钢材碰触高压线，当场被电击死亡。一审法院认为，供电公司作为经营者，应承担无过错责任。但因其履行了法定的告知义务，可以减轻其民事责任，酌定某供电公司承担20%的责任，支持邢某向某供电公司追偿的诉请。二审法院认为，邢某在供电公司下达书面停工通知后仍然强行施工，违规发包，造成伤害理应担责，其无权作为雇主身份向供电公司行使追偿权。

二、关键法条

★《中华人民共和国民法典》（自 2021 年 1 月 1 日起施行）

第一百七十七条 二人以上依法承担按份责任，能够确定责任大小的，各自承担相应的责任；难以确定责任大小的，平均承担责任。

第七百九十一条 发包人可以与总承包人订立建设工程合同，也可以分别与勘察人、设计人、施工人订立勘察、设计、施工承包合同。发包人不得将应当由一个承包人完成的建设工程支解成若干部分发包给数个承包人。

总承包人或者勘察、设计、施工承包人经发包人同意，可以将自己承

包的部分工作交由第三人完成。第三人就其完成的工作成果与总承包人或者勘察、设计、施工承包人向发包人承担连带责任。承包人不得将其承包的全部建设工程转包给第三人或者将其承包的全部建设工程支解以后以分包的名义分别转包给第三人。

禁止承包人将工程分包给不具备相应资质条件的单位。禁止分包单位将其承包的工程再分包。建设工程主体结构的施工必须由承包人自行完成。

第一千一百七十二条 二人以上分别实施侵权行为造成同一损害，能够确定责任大小的，各自承担相应的责任；难以确定责任大小的，平均承担责任。

第一千一百七十三条 被侵权人对同一损害的发生或者扩大有过错的，可以减轻侵权人的责任。

第一千二百四十条 从事高空、高压、地下挖掘活动或者使用高速轨道运输工具造成他人损害的，经营者应当承担侵权责任；但是，能够证明损害是因受害人故意或者不可抗力造成的，不承担责任。被侵权人对损害的发生有重大过失的，可以减轻经营者的责任。

第一千一百九十二条 个人之间形成劳务关系，提供劳务一方因劳务造成他人损害的，由接受劳务一方承担侵权责任。接受劳务一方承担侵权责任后，可以向有故意或者重大过失的提供劳务一方追偿。提供劳务一方因劳务受到损害的，根据双方各自的过错承担相应的责任。

提供劳务期间，因第三人的行为造成提供劳务一方损害的，提供劳务一方有权请求第三人承担侵权责任，也有权请求接受劳务一方给予补偿。接受劳务一方补偿后，可以向第三人追偿。

第一千一百九十三条 承揽人在完成工作过程中造成第三人损害或者自己损害的，定作人不承担侵权责任。但是，定作人对定作、指示或者选任有过错的，应当承担相应的责任。

★《中华人民共和国建筑法》（2019 年修正）

第二十六条 承包建筑工程的单位应当持有依法取得的资质证书，并在其资质等级许可的业务范围内承揽工程。

禁止建筑施工企业超越本企业资质等级许可的业务范围或者以任何形式用其他建筑施工企业的名义承揽工程。禁止建筑施工企业以任何形式允许其他单位或者个人使用本企业的资质证书、营业执照，以本企业的名义承揽工程。

★《中华人民共和国电力法》(2018 年修正)

第五十三条　电力管理部门应当按照国务院有关电力设施保护的规定，对电力设施保护区设立标志。

任何单位和个人不得在依法划定的电力设施保护区内修建可能危及电力设施安全的建筑物、构筑物，不得种植可能危及电力设施安全的植物，不得堆放可能危及电力设施安全的物品。

在依法划定电力设施保护区前已经种植的植物妨碍电力设施安全的，应当修剪或砍伐。

第五十四条　任何单位和个人需要在依法划定的电力设施保护区内进行可能危及电力设施安全的作业时，应当经电力管理部门批准并采取安全措施后，方可进行作业。

第六十八条　违反本法第五十二条第二款和第五十四条规定，未经批准或者未采取安全措施在电力设施周围或者在依法划定的电力设施保护区内进行作业，危及电力设施安全的，由电力管理部门责令停止作业、恢复原状并赔偿损失。

第六十九条　违反本法第五十三条规定，在依法划定的电力设施保护区内修建建筑物、构筑物或者种植植物、堆放物品，危及电力设施安全的，由当地人民政府责令强制拆除、砍伐或者清除。

★《电力设施保护条例》(2011 年修订)

第十五条　任何单位或个人在架空电力线路保护区内，必须遵守下列规定：

（一）不得堆放谷物、草料、垃圾、矿渣、易燃物、易爆物及其他影响安全供电的物品；

（二）不得烧窑、烧荒；

（三）不得兴建建筑物、构筑物；

（四）不得种植可能危及电力设施安全的植物。

三、要点简析

1. 架空线路下违章建房，承担事故主要责任

《中华人民共和国电力法》第五十三条、《电力设施保护条例》第十五条等法律法规均对架空线路下违章建房作出了明确规定，任何单位和个人不得在电力设施保护区内兴建可能危及电力设施安全的建筑物、构筑物。电力设施保护区内违章建房，不仅可能威胁电力线路的运行安全，且极易导致导线与建筑物安全距离不够，致使受害者接触到电力线路，发生触电事故。这种情况下，违章建房者应承担事故的主要责任。如案例 4-19，法院认为案涉房屋修建于案涉线路架设之后，刘某应当知晓在电力线路保护区域内禁止修建房屋及修建房屋可能造成的风险，其应当就该后果承担主要责任。如案例 4-20，法院认为康某未取得政府主管部门建房审批手续，将房屋承包给他人承建，致使房屋顶部距离高压线达不到安全距离，明知存在危险还指示承揽人施工，发包给没有建房资质的人员施工；且康某未履行与供电公司《关于在电力设施保护区建房的协议》的约定，并在收到整改指令书后仍继续施工，致使文某在施工中受伤，存在重大过错，应承担本案主要责任。

2. 发包人、分包人、雇主有选任及安全保障的义务

在案例 4-20 中，康某未取得政府主管部门建房审批手续，将自家房屋工程发包给不具有建筑资质的周某施工，与周某构成承揽合同关系。因康某

所建房屋已超过3层，根据《中华人民共和国建筑法》第二十九条的规定，应当承包给具有资质的建筑单位，而非个人。康某将案涉房屋发包给周某，在定作、指示、选任上具有过错，根据《中华人民共和国民法典》第一千一百九十三条等规定，定作人对定作、指示或者选任有过错的，应当承担相应的责任。周某转包给无建筑资质的谭某，谭某雇佣了同样不具有建筑业执业资格文某，周某、谭某均未尽到选任和安全保障义务，也应承担相应责任。法院最终判定康某、周某、谭某未履行提示安全注意义务，不具备安全施工条件和未采取必要的安全防护措施，行为构成共同侵权，具有重大过失，应对文某的损害后果承担连带赔偿责任。

3. 高压线路经营者承担无过错责任

根据《中华人民共和国民法典》第一千二百四十条规定，从事高空、高压、地下挖掘活动或者使用高速轨道运输工具造成他人损害的，经营者应当承担侵权责任。10 千伏及以上高压线下违章建房触电的归责原则，与钓鱼触电案件一样，高压线路经营者承担无过错责任。

4. 供电公司作为线路产权人应尽注意义务

高压线路保护区内违章建房导致触电事故发生的，受害者及其家属通常会以供电公司未尽到安全保障义务为由要求供电公司承担赔偿责任，法院也可能因此认定供电公司存在过错，判定供电公司承担相应责任。法院认为供电公司未尽到谨慎注意义务的情形通常有：认为供电公司未做好高压线路的巡视、检查工作，没有及时发现线路下违章建房等违法行为，或者未及时进行安全隐患告知，未采取有效措施及时消除安全隐患。这些情形下，法院一旦判定供电公司存在过错，承担的责任比例相比无过错责任可能会增加。相反，供电公司如架设的线路符合规定、尽到定期巡视、及时进行安全隐患告知，并采取有效措施等，则承担责任的比例可能会有所下降。

在案例 4-18 中，一审法院认为，李某 2 在施工过程中触电受伤，供电公司作为涉案高压线路的经营者，无证据证明李某 2 存在故意或者不可抗力的事由，不能免除责任。供电公司发现韦某在涉案高压线路保护区内施工建房后，未采取有效专业措施消除安全隐患，仍向韦某供用改建扩建房屋所需的三相电，认为供电公司对本案事故存在过错，应承担相应的赔偿责任。二审法院予以支持。案例 4-19 中，二审法院认为供电公司作为高压线路的管理方，在刘某违法修建原房屋（伙房）后的长时间内没有谨慎排查违建房屋和安全风险，对于该安全风险的持续负有相应过错，应负次要责任。

但在案例 4-20 中，二审法院认为供电公司发现康某在高压线保护区建房存在安全隐患后，及时进行告知，并与其签订了《关于在电力设施保护区建房的协议》。之后发现康某所建房屋与 10 千伏高压供电线路距离不够时，及时向电力行政主管部门建议采取措施，当地经济科技和信息化局向康某下达了《整改指令书》，要求康某立即停止施工。二审法院认为供电公司尽到了注意义务，已经采取安全措施并尽到警示义务，认为一审判决供电公司承担 30%的赔偿责任无事实依据，改判供电公司承担 10%的赔偿责任。

5. 被侵权人未尽注意义务的，承担相应责任

线下违章建房导致的触电事故，通常存在复杂的法律关系，存在多个责任主体。如案例 4-18，韦某与李某 1 之间是承揽关系，存在案涉房屋施工建设法律关系；李某 1 与李某 2 之间是雇佣关系、存在提供劳务法律关系，韦某、供电公司等与李某 2 之间存在人身侵权法律关系。根据《中华人民共和国民法典》第一百七十七条、第一千一百七十二条、第一千一百七十三条、第一千一百九十二条等规定，受害人在提供劳务过程中因多个致害原因产生竞合导致其受伤，其损失应当由产生原因力的相关当事人承担，受害人对自身损害的发生存在过错的，可以减轻其他当事人的相应责任。在案例 4-18 中，李某 2 作为一名成年人，应当能够预见其在提供劳务过程工作中可能存在的危险并应尽到高度注意安全义务，避免危害自身结果的发生。但李某 2 在传递钢管的过程中，却因疏忽大意没有预见，未恪尽安全注意义务，导致其自身受到损害，应属重大过失，承担相应的过错责任。根据《中华人民共

和国民法典》第一千二百四十条规定，被侵权人对损害的发生有重大过失的，可以减轻经营者的责任。

四、管理建议

1. 加强线下违章建房危害性的宣传教育

通过电视、微信、公众号等各种途径广泛宣传《中华人民共和国电力法》《电力设施保护条例》等法律法规，宣传电力线路下建房的危险性，有条件的还应经常发放严禁电力线下建房的宣传单，留下高压线下违章建房的举报电话，方便群众相互监督。同时还应主动与当地国土、规划部门加强沟通，有效借助行政的力量减少线下违章建房。

2. 加强线路巡视，及时发现并整改隐患

各级供电企业、电力设施产权人应落实好定期巡线制度，避免巡视工作流于形式、巡查簿册记录缺失或虚假记录等情况，及时发现电力设施保护区的违章建房行为，及时制止、消除安全隐患。对已发现的线下隐患应拍照登记，及时归档并整理。对拒不整改的单位或个人，还应上报安监、电力管理部门，提请相关部门协助解决线下隐患问题。

3. 有效送达隐患整改通知书

供电公司对违章建筑要坚持“零容忍”的态度，对一切违反电力法律法规和电力行业技术标准、规程的违章建筑架设、安装等任何危害电力设施安全的违法违规行为，应及时送达隐患通知书或整改通知书，坚决要求行为人或有关用户予以改正，必要时采取法律手段及时有力、有效地加以制止。对于部分房主拒不签收“限期整改通知书”的情况，可以邀请有关基层组织或者所在单位的代表到场，说明情况，在送达回执上记明拒收的事由和日期，由送达人、见证人签名或者盖章，把通知书留在受送达人住所；也可采取拍照、录像、公证送达等方式，确保有效送达，为后续诉讼举证提供依据。

4. 做好触电事故应急处理

发生触电事故后，供电公司应当立即向当地公安机关和安全管理部门报案，工作人员到达事故现场后，积极配合公安及安全管理部门做好案件现场调查工作，同时开展现场证据收集及保护工作，向知情群众了解事故发生经过，对现场环境拍照留存，书面记录、提取相关人员的证人证言，对收集的证据建立专门档案统一管理。

第五节　供电公司应防范销户不当触电责任风险

一、参考案例

【案例 4-22】 供电公司暂停方式不当，高压触电后供电公司承担 70%责任。

案号：（2019）鄂 30683 民初 777 号、（2019）鄂 606 民终 93979 号

2018 年 12 月 5 日 15 时许，谢某在某高速某段废弃的服务区内触碰配电柜的进线柜下部触电身亡。2015 年 10 月 8 某实业公司向被告某供电公司申请暂停供电，但事发前后服务区内仍然有电。

法院认为：事发时配电柜开关处于开启状态缺乏证据。某供电公司采取了不适当的停电方式致使本应不携带高压电的配电柜上仍然携带高压电，导致谢某触碰高压电死亡。某供电公司承担 70%的侵权损害赔偿责任。二审驳回供电公司的上诉，维持原判。

【案例 4-23】 临时用电合同到期后，供电公司未终止供电，高压触电后供电公司承担 10%责任。

案号：（2020）渝 60116 民初 68206 号

2020 年 1 月 16 日，彭某在一闲置配电房内，触电身亡。供电公司与某公司 2014 年 10 月 31 日签订《临时供用电合同》，该合同载明被告某公司为

临时用电人，合同有效期为二年（自 2014 年 10 月 31 日起至 2016 年 10 月 30 日止）。合同有效期届满，双方未就合同延期达成一致的，合同自动终止，供电人应按规定程序终止对用电人供电。

法院认为：因临时用电合同到期后未终止供电，应承担部分管理者的责任，判决供电公司承担 10%的责任。

【案例 4-24】用户报停销户供电公司未断电，高压触电后供电公司承担 50%责任。

案号：（2023）甘 05 民终 173 号

2021 年 11 月 3 日，林某家发丧时，帮工人秦某用空心铁杆挑举“大纸”，举纸火的铁杆触碰空中高压电线，触电身亡。经查，案涉线路系史某开设瓦厂建设的供电线路，该线路停用多年，但依旧带电。

法院认为，线路位于变压器和断电设施之外，属于供电公司管理范围，供电公司在史某销户后，未采取有效措施，致使该线路长期通电，在线路管理、维护上未尽到职责，判令供电公司承担 50%的责任。

【案例 4-25】用户报停未销户，高压触电发生线路损耗证明供电公司未尽运维责任，供电公司承担 30%责任。

案号：（2023）陕 05 民终 1137 号

2018 年 1 月 1 日，某耐火材料厂与供电公司签订高压用电合同，有效期至 2020 年 12 月 31 日，约定用户承担有功 1%线路损耗电量及变压器月有功 556 千瓦时电能损耗量，耐火厂于 2021 年 2 月 22 日以暂停生产为由提出变更用电申请，请求报停 80 千伏安配电变压器，供电公司同意申请，随后停止配电变压器供电，但高压导线一直未予断电。2022 年 4 月 28 日，田某安装彩钢棚时，爬上高砖墙不慎触电造成双下肢截瘫伴大小便失禁一级伤残。

法院认为，供电公司在人员密集、生产经营场所的架设导线对地距离不足 6.5m 的强制规定。且供用电合同约定用户每月承担 1%线路损耗电量，合同到期后，损耗电量费用无人支付，运维责任缺失，供电公司作为经营者，未对耐火材料厂的材料认真审查，仅停止变压器供电，未对高压专线停电，存在明显人为过错，应当承担50%责任。

二、关键法条

★《中华人民共和国民法典》（自2021年1月1日起施行）

第一千二百四十条 从事高空、高压、地下挖掘活动或者使用高速轨道运输工具造成他人损害的，经营者应当承担侵权责任；但是，能够证明损害是因受害人故意或者不可抗力造成的，不承担责任。被侵权人对损害的发生有重大过失的，可以减轻经营者的责任。

★《供电营业规则》（自2024年6月1日起施行）

第二十四条 有下列情形之一的，为变更用电：

（一）停止部分或全部受电设施用电容量的（简称减容）；

（二）临时更换其他容量变压器的（简称暂换）；

（三）迁移受电设施用电地址的（简称迁址）；

（四）移动电能计量装置安装位置的（简称移表）；

（五）暂时停止全部用电并拆表的（简称暂拆）；

（六）用电地址物权变化引起用电人变更的（简称过户）；

（七）变更用户名称的（简称更名）；

（八）一户分立为两户以上用户的（简称分户）；

（九）两户以上用户合并为一户的（简称并户）；

（十）终止供用电关系的（简称销户）；

（十一）改变供电电压等级的（简称改压）；

（十二）改变电价类别、用电类别等计价计费信息的（简称改类）；

（十三）改变行业分类、交费方式、银行账号、增值税信息、联系人信息等基础档案信息的（简称其他变更）。

用户需办理变更用电业务时，应当到供电企业供电营业场所或通过线上服务渠道办理申请手续，必要时应当办理变更供用电合同。用户之间存在用电纠纷的，应当妥善处理后再行申请办理变更用电业务。

第三十四条　用户销户，应当向供电企业提出申请，供电企业应当按照下列规定办理：

（一）销户应当停止全部用电容量的使用；

（二）供用电双方结清电费；

（三）查验电能计量装置完好性后，拆除接户线和电能计量装置。

办完上述事宜，即完成销户，解除供用电关系。

第四十九条　用户独资、合资或集资建设的供电设施建成后，其运行维护管理按以下规定确定：

（一）属于公用性质或占用公用线路规划走廊的，由供电企业统一管理。供电企业应在交接前，与用户协商，就供电设施运行维护管理达成协议。对统一运行维护管理的公用供电设施，供电企业应保留原所有者在上述协议中确认的容量。

（二）属于用户专用性质，但不在公用变电站内的供电设施，由用户运行维护管理。如用户运行维护管理确有困难，可以委托具有相应资质的企业代为运维管理，并签订协议。

（三）属于用户共用性质的供电设施，由拥有产权的用户共同运行维护管理。如用户共同运行维护管理确有困难，可以委托具有相应资质的企业代为运维管理，并签订协议。

（四）在公用变电站内由用户投资建设的供电设备，如变压器、通信设备、断路器、隔离开关等，由供电企业统一运维经营管理。建成投运前，双方应就运行维护、检修、备品备件等项事宜签订交接协议。

（五）属于临时用电等其他性质的供电设施，原则上由产权所有者运行维护管理，或由双方协商确定，并签订协议。

第五十条　供电设施的运行维护管理范围，按产权归属确定。产权归属不明确的，责任分界点按照下列各项确定：

（一）公用低压线路供电的，以供电接户线用户端最后支持物为分界点，支持物属供电企业。

（二）10（6、20）千伏及以下公用高压线路供电的，以用户厂界外或配电室前的第一断路器或第一支持物为分界点，第一断路器或第一支持物属供电企业。

（三）35千伏及以上公用高压线路供电的，以用户厂界外或用户变电站外第一基电杆为分界点。第一基电杆属供电企业。

（四）采用电缆供电的，本着便于维护管理的原则，分界点由供电企业与用户协商确定。

（五）产权属于用户且由用户运行维护的线路，以公用线路分支杆或专用线路接引的公用变电站外第一基电杆为分界点，专用线路第一基电杆属用户。

在电气上的具体分界点，由供用双方协商确定。

第五十一条 供电企业和用户分工维护管理的供电和受电设备，除另有约定者外，未经管辖单位同意，对方不得操作或更动；如因紧急事故必须操作或更动者，事后应当迅速通知管辖单位。

第五十四条 供电设施产权所有者对在供电设施上发生的事故承担法律责任，但法律法规另有规定的除外。

★《电力设施保护条例》（2011年修订）

第十条 电力线路保护区：

（一）架空电力线路保护区：导线边线向外侧水平延伸并垂直于地面所形成的两平行面内的区域，在一般地区各级电压导线的边线延伸距离如下：

1～10千伏：5米；

35～110千伏：10米；

154～330千伏：15米；

500千伏：20米。

在厂矿、城镇等人口密集地区，架空电力线路保护区的区域可略小于上述规定。但各级电压导线边线延伸的距离，不应小于导线边线在最大计算弧垂及最大计算风偏后的水平距离和风偏后距建筑物的安全距离之和；

（二）电力电缆线路保护区：地下电缆为电缆线路地面标桩两侧各 0.75 米所形成的两平行线内的区域；海底电缆一般为线路两侧各 2 海里（港内为两侧各 100 米），江河电缆一般不小于线路两侧各 100 米（中、小河流一般不小于各 50 米）所形成的两平行线内的水域。

第十七条 任何单位或个人必须经县级以上地方电力管理部门批准，并采取安全措施后，方可进行下列作业或活动：

（一）在架空电力线路保护区内进行农田水利基本建设工程及打桩、钻探、开挖等作业；

（二）起重机械的任何部位进入架空电力线路保护区进行施工；

（三）小于导线距穿越物体之间的安全距离，通过架空电力线路保护区；

（四）在电力电缆线路保护区内进行作业。

★《中华人民共和国电力法》(2018 年修正)

第三条第二款 电力事业投资，实行谁投资、谁收益的原则。

第五十四条 任何单位和个人需要在依法划定的电力设施保护区内进行可能危及电力设施安全的作业时，应当经电力管理部门批准并采取安全措施后，方可进行作业。

三、要点简析

1. 合同到期未及时销户，发生触电供电公司担责

签署《临时供用电合同》有履约服务期限，在供用电合同到期后，部分用户可能暂停用电，在日常实际工作中，若《供用电合同》的约定中，未约定在合同续签之前按原合同执行的，存在履约空白期间，空白期间无法对供用电双方进行权责双方，发生触电案件产生争议，法院据此判断供电公司存

在管理失责因而判令供电公司担责，在案例 4-23 中，《临时供用电合同》约定“合同有效期届满，双方未就合同延期达成一致的，合同自动终止，供电人应按规定程序终止对用电人供电”，供电公司因未能及时履行终止义务，在发生触电案件时，要承担未及时销户的管理责任。

2. 暂停未销户导致高压触电，供电公司担责

根据旧版《供电营业规则》第二十四条（新版已删除），公司在办理暂停业务中规定“用户暂停……可申请全部或部分用电容量的暂时停止用电……”，该条款并未明确用户暂停的具体断电位置。在实际断电操作中，针对部分暂停业务，工作人员操作用户出线柜暂停部分变压器进行断电，而针对全停业务，工作人员本着便利原则，高供高计一般由用户对出线柜进行暂停操作，高供低计一般操作变压器上方熔丝具进行暂停，在无相关暂停设备的情况下，才在产权分界点进行断电操作。此种操作存在高压触电权责不明风险，在案例 4-25 中，用户申请了暂停但未进行销户，产生高压触电后，法院通过判断损耗费用的承担人来判断电能产权人，从而判令供电公司承担责任。在日常实际工作中，暂停业务应当慎重办理，施行过程中应当全部断电，根据新版《供电营业规则》，用户暂停相关条款已被取缔，营销部门在用户提出暂停要求时，应当参照新规则标准执行，谨慎办理报停业务。

3. 销户办理应当严谨规范

《供电营业规则》第三十四条规定：“用户销户，应当向供电企业提出申请，供电企业应当按照下列规定办理：（一）销户应当停止全部用电容量的使用；（二）供用电双方结清电费；（三）查验电能计量装置完好性后，拆除接户线和电能计量装置。”供电公司在进行销户操作时，应当特别注意停止全部用电容量的使用，该工作切除触电风险隐患的关键，保证销户用电容量的全停，是避免产生法律风险的关键因素。

4. 供电公司尽量不介入用户之间的个人纠纷

实务中，用户办理更名、过户、销户等业务时，常因用户之间存在纠纷而让基层供电公司无所适从，常见于供用电合同主体与实际用电人不一致的情况。如

租客欠房租房东要求供电公司停电。2024 版《供电营业规则》明确，用户之间存在用电纠纷的，应当妥善处理后再行申请办理变更用电业务。即，供电公司不介入民事纠纷，应当等用户妥善处理纠纷后再办理变更用电业务。这里需要注意的是，如果以“用户之间有纠纷”为由停止办理相关业务，供电公司应以现场录像、当事人签字等方式，事先取得相应证据，证明“用户之间存在纠纷”。

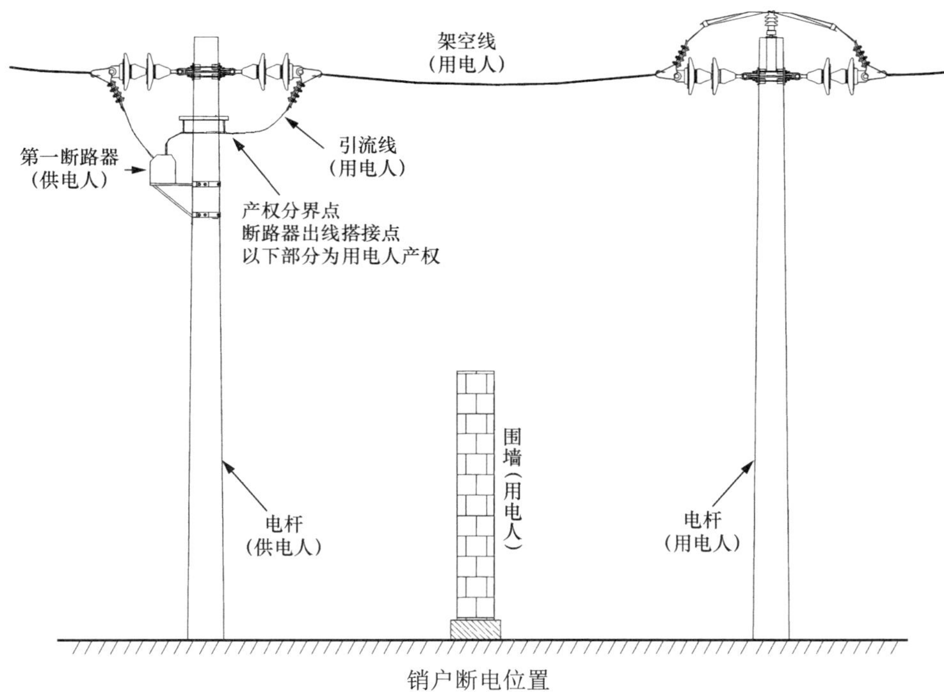

销户断电位置

四、管理建议

1. 销户管理应当审慎严格，及时处理

在用户销户的日常实际工作中，销户施行过程中应当注意用电容量的全部停止，以规避触电案件发生。同时，要及时检查到期的《供用电合同》是否存在合同履约义务中止的情况，对履约义务中止的用户，要及时进行是否销户确认，对不销户的用户及时续签供用电合同，避免产生在合同履约空白

期间，产生触电案件担责的情况。同时，根据新版《供电营业规则》内容，用户暂停相关条款已被取缔，营销部门在用户提出暂停要求时，应当参照新规则标准执行，谨慎办理暂停业务。

首先，窗口人员应当确认销户的有效性和完整性。其次，受理时应特别注意以下事项：询问用户申请意图，向用户提供用电业务办理告知书；接收并审核用户申请资料，已有用户资料或资质证件尚在有效期内，则无需用户再次提供；对资料不齐全的，应通过缺件通知书形式告知用户具体缺件内容；核查用户同一自然人或同一法人主体的其他用电地址的电费交费情况，如有欠费则给予提示；如用户为临时用电销户，按照合同约定确定是否退回临时接电费，确需退还临时接电费的，告知用户销户后办理临时接电费退费手续。

2. 规范销户、减容手续

营销部门在做减容等业务办理的，应当按照减容后的容量重新签署供用电合同，永久性减少全部用电容量的，要按照销户流程办理。严格停电程序，保证手续的完备性与合规性。在销户过程中，业务存在纠纷或现场拆表受阻的，应当及时终止销户流程，留存遇阻证据，提出办妥相关事宜后要求用户重新申请，并经由用户签字确认。销户告知书应当列明“如我公司在销户过程中，业务存在纠纷或现场拆表受阻的，我公司将终止您的销户流程，待您办妥相关事宜后重新申请。”

第六节　用户内部触电家保未跳供电公司不担责

一、参考案例

【案例 4-26】 低压非居用户未安装剩余电流动作保护器，发生触电事故供电公司不承担责任。

案号：（2023）豫 06 民终 1 号、（2023）豫民申 10954 号

2020 年 7 月 28 日 10 时许，孙某在某通信线杆的钢制斜拉线处，接

触到带电的斜拉线后发生触电事故死亡。法院认定，马某出资架设的供电线路未能与他人已存在的钢丝保持安全距离，事故发生点位于供电线路的电能表之后，马某作为供电线路的架设人、管理人、使用人，依法应承担赔偿责任，判决马某赔偿赵某等经济损失 263618.75 元。马某认为，供电公司未安装剩余电流动作保护器违规架设线路、对新设线路未经检验合格通电、不履行巡查义务，存在重大过错，应当承担赔偿责任，请求依法再审。

法院认为，根据《农村电网剩余电流动作保护器安装运行规程》户保和末级保护属于用户资产，应由用户出资安装并承担维护、管理责任。某供电公司与马某《低压非居民供用电合同》第五条约定，用电人产权范围内应安装符合国家标准的防触电、漏电的剩余电流保护开关、线路和用电设备。因此，某供电公司对于马某产权范围内的线路、防触电、漏电的剩余电流保护开关及用电设备等不具有架设及安装义务。裁定驳回马某的再审申请。

【案例 4-27】农灌用户安装剩余电流动作保护器，发生触电事故供电公司不承担责任。

案号：（2023）鲁 02 民终 383 号

2019 年 4 月 20 日，原告方某在网上向被告供电公司申请供电，供电电压为 380 伏，线路自某杆上电表箱出线，直接接至原告家承包地用于灌溉使用，杆上电能表以上产权归属于被告供电公司，电能表以下线路产权归属于方某家。2022 年 5 月 19 日 16 时许，方某在自家承包地内准备浇地，在给抽水泵接线时遭电击死亡。

经查，杆上电能表处及电能表以下线路处没有安装剩余电流动作保护器。

法院认为，根据《农村电网剩余电流动作保护器安装运行规程》，末级保护安装于用户受电端，其保护范围是防止用户内部绝缘破坏、发生人身间接接触触电等剩余电流所造成的事故，对直接触电，仅作为基本保护措施的附加保护。具体到本案，方某在自家承包地内给抽水泵接电线时遭电击身亡，系内部绝缘破坏、发生人身间接接触触电等剩余电流所造成的事故，该事故不属于低压电网剩余电流动作保护器总保护和中级保护的保护范围。因此，上诉人主张，涉案事故发生时，剩余电流动作保护器总保护和中级保护未起到保护作用，供电公司应承担赔偿责任无法律依据，法院不予支持。

【案例 4-28】 户内安装空调触电，供电企业不承担责任

案号：（2016）鲁 0404 民初 1539 号

2016 年 7 月 24 日 15 时许，原告亲属张某在其家中给空调接电时，不慎触电死亡。原告认为由于供电公司未在原告电表箱内安装剩余电流动作保护器，致使原告亲属张某触电死亡，应承担赔偿责任。法院认为：根据《农村安全用电规程》和《供电营业规则》规定，原告院内线路及用电设备属原告所有，应对其院内线路、用电设备负有维护管理的义务。因此原告以被告未安装剩余电流动作保护设施，未能断电，致使原告的亲属触电死亡等为由，要求被告对其亲属张某的死亡承担赔偿责任，没有事实和法律依据，法院不予支持。

【案例 4-29】 表箱装在树上且未安装剩余电流动作保护器，发生触电供电公司承担 10%责任。

案号：（2020）苏 13 民终 1639 号

原告家电表箱安装在原告家东侧树上，未安装剩余电流动作保护器。胡某在违规带电操作过程中，未采取任何保护措施，手持电线直接连接带电插座导致直接接触触电身亡。

法院认为，电表箱安装在树上且出线凌乱不堪，供电公司履职不当、熟视无睹；直至事故发生胡某家仍未安装剩余电流动作保护器，供电公司未尽到巡视检查义务，未能确保剩余电流动作保护器的安装及正常运作，在漏电情况发生时未能启动有效保护；忽视用电设施的安全管理，未能确保电源线及插座、开关的安全可靠；对于从电表箱处私拉乱接电线的行为未能及时处理、暂停供电，造成较大的用电安全隐患。供电公司对于胡某的死亡存在一定的过错，应承担相应的赔偿责任，酌定供电公司承担10%的责任。

二、关键法条

★《供电营业规则》（自2024年6月1日起施行）

第五十四条 供电设施产权所有者对在供电设施上发生的事故承担法律责任，但法律法规另有规定的除外。

★《剩余电流动作保护装置安装和运行》（GB/T 13955—2017）

RCD[1]投入运行后，运维管理者应对剩余电流动作保护器建立相应的管理制度，并建立动作记录。

RCD投入运行后，应定期操作试验按钮，检查其动作特性是否正常。雷击活动期和用电高峰期应增加试验次数。

RCD动作后，经检查未发现动作原因时，允许试送电一次，如果再次动作，应查明原因找出故障，不得连续强行送电。必要时对其进行动作特性试验，经检查确认RCD本身发生故障时，应在最短时间内予以更换。严禁退出运行、私自撤除或强行送电。

★《农村低压电力技术规程》（DL/T 499—2001）

5.1.1 剩余电流总保护和中级保护的范围是及时切除低压电网主干线路和分支线路上断线接地等产生较大剩余电流的故障。剩余电流末级保护装于用户受电端，其保护的范围是防止用户内部绝缘破坏、发生人身间接接触触电等剩余电流所造成的事故，对直接接触触电，仅作为基本保护措施的附加保护。

★《农村电网剩余电流动作保护器安装运行规程》（DL/T 736-2021）

3.4 安装在用户进线处的剩余电流动作保护器，亦称家保（三级保护）。

[1] RCD，剩余电流动作保护器

6.3.1 用户应安装户保；户保一般安装在用户进线上。

6.3.2 户保和末端保护属于用户资产，应由用户出资安装、维护和管理。当用户产权分界点以下的户内线路出现剩余电流达到设定动作值时，户保或末端保护应及时切断电源。

★《农村低压安全用电规程》(DL 493—2015)

4.1.2 农村用户应安装剩余电流动作保护电器。未按规定要求安装使用的，供电企业有权依法中止供电。

4.2.2 用户应安装合格的户用和末级剩余电流动作保护电器，不得擅自解除、退出运行。

三、要点简析

用户内部低压触电，一般由220/380伏电压引起，属于“低压”范畴，因此不适用《中华人民共和国民法典》第一千二百四十条的无过错归责原则，而应根据供用电双方的过错，判定各自应承担的责任。

1. 末级剩余电流保护器安装、维护均为电力使用者的责任

户保的作用是：当用户产权分界点以下的户内线路出现剩余电流达到设定动作值时，户保或末端保护应及时切断电源。根据《农村电网剩余电流动作保护器安装运行规程》（DL/T 736—2021）6.3 的规定，用户应安装户保，户保和末端保护属于用户资产，应由用户出资安装、维护和管理。

供电公司和用户签订的《居民供用电合同》一般都明确约定剩余电流动作保护器属用电方所有。但农村用户常以不知规程规定、合同约定等为由，推卸安装三级剩余电流保护器的义务。从目前收集的几个参考案例看，各地法院对未安装末级剩余电流动作保护器或保护器不动作致触电事故的判决结果不完全一致，大部分法院认为末级剩余电流动作保护器的安装责任在用户，供电企业不承担责任，但也有个别案例以检查、监管不到位为由要求供

电企业承担 10%左右的责任。

2. 供电企业的“总保”和“中保”不一定能保命

根据《农村低压电力技术规程》（DL/T 499—2001）5.1.1 规定，剩余电流总保护和中级保护的范围是及时切除低压电网主干线路和分支线路上断线接地等产生较大剩余电流的故障。剩余电流末级保护装于用户受电端，其保护的范围是防止用户内部绝缘破坏、发生人身间接接触触电等剩余电流所造成的事故，对直接接触触电，仅作为基本保护措施的附加保护。

根据《农村低压电力技术规程》（DL/T 499—2001）、《农村电网剩余电流动作保护器安装运行规程》（DL/T 736—2021）等，用户内部绝缘破坏、发生人身间接接触、潮湿环境的直接触电，由剩余电流末端保护负责，即末端剩余电流保护器才是俗称的“家保”“户保”，才能有效防范用户内部触电事故。而总保、中级保护的职责主要是保护供电设施的安全运行，对户内剩余电流较小的触电，则不在动作保护范围。如果总保、中级保护的动作电流过小，也会引起更大范围的频繁停电，影响供电可靠性。受害人以总保未跳要求供电企业赔偿的，可以据此抗辩。

3. 供电企业有安全用电保障义务

案例 4-29 中，法院以供电人疏于检查为由判定供电企业承担 10%的责任。在安装不规范存在安全隐患的产权线路上，供电企业如未能尽到安全检查、谨慎注意义务，存在电力运行失职行为，法院可能会酌情认定供电企业承担 10%的责任。

四、管理建议

1. 加强农村地区户保安装的宣传，争取政策支持

“户保”指安装在用户进线处的剩余电流保护器，亦称“家保”（三级保护），作为保障用户设备及人身用电安全的重要装置，装设在表计出线侧，属于用户产权设备，应由用户出资安装和运行维护，供电企业履行技术指导

和提醒的职责。

供电企业在工作中要加强与政府相关主管部门、乡镇、村一级组织的沟通，阐述户保对保障农村家用电安全的重要意义，争取让政府部门出台相关支持户保普及安装的文件，最好能够落实一定的资金来源。同时通过安全课堂进农村、发放用电宣传单、播放新媒体视频等形式，让用户明白自身应履行的义务，同时认识到规范装设户保的意义，促进其主动采购安装。

2. 规范供电企业的安装、购买等行为

由于户保属于用户产权设备，其购买、安装应属于用户行为，户主应承担相应的行为责任。根据《农村安全用电规程（已废止）》第 4.1 条规定，电力管理部门负有农村用电的监督管理的职责，也应对用户采购户保设备是否合格、安装是否规范、有无正常投运提出建议。对用户擅自将户保退出运行，导致总保、中保跳闸的，要明确用户责任，监督其查清内部线路问题，消除故障后将户保恢复运行。同时，供电企业也应进一步完善合同相应条款，按供电设施产权归属确定各自应承担的法律责任，并书面告知农村低压用户总保、中保、户保的工作原理、保护范围及产权主体，争取用户的理解和支持。

3. 供电企业应从技术、设备上避免职责不清

实际操作中，末级剩余电流保护器一般安装于表箱内。表箱属于供电企业资产，主观上容易让用户认为漏保属于电网资产。此外，在开展表箱锈蚀破损更换、配合“新农村”建设对表箱作集中升级改造、“集抄集收”安装采集器更换用户表箱等工作时，由于表箱内一般自带漏保，供电企业则成为末级漏保的实际产权人，埋下了承担法律责任的隐患。且供电企业提供的表箱上没有明确的产权分界点提示，不能有效区分与用户的维护区域分界，造成用户自行短接、跨越漏保的情况时有发生，一旦发生触电事故，很难区分责任。上述情况随着供电企业的管理不断规范，已逐步消除，但仍存在个别遗留问题，需要供电企业加强研究，从技术手段、设备改造上，切实规范供用电双方关于末级漏保的安装、运行维护责任。

第五章　电力设施的运行维护责任专题

第一节　非直供用户一户一表改造责任各方分担

一、参考案例

【案例 5-1】　正式送电应完成临时用电改造，解决小区电力配套不足。

案号：（2021）鄂 11 民终 310 号

2011 年 10 月，湖北某置业公司和湖北某供电公司签署《新建住宅供电配套工程合同》，约定工程竣工验收合格，且甲方交清所有费用并完成相关用电手续后，乙方按时完成送电，并实行一户一表"四到户"管理，后甲方未支付货款，经政府协调供电公司与黄某公司签订付款协议，约定由黄某公司代替某置业公司分期付款，第一期货款付清后，供电公司应在三天内完成该住宅小区所有居民楼栋的正式送电，并实施"一户一表"直抄到户，后双方发生争议，诉至法院。

法院认为本案争议焦点在于原被告双方对于"正式送电"的理解歧义，根据政府协商《会议纪要》，原告与被告双方在政府协调下所签订《付款协议》旨在解决某小区电力配套不足，临时用电存在隐患问题，故协议所列供电公司"所有居民楼栋正式送电"之义务，应包含完成该小区所有居民的临时用电改造，将临时用电转为正式用电后，方属义务履行完毕，故判决支持原告诉讼请求。

【案例 5-2】 开发商应依约为商品房安装一户一表而非分表。

案号：（2020）渝 01 民终 1749 号、（2020）渝民申 2547 号

2014 年 12 月 28 日，赵某 1 和赵某 2 与新某公司签订了《重庆市商品房买卖合同》，乙方向甲方购买了某商品用房。合同的附件三中指出，电力设施应实现“进户，设置户内箱，单户单表计量”。后因新某公司为赵某 1、赵某 2 购买商铺安装电能表的电能表系总表下分表而发生纠纷，诉至法院。

一审法院认为本案争议焦点在于对合同附件三中“电：进户，设置户内箱，单户单表计量”的解释产生争议。一审法院认为根据格式条款解释规则，此处的“单户单表计量”应理解为新明公司应为赵某 1、赵某 2 安装可直接向供电公司缴费的一户一表，因此支持了原告的诉讼请求。

二审法院判决驳回上诉，维持原判。

【案例 5-3】 居委会先行垫付改造资金，法院判决业主分担改造费用。

案号：（2022）豫 1503 民初 5069 号

某辖区居民拆迁后，统一安置在东某社区，2013 年小区基本建成后，因用电问题一直无法解决，原拆迁户多次上访，为了先解决拆迁户的用电问题，原告东某社区居委会与某电力工程公司签订合同一份，约定由该电力工程公司负责该社区一户一表改造，工程总款 4200000 元，该款项由居委会先行垫付，后居委会多次要求住户平摊改造费用未果，诉至法院，经法院调解，平均每户应分担 6206.7 元。后居委会索要该款项仍未果，再次诉至法院。

法院认为，原告东某社区居委会作为基层群众性自治组织无义务为东某湖小区居民垫付一户一表改造工程款，原告基于他人利益为他人垫付工程款的行为属无因管理，被告应当返还原告为其垫付的工程款，本案小区用电设施设备系小区全体业主共同共有，故每个使用本案用电设施设备的新装用电住户自其同意使用该用电设施设备时起，即有义务承担其应分摊的费用。故法院判决本案被告（部分住户）支付工程款 6206.27 元。

【案例 5-4】 法院因一户一表改造非法定义务驳回居委会诉求。

案号：（2019）豫 03 民终 751 号

2016 年 1 月 1 日，双某物业与中某房产签订协议，载明将某小区交由双某物业进行物业管理，另约定中某房产作为产权人也应积极向电业局申请办理“一户一表”移交手续。管理后，双某物业接管后以每度电 0.5 元单价承包，及时向中某地产支付电费，而后另行向小区居民收费。2016 年 9 月起，中某房产不再为该小区补贴电价，造成其向当地供电公司缴纳电费时出现未足额缴纳情况，致使该小区供电受到影响，该小区业委会遂诉至法院，要求中某房产与双某物业补缴电费并完成一户一表改造。

一审法院认为“一户一表”改造工程是一项惠民工程，某小区现属于居民合表用电，中某地产作为小区现有供电设施的产权人，应当尊重某小区业主意愿，双方积极沟通，共同筹措解决资金，协商推进改造工程。但“一户一表”改造本身并非法律规定的强制性义务，而双方也没有对此签订相应的合同或约定。因此，该小区业委会现要求中房地产强制进行“一户一表”改造，无相应事实与法律依据，不予支持。

二审驳回上诉，维持原判。

【案例 5-5】 原告要求分户，法院因转供电属正常供电方式驳回其诉讼请求。

案号：（2023）宁 0104 民初 6180 号

原告李某诉称其购买的某营业房因转供电电价昂贵，多次向被告某供电公司提出申请要求分户未果，故提起诉讼要求判决被告供电公司为涉案房产进行一户一表分户改造。

法院认为被告某供电公司对包括涉案房屋在内的商业楼统一供电，涉案房屋可以正常用电，虽然并非供电公司直接供电，但该种供电方式的形成有其历史原因，并不违反法律规定，在此情况下，原告申请供电公司另行独立为其提供用电服务，供电公司派员现场勘验后认为涉案房屋能够正常用电，不符合“安全、可靠、经济、合理和便于管理”的原则。至于原告庭审中所述电价存在加价问题，即便确实存在，其也可以通过其他合法途径予以解决，并不能成为其要求被告直接供电的合理理由，故判决驳回原告诉讼请求。

【案例 5-6】 违规一户一表改造发生事故，当事人被判重大责任事故罪。

案号：（2015）金刑初字第 923 号

2001 年 2 月被告邢某负责某小区一户一表改造工程，过程中违反国家《低压配电设计规范》及《住宅设计规范》规定，使用截面积 4 平方毫米电线、总电源进线未设电流动作保护和过负荷保护，从而导致 2015 年 6 月 25 日该小区电表箱发生短路时不能及时切断电源，导致火灾发生，致 15 死 2 伤的事故发生。

法院认为：被告人邢某在施工作业过程中违反有关安全管理的规定，因而发生重大伤亡事故，其行为已构成重大责任事故罪，判处有期徒刑 5 年。

【案例 5-7】 一户一表改造验收未到位，农电所所长被判滥用职权罪。

案号：（2016）豫 0105 刑初 54 号

2015 年 6 月 25 日，某市某居民楼发生火灾，造成 15 人死亡、2 人受伤，经查该小区 2001 年完成一户一表用电改造，2002 年，某供电局受理该小区一户一表用电申请，经验收合格后装表送电。且该小区进行一户一表改造对原有的每幢住宅楼总电源进线空气开关废弃不用，新改造工程没有按规定装设短路保护和过负荷保护，电气线路发生单相接地短路时不能有效切断电源；用户接线箱内布线混乱，导线绞接现象普遍，部分接线端子采用热熔塑料制品。

法院认为，被告人赵某履职不到位没有按照一户一表工程管理规范进行接火送电管理和验收，擅自决定该项目通过验收，因而发生重大伤亡事故，其行为已构成滥用职权罪。

二、关键法条

★《中华人民共和国民法典》（自 2021 年 1 月 1 日起施行）

第六百四十八条　供用电合同是供电人向用电人供电，用电人支付电费的合同。向社会公众供电的供电人，不得拒绝用电人合理的订立合同要求。

★《中华人民共和国电力法》（2018 年修正）

第二十六条　供电营业区内的供电营业机构，对本营业区内的用户有按照国家规定供电的义务；不得违反国家规定对其营业区内申请用电的单位和个人拒绝供电。

申请新装用电、临时用电、增加用电容量、变更用电和终止用电，应当依照规定的程序办理手续。

供电企业应当在其营业场所公告用电的程序、制度和收费标准，并提供用户须知资料。

第三十三条　供电企业应当按照国家核准的电价和用电计量装置的记录，向用户计收电费。

供电企业查电人员和抄表收费人员进入用户，进行用电安全检查或者抄表收费时，应当出示有关证件。

用户应当按照国家核准的电价和用电计量装置的记录，按时交纳电费；对供电企业查电人员和抄表收费人员依法履行职责，应当提供方便。

★《浙江省电力条例》（自 2023 年 1 月 1 日起施行）

第四十四条　供电企业应当对供电营业区内的各类用户提供电力普遍服务，保障基本供电。县级以上人民政府对供电企业履行普遍服务义务可以按照规定予以相应补偿。

★《江苏省电力条例》（自 2020 年 5 月 1 日起施行）

第四十四条　供电企业应当履行普遍服务义务，无歧视地向市场主体及其用户提供报装、计量、抄表、维修、收费、结算等各类供电服务，并按照国家有关规定和合同约定履行保底供电服务。

★《河北省电力条例》（自 2014 年 8 月 1 日起施行）

第三十七条 供电企业应当履行普遍服务义务，接受社会监督，提高供电服务水平，保障电力用户能够按照国家规定的质量和价格获得供电服务。

电力用户享有优质用电、明白消费的权利，履行安全用电、缴纳电费、维护用电秩序的义务。

★《供电营业规则》（自 2024 年 6 月 1 日起施行）

第十三条 新建居住区供电方式应当符合国家相关政策要求及技术标准。

新建居住区居民住宅供电设施应当按照一户一表标准进行建设。

新建居住区的固定车位应当按照规定建设充电基础设施或预留安装条件，满足直接装表接电要求。居民自用充电桩用电按照国家相关政策要求及技术标准配置。

第十四条 对基建工地、农田水利、市政建设等非永久性用电，可以供给临时电源。临时用电期限一般不得超过三年，如需办理延期的，应当在到期前向供电企业提出申请；逾期不办理延期或永久性正式用电手续的，供电企业应当终止供电。

使用临时电源的用户不得向外转供电，不得私自改变用电类别，供电企业不受理除更名、过户、销户、变更交费方式及联系人信息以外的变更业务。临时用电不得作为正式用电使用，如需改为正式用电，应当按照新装用电办理。

因突发事件需要紧急供电时，供电企业应当迅速组织力量，架设临时电源供电。架设临时电源所需的工程费用和应付的电费，由地方人民政府有关部门负责拨付。

第十七条 非电网供电主体对具备表计条件的终端用户，应当按照政府规定的电价政策执行，不得在终端用户的电费中加收物业公共部位、共用设施和配套设施的运行维护费等费用。

本条所指非电网供电，是指在公用供电设施已到达的地区，非电网供电主体将用电地址内配用电设施向供电企业申请整体报装并建立供用电关系，再由其通过内部配电设施向内部终端用户供电的情形。

第四十七条　用户受电工程施工、试验完工后，应当向供电企业提出竣工检验申请，并提供工程竣工报告。报告应当包括：

（一）施工、试验单位资质证明材料；

（二）工程竣工图及说明；

（三）电气试验及保护整定调试记录；

（四）安全用具的试验报告；

（五）隐蔽工程的施工及试验记录；

（六）运行管理的有关规定和制度；

（七）值班人员名单及资格；

（八）供电企业认为必要的其他资料或记录。

供电企业接到用户的受电装置竣工报告及检验申请后，应当及时组织审核竣工资料，对投运后可能影响公共电网安全运行的涉网设备进行检验。对检验不合格的，供电企业应当一次性向用户提出书面意见。用户应当按照书面意见予以整改，直至合格。单次检验时间不超过三个工作日。检验合格后，供电企业应当与用户协商确定装表接电时间，装表接电时间不超过三个工作日。

第七十八条　城镇居民用电一般应当实行一户一表。因特殊原因不能实行一户一表计费时，供电企业可以根据其容量按照公安门牌或楼门单元、楼层安装共用的计费电能表，居民用户不得拒绝合用。共用计费电能表内的各用户，可以自行装设分户电能表，自行分算电费，供电企业在技术上予以指导。

★《国家发展改革委办公厅关于清理规范电网和转供电环节收费有关事项的通知》（发改办价格〔2018〕787号）

转供电是指电网企业无法直接供电到终端用户，需由其他主体转供的行为。目前，一些地方的商业综合体、产业园区、物业、写字楼等转供电环节存在不合理加价现象，国家多次降低一般工商业电价的措施未能得到有效传递和落实，必须采取有力措施清理规范，确保降价成果真正惠及终端用户。

对于具备改造为一户一表条件的电力用户，电网企业要主动服务，尽快实现直接供电，并按照目录销售电价结算。不具备直接供电条件，继续实行转供电的，转供电主体要将今年以来的降价政策措施全部传导到终端用户。省级价格主管部门要会同电网企业采取有效措施，清理规范转供电环节加收的其他费用，纠正转供电主体的违规加价、不执行国家电价政策的行为。

★国家电力公司关于颁发《城镇居民一户一表改造的若干规定》的通知（国电安运〔1998〕669号）

为贯彻落实党中央，国务院关于加快城乡电网改造的重大决策，开拓市场，改善服务，满足国民经济发展和人民生活质量提高对电力的需求，根据国务院领导的指示，国家电力公司决定在城市电网改造的同时，对城镇居民住宅供配电系统实施一户一表改造，鼓励城镇居民提高用电水平。

三、要点简析

（一）供用电合同具有普遍服务与强制缔约性质

1. 供用电合同具有普遍服务性质

电力不仅是现代化社会重要的基础产业，也是公共事业领域，具有普遍服务的性质。村村通电、户户通电是电网的社会责任。《中华人民共和国民法典》第六百四十八条规定：向社会公众供电的供电人，不得拒绝用电人合理的订立合同要求。《中华人民共和国电力法》第二十六条规定“供电营业区内的供电营业机构，对本营业区内的用户有按照国家规定供电的义务；不得违反国家规定对其营业区内申请用电的单位和个人拒绝供电。”《浙江省电力条例》第四十四条规定“供电企业应当对供电营业区内的各类用户提供电力普遍服务，保障基本供电。”《江苏省电力条例》《河北省电力条例》也都明确规定了供电企业应当履行普遍服务义务。上述条款为供电主体设定了“强制缔约”义务，明确了电网公司及其他配售电主体作为供电人，应依法保障用电人的用电权利。用户要求供电公司一户一表直抄到户、直供到户有法律及法理支持。

然而，《中华人民共和国民法典》第六百四十八条第二款强调供电人不得拒绝“合理的”订立合同要求。可见，若用电人的要求不合理，供电人可以以此为抗辩，拒绝用电人的订约请求。用电人的要求是否合理，应当结合法律法规的目的与客观事实予以综合考量，因此供电虽然具有强制性质，但一户一表改造并非供电公司的强制义务，应结合用户具体情况加以考量。

（二）非直供用户形成原因

虽然要求一户一表供电是居民的合理诉求，但鉴于历史原因和现实条件，目前全国范围内仍然有大量的非直供电小区存在，其形成原因如下：

1. 非直供电工商业用户形成原因

1998 年 8 月，国家电力公司发布《城镇居民一户一表改造的若干规定》（国电安运〔1998〕669 号）决定在城市电网改造的同时，对城镇居民住宅供配电系统实施一户一表改造，鼓励城镇居民提高用电水平。该文件并未将一般工商业用户纳入“一户一表”的改造范围。此后，国家也未出台专门针对一般工商业用户“一户一表”改造的政策。因此，由于供配电设施投资建设界面划分的历史原因，商品交易市场、商业综合体、商业办公用房、产业园区等范围内实际用电的终端工商业用户并未实现“一户一表”，而是由各类综合体作为总表用户向终端工商业用户转供电。各工商业用户不具有配电设施产权，不能向供电企业申请直供到户，供电公司也无法越过产权主体直接向终端用户收取电费。

2. 非直供居民用户形成原因

在一些老旧小区、回迁小区，居民住宅配电设施建设多由房地产开发商投资建设，产权归开发建设单位或全体业主，而非供电企业。供电公司只能在小区配电室内装总表计量，居民和网点房用电由小区配电室低压侧供出。供电公司抄总表，总表资产归供电公司。物业管理公司抄居民和网点的分表，分表资产归住户，由物业公司根据总表电费数收取各家各户的居民电费，汇总后交给供电公司。另外一些房开公司跑路或者破产的小区，建设时使用临时用电，建设完成后未申请临时用电转正。按《供电营业规则》转正需按新装办理，但却没有责任方出资进行相关改造，长时间存续形成非直供小区。

（三）施工用电和正式用电的差别与电价差距

施工临时用电是小区在施工建设阶段申请的临时电源，只能满足施工建设，不能满足居民入住后的生活用电。且临时用电存在变压器容量小、供电线径细、配套老化严重、维护不及时等问题。通常而言非直供电小区执行合用表电价，而不是居民阶梯电价，非直供小区用电居民无法享受电价优惠，一些转供电主体甚至会将配电设施投入、日常维护费用、公共设施电费、损耗电费和转供电主体自用电费等配电成本变相分摊至终端用户，所产生的费用自然也就远高于正常直供电用户电费。根据全国判例，列举转供电电价电费与普通电费的差别，详见表5-1。

表5-1　　转供电电价电费与普通电费的差别判例

法院主要裁判理由	案号	争议收费价格	法院支持价格
物业公司自身承担电费加上向终端用户收取的电费未超过向电网企业缴纳电费	上海市第二中级人民法院（2020）沪02民终9134号 注：电费单价体现在一审判决（2020）沪0113民初14611号中	用户认为本市商业用电价格谷时为0.4元/千瓦时左右，峰时为每度0.8元/千瓦时左右；物业公司电费按照谷时0.75元/千瓦时，峰时1.22元/千瓦时收取	电费按照谷时0.75元/千瓦时，峰时1.22元/千瓦时收取
法院认可电力损耗由终端用户分摊	上海市第二中级人民法院（2022）沪02民终4994号	物业公司按照0.88元/千瓦时收取电费，同时期，其向供电公司按0.576～0.676元/千瓦时支付电费	酌情确定，2021年1～5月期间电费为0.78元/千瓦时

续表

法院主要裁判理由	案号	争议收费价格	法院支持价格
法院认可电费可加收线路损耗、公共设施或公共区域产生的公摊电费、用电设备维修费、配电设施运维费等	浙江省绍兴市柯桥区人民法院（2021）浙0603民初7303号	用户认为自2016年6月1日起，浙江省电网销售电价已下调8次，从0.8829元/千瓦时下降到0.6964元/千瓦时，疫情期间享受95%结算价；物业公司按1.05元/千瓦时收取电费	按1.05元/千瓦时收取电费（支持损耗以及公共设施产生的公摊电费）
	广东省广州市荔湾区人民法院（2020）粤0103民初8670号	粤发改价格〔2018〕390号文件规定：自2018年7月1日起至2019年6月30日，广州市一般工商业电度电价标准为：不满1千伏为0.7456元/千瓦时。 粤发改价格〔2019〕191号文件规定：自2019年7月1日起至今，广州市一般工商业电度电价标准为：不满1千伏为0.6725元/千瓦时。 在2018年7月至2020年2月的租赁期间，物业公司按1.24元/千瓦时收取电费	按1.24元/千瓦时收取电费（支持公共区域电量的分摊、电损、用电设备维修等实际的费用）
	四川省广元市中级人民法院（2021）川08民终1232号	用户认为应按电网企业和价格部门规定的该案涉的供区电价收费标准（0.5364元/千瓦时）；物业公司按照1.08元/千瓦时收取电费	按照1.08元/千瓦时收取电费（支持公共区域电量的分摊、电损、用电设备维修等实际的费用）

综上，从“转供电”模式看，由于线损以及公共用电等额外费用的产生，物业公司必然会加价收取电费。结合全国各地相关规定以及司法判例分析，合理“加价”收取的电费有规定及判例支持。这不利于进一步优化营商环境，切实减轻用电户负担，确保电价优惠政策真正惠及终端用户。

（四）目前非直供用户解决用电问题的主要困难和矛盾

1. 缺乏解决依据

目前尚未有强制性法规对涉及到一户一表改造责任分担以及非直供电用户用电问题进行进一步明确规范。《城镇居民一户一表改造的若干规定》（国电安运〔1998〕669 号）中对改造的原则、步骤、资金等进行了初步规定。但鉴于其行业规则的属性，只在相关行业内具有直接的法律效力，在涉及一户一表改造中电网企业、房开及物业公司、用电居民三方时不具有直接的法律效力。在解决相关问题时，不能作为直接的法律依据。且一些居民用户内部存在产权争议、改造意愿不一等问题，均缺乏有效的解决依据。

2. 缺乏改造资金

按照《城镇居民一户一表改造的若干规定》（国电安运〔1998〕669 号），一户一表改造的资金按照工程改造所涉及的现有供配电设施产权归属的原则确定，即现有产权归属于谁，谁就负担该设施的改造费用。按照《供电营业规则》的规定，改造费用应由主张改造者承担。对于大部分终端用户来讲，其不愿意支付大额的改造费用。同样，在一样老旧小区或者无房开小区，房屋建设完成后房开公司便一走了之或房开公司破产后，将相关用电配套设施移交给物业公司进行管理，这两方同样不愿或无力承担相应配套资金，导致一户一表改造进度缓慢。

在《城镇居民一户一表改造的若干规定》（国电安运〔1998〕669 号）讨论稿中，原规定了“三点”原则：电力企业出一点，政府财政补一点，住户或者住宅产权所有单位掏一点。然而这个办法太原则，难以操作。首先应当明确资金方的确定应以产权归属的认定为前提。住宅内配线的改造应当由住户或者产权单位出资，这是毫无疑问的。但是电表以前的设备改造由谁出资尚无准确认定方式，出资方的问题还需要相关文件进一步确定。

3. 缺乏牵头单位

《城镇居民一户一表改造的若干规定》（国电安运〔1998〕669 号）中仅载明电网企业应当抓住时机，利用 2～3 年时间完成一户一表改造，然而并未规定其余的改造责任主体。政府也并未出台相关的具有强制性的规定明确改造主体。一户一表改造涉及到住户、房开公司、物业公司、供电公司以及地方政府等多个主体。如果没有明确的法律法规依据，则容易造成多个部门之间相互推诿，责任主体落实不到实处。虽然发展改革委出台的相关治理转供电及推进一户一表改造的文件中要求供电公司要加强社会责任感，主动推动一户一表改造，但资金和资产移交方面仍存在问题，供电公司无力真正发挥牵头作用。

（五）解决居民非直供的政策

国家电力公司《城镇一户一表改造的若干规定》（国电安运〔1998〕669号）对一户一表工程改造的目标、原则、范围、步骤、资金以及设计等都进行了初步规定。虽然该文件中规定的内容与现在的工作实际情况可能存在出入，但其中规定的原则性的、方向性的内容仍然可作为当今进行一户一表改造工作的参考。

结合当前涉一户一表改造的法院裁判相关案例，以目前的相关案例为准，法院的裁判主要存在三种情况：

一是当合同中约定了开发商为用户安装一户一表而实际上安装的是分表时，法院通常会以格式条款的解释规则做出不利于提供合同格式条款的一方也即房开公司不利的解释。法院会认为“一户一表”指电力企业供电到户、装表到户、收费到户、服务到户的直供电模式，从而判决房开公司为用户进行一电一表直供电改造，并由其承担相应的改造费用；

二是如案例 5-1 中，相关工程改造单位与被改造方签订工程改造合同中约定需要完成“正式送电”。当当事人对“正式送电”的含义产生争议时，法院会从合同目的出发进行解释，即“正式送电”应理解为“完成一户一表改造后的直供电模式”；

三是由于“一户一表”为区分于“总分表”的模式。当购房合同中约定的电表安装方式是“总分表”时，如果购房者以其供电方式非直供电而诉至法院要求房开公司完成一户一表改造的。因为“分户表”在概念理解上与“一户一表”不同，也不会产生两种不同的理解，故法院裁判时一般不会支持购房者的诉讼请求。

四、管理建议

1. 多主体协同，源头治理

政企合作，构建协同治理机制。当地供电企业应当与当地市场监管部门、行政单位建立协作机制，通过转供电主体清单，深入摸排、走访非直供电终端用户，分析各直供电小区用户投诉信息、用电情况反映信息等，基本摸清非直供电小区用电情况，为开展有效治理工作奠定基础。同时，当地供电企业应当协同政府，部分非直供电小区可协同房地产开发商或物业，共同落实配套经费。可以参照《城镇居民一户一表改造的若干规定》（国电安运〔1998〕669 号）征求意见稿中“三个一点”的做法，电力企业出一点，政府财政补一点，住户或住宅产权所有单位掏一点建立转型改造基金作为各小区一户一表改造配套经费。同时对于一些拆迁小区或是安置房小区，为避免后期出现配电设施未移交给供电公司，出现物业不作为或房地产开发商跑路的情况发生。建议相关小区在建设期就预留相应的正式用电配套改造费用。同时为避免在建设中未预留电力路径管廊增加后期改造成本与难度的情况，相关建设单位应在建设期间预留正式用电管廊。

2. 在不介入纠纷的同时丰富服务形式

电网企业遇到改造需求并与终端用户接洽时，必须明确告知对方，电网企业无权干涉租户、业主与物业、园区之间的纠纷。当一户一表改造的资金等方面存在争议时，电网企业不实际参与各方纠纷，但一户一表改造作为满足国民经济发展和人民生活质量提高对电力的需求的改造项目，国家电力公司颁发《城镇居民一户一表改造的若干规定》（国电安运〔1998〕669 号）中也载明要有序推进居民住宅一户一表改造。因此，相关供电公司可以在供电营业大厅、95598 服务网站等服务平台公布相关法律法规及临时用电转正式用电办理指南，告知用户办理流程、所需材料及注意事项，方便用户申请，同时也在用户对于改造的出资、责任等方面遇到困难时予以相应的解释。

3. 主动参与改造，履行社会责任

一户一表改造是个难题，却也是个不得不解决的问题。经摸排，社会面上存在大量的非直供电小区，这些小区的供电稳定性问题、电价问题长期存在，如若放任不管，一旦发生问题就会严重影响电网企业的社会声誉与信任度。因此电网企业应当积极履行政治责任与社会责任，主动牵动、主动负责，积极参与相关非直供用户的一户一表改造，主动和政府相关部门、房开公司协商合作。分批次、有步骤的完成相关小区一户一表改造，将改造资金纳入输配电价管理，不断改善居民住宅的供电条件，不断提供供电服务质量。

4. 协同政府，出台相应一户一表改造文件

供用电涉及民生福祉，电费电价更是居民关心之大事，然而转供电加价行为在法院判例中仍获支持。因此，相关供电公司应当积极承担社会责任，协同当地行政管理部门共同出台相关一户一表改造文件。由政府部门牵头，对改造范围、改造步骤、资金筹措、保障措施等内容加以明确。着力解决住宅小区居民用电存在的“电费加价、搭车收费、以电控费”等侵害小区居民合法利益的突出问题，满足居民日益增长的生活用电需求，规范居民用电价格管理。同时解决一户一表改造无牵头单位、无责任主体、无资金来源的问题。

第二节　小区供配电设施运维可移交给供电公司

一、参考案例

【案例 5-8】 已移交小区供配电设施的运行维护责任不宜无限扩大。

案号：（2021）沪 01 民终 4372 号

2018 年 9 月 20 日 19 时 15 分许，上海某小区楼道发生火灾事故，烟熏触发消防喷淋装置，造成陈某屋内损失 9 万余元。《火灾事故认定书》载明起火原因为该楼强电间内东侧电缆桥架内电缆线故障引发火灾。起火点的电力设备系由中某公司负责采购并安装施工。

法院认为，起火点位于涉案房屋的分户计量表前，陈某作为涉案房屋的业主并无检查或维护义务。供电公司作为供电专业单位，应当依法承担分户计量表和分户计量表前管线、设施设备的维修责任和养护责任，但供电专业

单位的维修、养护责任应当严格依法限定在法律法规所明确规定的范围以内，不宜对上述责任范围作无限扩大，现无证据证明供电公司存在应修未修、疏于养护导致涉案房屋存在供电不正常等情形，故供电公司对本次火灾事故的发生及涉案房屋等损失不应承担责任。物业公司未存在疏于消防设施维护和疏于消防通道管理等情形，且事故发生后处置尚属及时，对本次火灾事故的发生及涉案房屋等损失不应承担责任。中某公司作为涉案房屋的开发商，应当确保包括涉案配套电缆线在内的配套设施、设备的安全和正常使用，应当对本次火灾事故及其损失承担损害赔偿责任。

核实：发生火灾的供电设施，产权不归属于供电公司。

【案例 5-9】 未移交小区供配电设施改造不宜提前实施。

案号：（2020）渝民申 1638 号

2019 年 4 月 1 日，黄某向某供电公司提交用电申请书。2019 年 4 月 8 日，某供电公司作出《低压供电客户供电方案答复单》，载明："你户所在的某小区在开发建设时，已按规划要求统一配置专用配电变压器，你户已由某房地产开发有限公司安装的专用配电变压器进行供电。因某地产开发有限公司未将专用配电变压器等供电资产移交供电企业，根据《中华人民共和国物权法》第三十九条的规定，供电企业无权在贵小区的专用配电设施下进行一户一表安装。另外，根据《中华人民共和国物权法》第七十三条和《重庆市人民政府办公厅关于停止执行重庆市新建居民住宅小区供配电设施建设管理办法（试行）的通知》（渝府办发〔2016〕200 号）第四条的规定，你户可与小区业主委员会进行协商，对该小区商业专用配电设施进行一户一表改造并满足移交条件后，整体移交给供电企业，作为公用供电设施由供电企业统一维护管理，届时，我公司可为你户进行一户一表安装。"

法院认为，第一，关于本案双方是否建立供用电合同关系的问题。黄某在二审中举示的《低压供电合同》明确载明该合同经供电方加盖合同专用章、用电人签字即成立，自供电方装表接电之日起生效。但该合同仅有黄某一方的签字，并无某供电公司的盖章，合同尚未成立，故黄某与某供电公司之间并未建立供用电合同关系。

第二，关于某供电公司是否存在拒绝供电行为的问题。本案中，黄某所有的位于某小区的房屋系商业用房，由于该小区的开发商某房地产开发有限公司未将其供配电设施移交给某供电公司，致使某供电公司无法进行一户一表改造；黄某举示的另案的庭审笔录及生效判决书不能证明涉案供配电设施已移交给某供电公司。因此，某供电公司不存在拒绝供电行为，无需向黄某承担赔偿责任。

二、关键法条

★《中华人民共和国民法典》（自2021年1月1日起施行）

第二百七十四条　建筑区划内的其他公共场所、公用设施和物业服务用房，属于业主共有。

★《物业管理条例》（2018年修订）

第五十一条　供水、供电、供气、供热、通信、有线电视等单位，应当依法承担物业管理区域内相关管线和设施设备维修、养护的责任。

前款规定的单位因维修、养护等需要，临时占用、挖掘道路、场地的，应当及时恢复原状。

★《浙江省物业管理条例》（2009年修订）

第四十二条　物业管理区域内依法属于全体业主共有的供水、供电、供气、供热、通信、有线电视等设施设备，经业主大会决定可以移交给相关专业单位，相关专业单位应当接收，并承担维修、更新、养护责任。具体办法由省人民政府制定。

相关专业单位因维修、养护、改建、扩建等需要，临时占用、挖掘道路、场地、绿地及其他共用部位、共用设施设备的，应当预先在物业管理区域内公告，并及时恢复原状，业主应当积极配合。

★《浙江省电力条例》(自2023年1月1日起施行)

第五十五条 物业管理区域内依法属于全体业主共有的供配电设施，经业主大会决定可以移交给供电企业。建设单位与业主签订的新建商品房销售合同中约定共用供配电设施移交给供电企业的，共用供配电设施在竣工验收合格后，由建设单位移交给供电企业。

供配电设施依照前款规定移交给供电企业的，供电企业应当接收，并承担维修、更新、养护责任。供配电设施移交给供电企业前，其维修、更新、养护责任由产权人承担。

三、要点简析

1. 物业管理区域内供配电设施的产权归属

《中华人民共和国民法典》第二百七十四条规定:“建筑区划内的其他公共场所、公用设施和物业服务用房，属于业主共有”。小区共用供配电设施是“公用设施”，为全体业主共有。

根据通常说法，城市配套设施设备分为“大配套”和“小配套”。供配电设施“大配套”即外部供电工程至整个物业管理区域的城市基础设施设备，“小配套”指物业管理区域内铺设的供电设施设备。在房地产开发建设实践中，物业管理区域红线外“大配套”供电设施设备由供电企业投资。物业管理区域内的“小配套”，由房地产开发商投资建设并将其成本计入开发成本，由业主购房时支付该供电等设施设备的价款，因此由全体业主取得所有权。当然，这是一般的、普遍的情况，属于经济适用房的住宅物业或者由业主按照房改政策购买的住宅物业，其“小配套”的产权另当别论。相关内容详见本书第五章第一节。

2. 相关行政法规关于供配电设施维护管理责任的规定

供配电设施的维修养护责任是根据产权归属原则确定的，谁拥有所有权，谁就承担维修养护责任。《物业管理条例》（国务院令第 379 号）第五十一条规定："供水、供电、供气、供热、通信、有线电视等单位，应当依法承担物业管理区域内相关管线和设施设备维修、养护的责任。"该条只是规定相关专业单位"依法"承担维修、养护责任，而不是明确规定由相关专业单位承担责任。《电力供应与使用条例》第十七条第二款规定："共用供电设施的维护管理，由产权单位协商确定，产权单位可自行维护管理，也可以委托供电企业维护管理。"该条规定实质上明确了由产权单位承担维修、养护责任，供电企业至多也是接受产权单位的委托实施维修和养护，所产生的费用当然也须由产权单位承担。据此，在目前的"小配套"投资体制下，业主实际上要承担物业管理区域内供配电设施的维修、养护责任。

但是，全体业主承担产权范围内供配电设施的相关责任，现实中存在诸多问题。一方面，业主没有专业知识，也没有专业的维护力量，无法很好地承担供配电设施的维护责任。另一方面，由业主自行负责供配电设施的维护责任，也未能最有效地利用社会资源。供电企业有专业设施设备、专业技术人员和专业经验等可贵的社会资源。一旦物业管理区域内的供配电设施发生故障、损坏等情形，供电企业可以在最短时间内调动这些资源，以最高效率解决问题。

3. 物业管理区域内供配电设施设备移交给供电企业的必要性

以浙江省为例，《浙江省物业管理条例》第四十三条规定："物业管理区域内依法属于全体业主共有的供水、供电、供气、供热、通信、有线电视等设施设备，经业主大会决定可以移交给相关专业单位，相关专业单位应当接收，并承担维修、更新、养护责任。"

对全体业主而言，将其共有的设施设备移交相关专业单位，可以免除其维修养护责任，特别是这些设施设备在运行一定时间后的更换责任，这对业主较为有利。但为充分体现对业主财产权和自主权的尊重，是否移交依法属于业主所有的供配电设施设备，应当由业主自主决定。因此本条第一款规定，物业管理区域内依法属于全体业主共有的供配电设施，经业主大会决定可以移交给供电企业。

实践中，大量小区交付后短时间内业主大会并未成立，存在共用供配电设施移交主体缺失的情况。《浙江省电力条例》第五十五条第一款新增了新建住宅小区业主大会尚未成立的情况下，共用供配电设施移交的相关规定，明确了建设单位在与业主签订的新建商品房销售合同中约定共用供配电设施移交给供电企业的，共用供配电设施在竣工验收合格后，由建设单位移交给供电企业。该新增规定解决了业主大会成立前共用供配电设施移交难的问题。

4. 供电企业对物业管理区域内供配电设施设备的接收义务

供电企业对供配电设施的运行维护具有专业知识、技术、人员、设备等各方面的资源优势，规定其维修养护等责任有利于社会资源的合理配置和最大效益的发挥。《浙江省电力条例》第五十五条规定，业主决定移交依法属于其所有的供配电设施设备的，供电企业应当接收，并承担维修、更新、养护责任。供电企业对小区供配电设施依规移交的接收义务主要有两种情况：一是新建商品房的共用供配电设施经竣工验收合格后，由建设单位移交给供电企业，供电企业应当接收；二是业主大会决定移交共用供配电设施的，相关设施经整改验收合格后，供电企业也应当接收。《浙江省电力条例》第五十五条同时还规定了未移交给供电企业的供配电设施的维修、更新、养护责任由产权人承担。即，只有移交后的供配电设施维修、更新、养护责任，才由供电企业承担。因此，全体业主如果想借助供电企业的专业力量更好地维修、更新、养护供配电设施，应尽早将供配电设施移交给供电企业。

四、管理建议

1. 无论是否有偿，均应签订移交协议

移交协议应明确移交时间、资产范围、移交后应承担的职责，移交应具备验收合格、各项审批等手续，确保移交资产无瑕疵，未设置抵押、担保或第三方权利，明确资产移交前的权属瑕疵产生责任承担方。

2. 应避免无限扩大供电公司责任

如，未移交的小区供电公司可提前对接小区产权人协商移交事项，但在资产未移交前不应对小区开展相应改造、运维、抢修工作，避免因提前介入引起纠纷。《浙江省电力条例》第五十五条规定了未移交给供电企业的供配电设施的维修、更新、养护责任由产权人承担。即，只有移交后的供配电设施维修、更新、养护责任，才由供电企业承担。因此，全体业主如果想借助供电企业的专业力量更好地维修、更新、养护供配电设施，应尽早将供配电设施移交给供电企业。

已移交的，供电公司应加强日常运维巡视，与小区物业建立联系，及时获取小区电力设备故障信息，确保故障后抢修高效。

第三节　老旧小区充电桩的安装与维护应规范开展

一、参考案例

【案例 5-10】旧小区机械车位使用权人安装充电桩引争议，法院判决物业协助其安装。

案号：（2023）浙 0203 民初 4680 号

2013 年 4 月 6 日，原告任某取得案涉小区房屋所有权与车位使用权，后一直排他使用案涉停车位，该车位系机械车位，但小区机械车位已停用。2022 年 9 月，在小区同类型其他车位安装了充电桩后，任某要求物业出具《车位允许施工证明》以安装充电桩，物业拒绝提供后诉至法院。

法院认为原告作为案涉车位的使用权人，基于新能源汽车充电需要，有权申请在其车位上安装充电桩设施，物业公司应当积极响应国家新能源产业发展方向，全面履行物业服务合同义务，按照相关规范性文件的要求，积极配合、提供便利。且原告具有案涉车位长期使用权，虽然该车位系机械车位，但机械车位已停用，充电桩安装后不影响车位使用，故判决被告物业公司出具《车位允许施工证明》并协助原告任某进行充电桩安装。

【案例 5-11】 回迁旧小区车位租赁人安装充电桩，法院判决支持其诉求。

案号：（2022）京 03 民终 14350 号

原告刘某系案涉回迁小区某车位长期租用人，自 2014 年开始长期租用案涉停车位，2021 年 10 月，在购买新能源汽车后其要求物业出具同意安装充电桩的说明，物业答复无法开具。

一审法院认为刘某与物业公司成立事实上的物业管理服务关系，双方签订的《机动车停车管理服务协议》中未尽事宜的确定，应依照诚实信用原则并遵照国家有关法律、法规和规章执行。根据地区相关规范性文件，物业服务企业应充分发挥在贯彻新能源汽车产业国家战略实施发展中的积极作用，在充电设施建设时予以配合、提供便利，故判决物业提供允许安装充电桩的说明。

二审法院认为新能源汽车系国家节能减排的要求，当地的多部规范性文件出台明确支持居民区电动汽车充电基础设施建设并要求物业公司予以协助、配合，现原告刘某在其长租的车位上安装充电桩，物业公司应当予以配合。

【案例 5-12】因小区负荷不足，法院判决物业暂不同意业主安装充电桩。

案号：（2023）川 18 民终 702 号

原告杨某系小区业主及案涉停车位所有权人，2014 年其与被告物业公司签订《物业服务合同》形成物业管理服务关系。2022 年，杨某购买新能源车辆一辆，申请在案涉停车位上安装充电桩。被告物业公司以政府发文要求暂停充电桩安装，且案涉小区电力容量未增容改造的前提下，电力负荷难以承受大量新能源汽车充电桩安装为由，拒绝其安装。

一审法院认为《中华人民共和国民法典》第二百七十二条规定“业主对其建筑物专有部分享有占有、使用、收益和处分的权利。业主行使权利不得危及建筑物的安全，不得损害其他业主的合法权益。”被告物业公司不同意杨某安装充电桩的理由，一是当地消防部门的文件要求，二是案涉小区的供电系统暂不能满足所有业主在自有车位安装专用充电桩的需求，且被告已表明在小区具有安装充电桩条件后会允许杨某安装充电桩，鉴于上述客观事实，法院判决驳回原告诉讼请求。

二审法院驳回上诉，维持原判。

【案例 5-13】 业委会未同意业主安装充电桩，法院判决支持业主安装要求。

案号：（2023）粤 0783 民初 5581 号

2023 年 6 月，原告谭某购买新能源汽车后需在其产权车房上安装充电桩，故要求被告业委会出具同意安装充电桩的证明。被告却以安装充电基础设施存在安全隐患、需要全体业主投票等为由，拒绝出具同意书。

法院认为依照《中华人民共和国民法典》第二百四十条：“所有权人对自己的不动产或者动产，依法享有占有、使用、收益和处分的权利。”原告在购买了新能源汽车后，安装自用充电桩设施是其实现便利使用新能源汽车目的的关键方式，具有必要性，其对案涉车房享有所有权使用权，其要求安装充电桩的诉求具有合理性，并且原告申请安装的充电设施系安装在其自有车房，对其专有部分的合理使用不属于必须征得小区全体业主同意的重大事项，业委会应当为其安装充电桩提供便利条件，故法院判决支持原告诉讼请求，被告业委会应出具同意原告安装充电桩的证明文件。

【案例 5-14】 油车车位安装充电桩，法院不支持业主诉讼请求。

案号：（2023）京 0111 民初 2156 号

2023 年，原告徐某在案涉小区购买某产权车位，需安装充电桩，多次与物业协商要求出具允许施工证明均未果，物业称小区车位分为新能源车位与油车车位，原告徐某购买的是油车车位，其位置不符合安装充电桩的条件故不同意其安装。

法院认为民事主体从事民事活动，应当遵循诚实信用原则，以善意的方式行使权力，并充分尊重他人的利益与社会公共利益。小区对不同车位进行划分属合理行为，且案涉小区的产权车位较为合理地分配了新能源车位和油车车位的配比，部分公用车位也加装了充电桩，能够适度满足小区新能源车主的充电需求。且原告徐某在购买车位已知晓有新能源车位与油车车位之分，在尚有新能源车位可供选择的情况下，仍选择了价格相对较低的油车车位。现徐某要求被告物业公司在其购买的油车车位上加装充电桩，有违诚实信用原则，若法院支持其诉讼容易诱发业主选购车位时的不诚信行为，故判决驳回原告诉讼请求。

二、关键法条

★《中华人民共和国民法典》（自 2021 年 1 月 1 日起施行）

第九条　民事主体从事民事活动，应当有利于节约资源、保护生态环境。

第二百七十二条　业主对建筑物内的住宅、经营性用房享有占有、使用、收益和处分的权利，业主行使权利不得危及建筑物的安全，不得损害其他业主的合法权益。

第九百四十二条　物业服务人应当按照约定和物业的使用性质，妥善维修、养护、清洁、绿化和经营管理物业服务区域内的业主共有部分，维护物业服务区域内的基本秩序，采取合理措施保护业主的人身、财产安全。

对物业服务区域内违反有关治安、环保、消防等法律法规的行为，物业服务人应当及时采取合理措施制止、向有关行政主管部门报告并协助处理。

★《供电营业规则》(自 2024 年 6 月 1 日起施行)

第十三条 新建居住区供电方式应当符合国家相关政策要求及技术标准。

新建居住区居民住宅供电设施应当按照一户一表标准进行建设。

新建居住区的固定车位应当按照规定建设充电基础设施或预留安装条件，满足直接装表接电要求。居民自用充电桩用电按照国家相关政策要求及技术标准配置。

第二十一条 用户申请新装或增容时，应当向供电企业提供以下申请资料：

（一）低压用户需提供用电人有效身份证件、用电地址物权证件，居民自用充电桩需按照国家有关规定提供相关材料；

（二）高压用户需提供用电人有效身份证件、用电地址物权证件、用电工程项目批准文件、用电设备清单，国家政策另有规定的，按照相关规定执行。

供电企业采用转移负荷或分流改造等方式后仍然存在供电能力不足或政府规定限制的用电项目，供电企业可以通知用户暂缓办理。

★《国家发展改革委等部门关于进一步提升电动汽车充电基础设施服务保障能力的实施意见》(发改能源规〔2022〕53 号)

新建居住社区要确保固定车位 100%建设充电设施或预留安装条件。预留安装条件时需将管线和桥架等供电设施建设到车位以满足直接装表接电需要。各地相关部门应在新建住宅项目规划报批、竣工验收环节依法监督。

★《国家发展改革委、国家能源局、工业和信息化部、住房城乡建设部关于加快居民区电动汽车充电基础设施建设的通知》(发改能源〔2016〕1611 号)

加强现有居民区设施改造。根据电动汽车发展规划及应用推广情况，按“适度超前”原则，供电企业要结合老旧小区改造，积极推进现有居民区（含高压自管小区）停车位的电气化改造，确保满足居民区充电基础设施用电需求。对专用固定停车位（含一年及以上租赁期车位），按“一表一车位”模式进行配套供电设施增容改造，每个停车位配置适当容量电能表。对公共停车位，应结合小区实际情况及电动车用户的充电需求，开展配套供电设施改造，合理配置供电容量。国家对居民区停车位的电气化改造酌情给予专项建设基金等政策支持，地方政府要统一协调有关部门和单位给予施工便利。

★《国务院办公厅关于印发新能源汽车产业发展规划（2021—2035年）的通知》（国办发〔2020〕39号）

加快充换电基础设施建设。科学布局充换电基础设施，加强与城乡建设规划、电网规划及物业管理、城市停车等的统筹协调。依托“互联网＋”智慧能源，提升智能化水平，积极推广智能有序慢充为主、应急快充为辅的居民区充电服务模式，加快形成适度超前、快充为主、慢充为辅的高速公路和城乡公共充电网络，鼓励开展换电模式应用，加强智能有序充电、大功率充电、无线充电等新型充电技术研发，提高充电便利性和产品可靠性。

提升充电基础设施服务水平。引导企业联合建立充电设施运营服务平台，实现互联互通、信息共享与统一结算。加强充电设备与配电系统安全监测预警等技术研发，规范无线充电设施电磁频谱使用，提高充电设施安全性、一致性、可靠性，提升服务保障水平。

鼓励商业模式创新。结合老旧小区改造、城市更新等工作，引导多方联合开展充电设施建设运营，支持居民区多车一桩、临近车位共享等合作模式发展。鼓励充电场站与商业地产相结合，建设停车充电一体化服务设施，提升公共场所充电服务能力，拓展增值服务。完善充电设施保险制度，降低企业运营和用户使用风险。

★《浙江省电力条例》(自2023年1月1日起施行)

第二十四条　新建、改建或者扩建住宅小区、公共建筑、公共停车场，应当按照规定同步建设电动汽车充电设施或者预留充电设施建设条件。新建、改建或者扩建码头工程，应当按照规定建设船舶充电设施。

鼓励、支持已投入使用的住宅小区、公共建筑、公共停车场建设电动汽车充电设施。

★《江苏省电力条例》(自2020年5月1日起施行)

第五十七条　新建、改建住宅小区、办公楼、商业综合体等场所的所有车位应当同步建设充电设施或者预留充电设施建设条件，公共停车位优先建设充电设施。鼓励已投入使用的住宅小区、办公楼和商业综合体建设充电设施。电动汽车充电设施应当纳入有序充电管理，具备给汽车充电、向电网放电和有序充电功能。

鼓励和支持在电动自行车集中停放的场所设置符合有关规定和标准的智能充电设施。

三、要点简析

（一）新小区应按规范设置充电桩

1. 新小区充电桩安装的中央文件规定

根据《电动汽车充电基础设施规划设计规范》（GB 50156—2018），新建住宅小区应在停车位上预留一定比例的固定停车位（充电车位），并且将其纳入建筑设计标准；按照《建筑设计防火规范》（GB 50016—2014）要求，新建住宅小区应在停车场、绿地、道路等公共活动区域预留电动汽车充电设施的建设安装条件。根据国务院相关部门及发展改革委公文的文件看来，新建居住社区要确保固定车位100%建设充电设施或预留安装条件。预留安装条件时需将管线和桥架等供电设施建设到车位以满足直接装表接电需要。配建充电基础设施应符合控制性详细规划和用地标准，有关配建要求和标准纳入供地条件。

2. 供电公司应灵活考虑充电桩安装方式

除中央文件外，地方部门通常也会依据中央文件通知出台具体适用文件，文件通常要求充电桩与建筑一体同步设计，其中充电桩的供电电源是从住宅低基变配电室或从配套公建高基变配电室引出，还是由专用变压器供给，全国各地做法莫衷一是，因此相关供电公司在建设单位新建住宅小区用电报装时，可根据变压器常规负荷运行情况，结合高、低基变配电室的设置数量和容量一体考虑，灵活采取供电方案。同时，充电桩应分区域配电，配电箱供电范围不宜跨越防火分区，大多新建小区通常采用区分车位即将车位区分为充电车位与普通车位的做法，将充电桩安装在统一防火区域内，在保证统一管理的同时，保证消防安全。

（二）老旧小区充电桩安装要点

1. 老旧小区充电桩安装目前存在的问题

根据 GB/T 51313—2018《电动汽车分散充电设施工程技术标准》第 3.0.2 条第 1 款“新建住宅配建停车位应 100%建设充电设施或预留建设安装条件”不适用老旧小区的改造。由于老旧小区一般建于 2000 年年底以前，不同于棚改的“推倒重建”，而是在既有基础上“提档升级”，只能依据 GB/T 51313—2018《电动汽车分散充电设施工程技术标准》第 3.0.2 条第 3 款“既有停车位配建分散充电设施，宜结合电动汽车的充电需求和配电网现状合理规划、分步实施”。老旧小区因前期用电规划中未涉及电动汽车充电设施，当时设计的变压器容量也因电力发展负荷容量逐步增大而接近饱和，导致后期加装充电桩变得非常困难。

新能源电动汽车充电设施的建设受国家政策、技术和市场的影响较大，在推广过程中容易遇到一些问题，主要包括：

（1）充电设施建设与小区物业管理协调困难，目前大部分老旧小区在规划时并未考虑充电设施的建设，而物业又没有充电设施管理能力，导致业主无固定停车位无法安装充电桩。

（2）老旧小区内的停车位有限，充电设施的建设存在较大困难。目前小区停车位都是为满足机动车停车要求而设置的，因此很难有空间专门用于安装充电桩。新能源电动汽车的充电功率较大，普通车位无法满足电动汽车的充电需求。

（3）业主委员会、物业服务企业和充电设施管理单位在安装充电桩时存在一些矛盾和纠纷。在安装充电桩时，物业服务企业往往要求业主委员会同意安装充电桩并出具意见函，但是业主委员会通常会以不具备充电条件为由拒绝物业服务企业的安装要求。在业主委员会不同意安装充电桩时，物业服务企业可能会以安全问题为由阻止业主委员会和物业服务企业之间的沟通，甚至引发冲突。

（4）老旧小区安装充电桩的安全防护设施有待进一步加强，老旧小区的消防、配电设施在建设之初未考虑到后续充电桩安装的需求，存在一定的安全风险。

2. 老旧小区充电桩安装需经业委会同意

已建建设工程的充电设施建设，已投入使用的住宅小区、公共建筑、公共停车场建设充电设施，需要满足“三通一平”（水通、电通、路通，场地平整）等条件，而一些老旧小区、公共建筑、公共停车场存在用电容量不足、安全隐患较大、相关配套设施缺乏等问题，难以满足充电设施建设的条件。为此，相关法律法规对已投入使用的住宅小区、公共建筑、公共停车场建设电动汽车充电设施采取鼓励、支持的态度，未作刚性规定，这些场所可以在完成电力增容、安全设施改造和增设配套设施后建设充电设施。

需要注意的是，用户新装充电桩时需要小区物业管理部门或者业委会出具同意车位施工证明，老旧小区的车位通常分为私人产权车位及公共车位，如若是私人车位安装充电桩，其安装行为是对自身所有财产的合理处置，只要具有合适的电力容量或安全设施，物业或业委会就有义务配合业主安装充电桩。然而当案涉停车位是公共车位时，在结合小区实际情况及电动车用户的充电需求的前提下，其中具有一年以上使用权的车位安装充电桩的，因为公共车位的产权属全体业主，由业委会或物业代为管理，所以安装前需要经业委会同意，出具同意安装充电桩的证明，这个环节也是发生争议最多的环节，从裁判案例看来，面对是否协助安装新能源汽车充电桩这个诉求的问题，存在两个价值需要法院权衡选择，一种是保护业主安装行为的绿色价值，一种是维护共有权、物业服务合同债权的价值，目前这两个裁判取向在实际案件审理中均有存在，裁判结果主要依赖法官的案件解读以及法律适用。

3. 充电桩安装后的维护责任应多方面考虑

首先就业主方面，根据“权责对等”的基本法理，新能源汽车车主应当承担起充电桩的安全管理主体责任，设置安全告示牌、购置灭火器，并聘请有资质的机构定期对充电桩进行维护、检测，若发现安全问题应及时停止使用，并按要求消除安全隐患。

其次就物业服务企业方面，根据《中华人民共和国民法典》的要求，物业服务企业应当承担起小区公共部分的安全管理责任，对安全隐患必须尽到巡视发现，合理措施的制止，及时的书面报告等职责，对不按规定要求安装的充电桩，物业服务企业要按规定要求督促业主整改，整改不到位或拒绝整改的，要求及时书面向消防、派出所等职能部门报告。

再就安装施工企业方，施工单位按充电设施安装建设相关规定、标准及协议安全规范施工。如有出现质量问题导致，由施工企业承担相应的主体责任及整改义务。

最后就供电公司方面，供电企业，根据《供电营业规则》，供电与低压的用电用户以电能表为产权分界点，电能表之前属于供电部门资产，由供电部门进行日常安全运行维护，电能表之后的产权属于用户，按照“谁的产权谁负责”的原则，建议充电桩用户定期聘请具备相应资质专业公司进行日常维护。

四、管理建议

电动汽车充电设施属于新型的城市基础设施，是发展新能源汽车产业、推动交通领域“碳达峰、碳中和”目标实现的重要保障。“十三五”期间，浙江省电动汽车充电设施建设实现跨越式发展。截至 2022 年 12 月，近年来，国网浙江省电力有限公司积极响应国家农网改造和充电基础设施建设决策部署，在“十三五”期间配电网投资 957 亿元，其中农网投资占 62.3%，截至 2022 年底浙江省农村户均配电变压器容量为 5.29 千伏安，较 2015 年提升 28.1%，省内 103 万辆新能源私家车约 74%实现充电桩独立装表接电，服务新能源汽车下乡和乡村振兴，全省公用充电桩累计达 8.66 万个（包括公交桩 2.06 万个，高速桩 1237 个、其他公共桩 6.49 万个），充电桩数量近五年增长了约 6 倍。但由于充电设施分属不同的投资运营商，其建设和运营也存在建设标准不统一、区域布局不平衡、老旧小区建设难、部分设施利用率低等问题。居住社区建桩难、公共充电设施发展不均衡、用户充电体验有待提升、行业质量与安全监管体系有待完善等突出问题，亟须加快相关技术、模式与机制创新，进一步提升充电服务保障能力。

电网企业应切实提高居民电动汽车充电便利度，有效解决充电桩进小区的难题，促进居民区电动汽车充电设施加快建设，助力实现“碳达峰、碳中和”目标，满足人民群众绿色、经济、舒适的出行需求，促进新能源汽车产业高质量发展，面对目前新能源汽车充电设施尚存困境，相关供电公司可将充电桩电力接入工程纳入公司重点工作结合“零跑腿、零审批、零花费”工作目标，加大配套资金投入，做好外线接入项目全流程管控，推动居民充电桩全覆盖，积极解决新能源汽车充电难题。

1. 加大配电网改造力度，保证电力配套

电网企业应当根据各地居民区充电设施改造行动计划负责制定配电网增容改造方案，做好电网规划与充电设施规划的衔接，加大配套电网建设投

入，保障充电设施无障碍接入。按现有供配电设施产权归属的原则确定工程改造资金和增容解决方案，居民用电产权分界点应以用户电能表出线划分，即车位充电桩计量电能表出线以下产权归用户，同步进行配套供电设施增容改造，表箱集中管理并建到车位附近以方便居民就近装表接电；以上至公网接入点由电网企业负责建设和运营维护，不得收取接网费用，相应资产全额纳入有效资产，相关成本纳入电网输配电价回收。

2. 为充电基础设施接入电网提供便利服务

鼓励电网企业对居民用户延伸投资界面，推动实现“零投资”服务。各地要为充电基础设施接入电网提供便利条件，开辟绿色通道。电网企业要严格落实居民用户和已实行“三零”服务的低压非居民用户办电“零投资”，对配电资产已移交且现场具备条件的专用固定停车位（含一年及以上租赁期车位）进行配套供电设施增容改造，兼顾满足充电桩后续建设需求。加强新建小区充电桩配套管理，新建小区居民充电桩建设的配套，按照国家发展改革委相关文件的要求，确保电缆通道应建设到位 100%，供电公司严格把控设计审图、竣工验收环节，确保新建小区居民充电桩建设满足客户需求，避免重复建设给客户带来不便。

3. 政企协同联动机制

针对老旧小区充电桩安装困难问题，坚持政府主导、电网主动、客户配合的原则，主动融入浙江省优化营商环境“一号工程”示范创新工作中，通过会议、现场协调等多种渠道积极向政府部门汇报居民充电桩建设的难点，主动向住建等部门协调处理老旧小区充电桩改 造问题，将老旧小区充电桩建设纳入小区旧改范围，统筹改造资金，统一安排施工实施，网格化推进老旧小区充电桩整体改造。

4. 安全协议约定明确

为尽量避免企业与用户之间责任纠纷，在建设充电桩时应当与建设部门或用户签订安全管理协议，同时约定产权分界点，明确用户产权侧发生的事故以及安全问题由用户或者建设部门自行承担，充电桩后续的运维、扩建等费用由用户或建设部门自行承担。同时，在安全协议中应当明确安全责任承担主体划分，产业集团承接的工程应当明确由产业单位承担相应责任，避免用户出现问题后只会找供电公司解决问题的情况发生。

第四节　无网售电公司不应承担配电网运维责任

一、参考案例

【案例5-15】无网售电公司不承担供用电设施上发生事故引起的法律责任。

案号：（2019）豫1328民初139号、（2019）豫13民终5472号、（2021）豫民再282号

2018年3月12日，原告家属郑某驾驶货车去收购废铁。为避免废铁掉落，郑某准备用钢丝绳捆住车上的废铁，站在货车西侧向货车东侧扔钢丝绳时，钢丝绳触碰到货车上方的高压线。郑某当场触电死亡。经测量，线路对地距离为6.05米，不符合国家规定离地面最小安全距离为6.5米的要求。原告向一审法院提起诉讼要求供电公司与线路产权单位某棉业公司赔偿各项损失977682.95元。

一审法院判决受害人郑某自身应承担20%的责任，被告供电公司承担30%的赔偿责任，被告某棉业公司承担50%的赔偿责任。原告及两被告均不服上诉。原告上诉时以某售电公司是受益人，应当承担责任为由，追加某售电公司为被告3，请求由供电公司、某棉业公司、某售电公司全额承担赔偿责任并承担诉讼费用。

经查，2018年，某棉业公司与某售电公司签订委托代理交易合同。

二审法院认为，某售电公司既不是该涉事高压线路的经营人和管理人，也不是直接受益人，其在本次事故中没有过错，故某售电公司不承担民事赔偿责任。

二、关键法条

★《中华人民共和国民法典》（自2021年1月1日起施行）

第一千二百四十条 从事高空、高压、地下挖掘活动或者使用高速轨道运输工具造成他人损害的，经营者应当承担侵权责任；但是，能够证明损害是因受害人故意或者不可抗力造成的，不承担责任。被侵权人对损害的发生有重大过失的，可以减轻经营者的责任。

★《最高人民法院关于审理人身损害赔偿案件适用法律若干问题的解释》（2022年修正）

第一条 第一款 因生命、身体、健康遭受侵害，赔偿权利人起诉请求赔偿义务人赔偿物质损害和精神损害的，人民法院应予受理。

★《供电营业规则》（自2024年6月1日起实施）

第五十四条 供电设施产权所有者对在供电设施上发生的事故承担法律责任，但法律法规另有规定的除外。

★《关于推进售电侧改革的实施意见》[《国家发展改革委 国家能源局关于印发电力体制改革配套文件的通知》（发改经体〔2015〕2752号）]

电网企业是指拥有输电网、配电网运营权（包括地方电力公司、趸售县供电公司），承担其供电营业区保底供电服务的企业，履行确保居民、农业、重要公用事业和公益性服务等用电的基本责任。当售电公司终止经营或无力提供售电服务时，电网企业在保障电网安全和不影响其他用户正常供电的前提下，按照规定的程序、内容和质量要求向相关用户供电，并向不参与市场交易的工商业用户和无议价能力用户供电，按照政府规定收费。若营业区内社会资本投资的配电公司无法履行责任时，由政府指定其他电网企业代为履行。

售电公司分三类，第一类是电网企业的售电公司。第二类是社会资本投资增量配电网，拥有配电网运营权的售电公司。第三类是独立的售电公司，不拥有配电网运营权，不承担保底供电服务。

售电公司以服务用户为核心，以经济、优质、安全、环保为经营原则，实行自主经营，自担风险，自负盈亏，自我约束。鼓励售电公司提供合同能源管理、综合节能和用电咨询等增值服务。同一供电营业区内可以有多个售电公司，但只能有一家公司拥有该配电网经营权，并提供保底供电服务。同一售电公司可在多个供电营业区内售电。

★《有序放开配电网业务管理办法》[《国家发展改革委 国家能源局关于印发〈售电公司准入与退出管理办法〉和〈有序放开配电网业务管理办法〉的通知》(发改经体〔2016〕2120号)]

第十一条　向地方政府能源管理部门申请并获准开展配电网业务的项目业主，拥有配电区域内与电网企业相同的权利，并切实履行相同的责任和义务。符合售电公司准入条件的，履行售电公司准入程序后，可开展售电业务。

第二十三条　配电网运营者须履行以下义务：

（五）保证配电网安全、可靠供电。

三、要点简析

1. 供电企业还应承担安全用电的社会责任

如前文中触电侵权责任承担主体的相关法条，因电力设施造成他人人身损害的，造成损害的电力设施所有人、经营者等应当承担相应责任。关于经营者的认定，参见本书专题第四章第二节。

案例 5-15 中，法院认为，供电公司作为专业供电企业，应当预见到向东停用线路带电存在安全隐患，验收时应当尽到告知义务，告知某棉业公司进行相应改造。且供电公司作为专业供电企业，对用电安全具有专业知识与技术，在案涉线路道路改造后离地距离不符合国家标准时，供电公司应当及时告知某棉业公司对于线路进行改造，而不是放任危险状态持续存在。因此，原审法院认定在本次触电事故中，供电公司也应承担相应用电安全管理的社会责任。关于供电企业的安全责任相关分析，读者可参考本系列丛书《供电企业常见法律纠纷案例评析（营销、农电类）》第二章专题八“供电企业开展用电检查责任不应无限扩大”。

2. 不拥有配电网运营权的售电公司应不承担配电网维护责任

根据《售电公司管理办法》第十五条、第十六条规定，拥有配电网运营权的售电公司除拥有并承担售电公司全部的权利与义务外，还拥有和承担配电区域内与电网企业相同的权利和义务，按国家有关规定和合同约定承担保底供电服务和普遍服务；承担配电网安全责任，确保承诺的供电质量；按照规划、国家技术规范和标准投资建设配电网，负责配电网运营、维护、检修和事故处理，无歧视提供配电服务，不得干预用户自主选择售电公司。由此可见不拥有配电网运营权的售电公司不承担配电网维护责任。

3. 不拥有配电网运营权的售电公司加入后，供电公司的电网运维责任没有变化

因不拥有配电网运营权的售电公司不承担配电网维护责任，所以分属于供电公司与企业承担的运维责任与售电公司加入前无变化。双方以约定的产权分界点为界，各自承担区域内的配电网运维责任。可见，不拥有配电网运营权的售电公司加入后，供电公司的电网运维责任范围没有变化。

四、管理建议

（一）从供电企业角度，应加强运维管理

案例 5-15 中，案涉线路非供电公司所有，最终法院以供电公司未尽到隐患告知义务为由，判罚供电公司承担 40%的赔偿责任。可见，产权分界点的合同约定并不是此类案件中法院认定赔偿的唯一依据。供电企业作为专业电力供应部门，对用电安全具有专业知识与技术，对发现的非供电公司产权的线路隐患应尽职告知，并要求产权方整改落实。

1. 供电公司应加强产权分界点的现场查勘与验收监督

一是与用户准确约定产权分界点，双方负责人到现场仔细勘查并划定产

权归属范围，对遇到的特殊情况现场指出，现场划分，做好纸质记录并经双方签字确认；二是在三方合同中准确界定安全责任，产权分界点条款应作为用电营业普查和供用电合同重新签订的重点 表述记录周全，消除双方的认识偏差；三是加强用户产权线路的验收监督，供电公司对验收过程中发现的问题及时书面记录，并向产权方出具整改通知函要求进行整改。

2. 加强停用等非正常状态线路运维

一是加强拆迁现场的电力设施运维及非正常状态处理，加大对拆迁现场线路的巡视力度，做好与拆迁办的沟通，履行电力线路周围安全施工告知义务，对巡查发现的电力风险点采取隔离保护，张贴警示标识等措施；二是历史遗留应废未废等特殊情况应妥善处理，特别关注暂停线路的状态，对应废未废的线路及时上报公司并查明原因，对可用线路做好安全隔离等措施，对无用线路安排施工计划予以及时拆除。

（二）从售电公司角度，进军配电网市场应充分评估运维安全责任

售电公司进军配电网市场应履行配电网安全运维职责。一是进军配电网市场前应仔细评估配电网安全运营要素，做好相应的人员、设备保障，应为用户提供无差别的、可靠的、符合国家电能质量要求的供电服务。二是进军配电网市场后应承担起配电网安全运维责任，建立设备台账，定期巡视检修，为用户提供抢修、隐患排查等服务。

第五节　用户受电工程竣工检验范围为涉网设备

一、参考案例

【案例 5-16】村委产权拉线带电触电，供电公司未尽监管督查义务承担50%责任。

案号：（2021）鲁 07 民终 2914 号

2019 年 8 月 8 日 9 时左右，原告杨某在自家承包的大棚劳动时，手臂触碰供电线路线杆固定拉线，因线杆顶端横担上面的绝缘子破损导致线路短路被电击伤右手腕部、右侧腰部。原告向法院提出诉讼，请求判决供电公司、村委会两被告赔偿杨某因人身受伤造成的医疗费、护理费、误工费、伤残赔偿金等损失共计 75505.96 元。

法院认定原告系因在自家承包的大棚劳动时被短路的线杆拉线触电受伤，拉线带电非原告原因所致，其也不可能会事先预料到隐患的存在，故杨某在本次事故中无责任。其次，依据法院查明的事实，涉案线杆及拉线产权归村委会所有，且村委会主任表示当时接电时，安装操作不正规，因此村委会对原告的损失应承担 50%的赔偿责任。供电公司虽然与村委会签订了低压供用电合同，并对产权分界点及责任划分进行了约定，但是供电公司作为国家电力部门，应对村委会在用电线路上架设线杆及拉线，保证设施建设符合安全标准起到监管督查义务，在涉案线路存在安全隐患的前提下仍予供电，导致原告受伤，故具有过错，应承担相应责任，酌定其承担 50%的赔偿责任。

二审维持原判。

【案例 5-17】 接电时用电设施未达标，发生触电供电公司承担 30%责任。

案号：（2015）海中法民一终字第 217 号、（2016）琼民申 430 号

2011 年 6 月，某小区发生触电事故。经查明，事发时受害人所在楼层供电线路处于接地失效的状态。事发地供电公司与该小区物业于 2004 年签订的《高压供用电合同》第八条第 10 项有“由于双方的安全供电和安全用电条件尚未达到国家规定的有关标准”的约定。法院一审、二审认为，供电公司明知涉案小区供电和用电条件不符合国家规定的安全标准，仍向该小区供电，且未尽到安全检查用电情况的义务，具有一定过错，应承担 30%过错责任。供电公司申请再审，称事发时距《高压供用电合同》签订时间已长达七年，即便在 2004 年安全用电条件尚未达到国家标准，并不代表在事发时涉案小区的受电设备安全用电条件还不符合国家标准；《高压供用电合同》关于用电检查的约定并不是约定供电方的安全用电检查义务，而是赋予某供电局检查用电方用电情况的权利。再审法院未采纳供电公司抗辩理由，驳回再

审申请。

【案例 5-18】客户经理未按规定履行业扩工程验收责任，发生重大事故涉嫌玩忽职守罪。

案号：国务院安委办关于某事件的《“5·7”重大中毒窒息事故的通报》

2017 年 5 月 6 日上午，非法冶炼小作坊主刘某购买一台旧风机安装在风井内 24 米处，往废弃巷道压风。17 时 30 分，试生产成功，有毒有害烟气压入废弃巷道，所产生的一氧化碳等有毒有害气体流到某煤矿作业地点。2017 年 5 月 7 日早班，某煤矿共 171 人下井作业，发生重大中毒窒息事故，共造成 18 人死亡、4 人重伤、33 人轻伤。

经查，事故原因涉及供电企业的为：县供电公司违规向非法冶炼小作坊供电。

（1）审核把关不严。对非法冶炼小作坊新增用电用户报装申请资料中无项目批准文件、土地租赁协议无效、申请供电地址（关闭的原石等下煤矿）等内容未认真审核，未及时发现并责令纠正，也没有查验申请单位法人代表身份证原件。

（2）现场勘察、验收不规范。没有按照公司规定由客户服务中心、属地供电所和施工单位三个部门联合验收，仅由客户服务中心一个部门单独完成验收，且验收人员不具备全面履职能力，到被关闭的原石等下煤矿井口现场勘查、验收时，发现现场设备与申请用途、地址不符等，仍然通过了勘查与验收并开始送电至被关闭的原石等下煤矿。

事故调查组对事故有关责任人员及责任单位提出了处理建议，涉及供电企业的有：

龙某，县供电公司营销部业务扩展专责，负责业扩工程的查勘和验收。以涉嫌玩忽职守罪，于 2017 年 6 月 16 日被市检察机关立案侦查，后取保候审。建议刑期 6 个月。

苏某，县供电公司营销部市场班班长，负责用电报装资料审核等工作。工作失职，未按规定履行用电资料审核职责，违规进行审批。对事故的发生负有主要责任，建议给予其党内严重警告处分。

田某，县供电公司营销部主任，负责营销部全盘工作。工作失职，对不符合规定的用电场所准予审核验收合格。对事故的发生负有主要责任，建议给予其党内严重警告处分。

二、关键法条

★《电力供应与使用条例》（2019 年修订）

第二十四条 供电企业应当按照国家标准或者电力行业标准参与用户受送电装置设计图纸的审核，对用户受送电装置隐蔽工程的施工过程实施监督，并在该受送电装置工程竣工后进行检验；检验合格的，方可投入使用。

★《供电监管办法》（2024 年修订）

第七条第三款 供电企业应当审核用电设施产生谐波、冲击负荷的情况，按照国家有关规定拒绝不符合规定的用电设施接入电网。用电设施产生谐波、冲击负荷影响供电质量或者干扰电力系统安全运行的，供电企业应当及时告知用户采取有效措施予以消除；用户不采取措施或者采取措施不力，产生的谐波、冲击负荷仍超过国家标准的，供电企业可以按照国家有关规定拒绝其接入电网或者中止供电。

★《国务院办公厅转发国家发展改革委等部门关于清理规范城镇供水供电供气供暖行业收费促进行业高质量发展意见的通知》（国办函〔2020〕129 号）

二、清理取消不合理收费

（二）供电环节收费。取消供电企业及其所属或委托的安装工程公司在用电报装工程验收接入环节向用户收取的移表费、计量装置赔偿费、环境监测费、高压电缆介损试验费、高压电缆震荡波试验费、低压电缆试验费、低压计量检测费、互感器试验费、网络自动化费、配电室试验费、开闭站集资费、调试费等类似名目费用。

（五）接入工程费用。在城镇规划建设用地范围内，供水供电供气供热企业的投资界面应延伸至用户建筑区划红线，除法律法规和相关政策另有规定外，不得由用户承担建筑区划红线外发生的任何费用。从用户建筑区划红线连接至公共管网发生的入网工程建设，由供水供电供气供热企业承担的部分，纳入企业经营成本；按规定由政府承担的部分，应及时拨款委托供水供电供气供热企业建设，或者由政府直接投资建设。

★《浙江能源监管办关于印发〈浙江省电力用户受电工程市场行为监管办法〉等四项制度文件的规定》（浙监能市场〔2020〕11号）

附件1. 浙江省电力用户受电工程市场行为监管办法

第二条 本办法所指用户受电工程，是指用户为满足用电需求而实施的接受与分配电能电气装置的新建或改建工程，是位于产权分界点用户侧的电气设施建设工程的总称。

第十条 浙江能源监管办对供电企业对用户受电工程的中间检查和竣工检验的情况实施监管。

附件2. 浙江省电力用户受电工程中间检查和竣工检验规范

第十九条 竣工检验的主要内容：经供电企业审核同意的用户受电工程设计文件与实际竣工现场匹配情况，与电网相连接的一次设备安全性能、电气设备特性试验，受电装置进线保护和自动装置整定值及其与用户内部保护间的配合情况，保安电源及非电性质的保安措施，双（多）电源、自备应急电源间闭锁装置的可靠性，以及保证安全用电的技术措施、管理措施和专业运行人员配备情况。

竣工检验电气设备：架空线路或电缆线路、电能计量装置、断路器等开关设备、变压器、互感器、避雷器、电容器组等无功补偿装置、保安电源及自备应急电源、通信自动化设备、继电保护装置及二次接线、闭锁装置及回路、接地系统等。

竣工检验运行准备：运行规程、典型操作票、值班和设备管理等规章制度、设备命名、一次模拟接线图板、安全工器具、防风雨雪及小动物设施、符合资质的进网作业电工配备、电气试验记录和报告、竣工图纸、电气设备档案资料、非电性质的保安措施、应急预案等。

三、要点简析

1. 用户受电工程竣工检验的范围

用户受电工程，是指用户为满足用电需求而实施的接受与分配电能电气装置的新建或改建工程，是位于产权分界点用户侧的电气设施建设工程的总称。

关于用户受电工程竣工检验的设备范围，浙江能源监管办出台的《浙江省电力用户受电工程中间检查和竣工检验规范》规定，供电企业仍应对用户受电工程的继电保护装置及二次接线、运行准备等内容作竣工检验。浙江省内的供电公司应按当地电力监管部门的要求开展用户受电工程竣工检验。

2. 不符合规范的受电工程完成整改方可接电

用电安全事关公共安全。用户应当依法依规办理受电工程相关手续，不得危害供电、用电安全和扰乱供电、用电秩序。用户受电工程应符合国家、行业标准和相关技术要求，满足电网安全、稳定运行和电力用户可靠用电，以供电企业提供的供电方案和审核同意的受电工程设计文件为依据组织施工。供电企业在竣工检验过程中发现受电装置存在影响电网安全运行、人身安全等隐患，应通知用户立即消缺，并予以技术指导，隐患消除前不得送电。如案例 5-16、案例 5-17，供电企业对存在安全隐患的受电工程予以送电，发生触电事故，则承担了较上一节用电检查更为严重的赔偿责任。

3. 供电企业应按规范开展受电工程竣工检验

一是应当执行国家及电力行业有关标准。有国家标准、行业监管规定的，尽量以为国家标准、行业监管规定为依据，避免以供电公司内部对供电设施的验收规范为依据，以避免纠纷。如浙江境内，建议以《电气装置安装工程 高压电器施工及验收规范》（GB 50147—2010）、浙监能市场〔2020〕11 号《浙江能源监管办关于印发<浙江省电力用户受电工程市场行为监管办法>等四项制度文件的规定》等相关法律法规及技术标准，为用户受电工程竣工检验依据，明确用户受电工程中间检查和竣工检验的工作要求、工作范围、工作内容、工作程序等。

二是履行好一次性告知及技术指导义务。供电企业发现用户受电设施存在故障隐患时，应以书面形式一次性将不合格项内容及依据等通知用户，指导用户制定整改计划，落实整改措施，并做好整改记录。用户整改完成后向供电企业申请复查或复验。实施现场检查时，如若需要用户对现场设备进行操作的，检查人员不得替代用户操作。此外，竣工检验的书面记录应完整、详实，参与现场检查的人员和用户代表应签字确认。

4. 用户受电工程竣工检验应注意避免刑事责任

案例 5-18 中，客户经理龙某被市检察机关以涉嫌玩忽职守罪立案侦查，供电公司组织了强大的诉讼力量，提出了 3 点辩护意见：

一是客户经理不具备玩忽职守罪的实行行为。中毒窒息事故是某煤矿违规组织生产的行为、非法冶炼小作坊违规排放冶炼废气的行为共同直接造成。客户经理在具体履行职务行为时，在供电方案和供电合同中填写的用电行业分类不一致、违反“营销部牵头、运检部参与”的内部规定而独自进行验收，是违反企业内部规章制度的瑕疵，不属于和保障电力运行和供用电安全职守密切关联的瑕疵，其行为本身并不具有导致中毒窒息事故的危险，不具有侵害多数人生命安全的危险，因而不具备玩忽罪的实行行为。

二是客户经理的行为与中毒窒息事故之间不具备刑法上的因果关系。本案中毒窒息事故，不属于电力运行安全事故或供用电安全事故，也不是因电力运行安全事故或供用电事故所引起的事故。中毒窒息事故的避免，超出了设置客户经理电力安全保障职守和电力法律法规规范的保护目的。因而，客户经理的行为与中毒窒息事故之间不具备刑法上的因果关系，不能将中毒窒息事故归属于客户经理的行为。事发时的用电设施已不同于用电验收时的状况，危害结果与用电验收时龙某的工作疏忽没有直接的因果关系。

三是客户经理的行为不具备刑法上的违法性。客户经理的履职行为虽然违反了企业内部的规章制度，但行为本身不包含违规排放废气、违规组织生产进而引发中毒窒息事故的危险，没有造成本案中的法益即多数人生命安全的行为，缺乏刑法上的违法性的本质和根据。

虽然该案最后撤销案件，但还是为每位业扩相关工作人员敲响了警钟。客户经理因为非电力运行事故而直接涉及刑事风险，应引起重视。

四、管理建议

供电企业应全面践行“四个服务”宗旨及“你用电、我用心”服务理念，强化市场意识、竞争意识，认真贯彻国家法律法规、标准规程和供电服务监管要求，按照“主动服务、一口对外、便捷高效、三不指定、办事公开”原则，开展用户受电工程竣工检验工作。

1. 切实加强供电、用电安全监管

如案例 5-18，事故调查组对事故防范和整改措施提出了建议，涉及供电企业的有切实加强供电、用电安全监管。要求供电公司要按照《供电营业规则》规定的程序和要求，依法依规审查用电申请，对不符合规定要求的坚决不能办理。在勘查和验收中，要严格按程序、按规定检查，凡与申报材料不相符的，要认真核查，禁止通过。严禁向非法生产企业供电。同时，要求县电力监管部门要认真开展电力行政执法活动，打击违法违规供电、用电行为。

2. 严格落实降价清费及投资界面相关规定

供电企业应当按国家有关规定明确与用户受电工程投资管理界面，不得要求用户建设应由供电企业承建的供电设施，或分摊应由供电企业承担的供电设施建设费用。

关于投资界面的规定，目前主要是落实好《国务院办公厅转发国家发展改革委等部门关于清理规范城镇供水供电供气供暖行业收费促进行业高质量发展意见的通知》（国办函〔2020〕129 号）的降价清费政策规定，在城镇规划建设用地范围内，供电企业的投资界面应延伸至用户建筑区划红线，不收取国家明令禁止的不合理收费，不将不合理费用转嫁给用户，切实提升用电营商环境。

3. 及时梳理内部规章制度

此外还应引起重视的是，供电企业内部规章制度也可能成为员工承担责任的依据。如案例 5-18，客户经理龙某被市检察机关以涉嫌玩忽职守罪立案侦查的原因，是因为事故调查组认为县供电分公司向非法冶炼小作坊供电时，存在审核把关不严和现场勘察、验收不规范等瑕疵。为此，建议供电企业在制订内部规范时，充分梳理、释明制定规范的意图和责任界面，尽量避免扩大供电企业责任。

第六节　路边堆放电杆致人损害应承担赔偿责任

一、参考案例

【案例 5-19】 驾车操作不当撞到路边废弃电杆受伤，驾车人承担 70%责任，产权人承担 20%责任，公路管理人承担 10%责任。

案号：（2023）鄂 02 民终 1930 号

2022 年 8 月 23 日，被上诉人（一审原告）陈某驾驶二轮电动车因操作不当撞到路边线杆受伤。案涉线杆的所有人及直接管理人为上诉人（一审被告）某有限公司某分局，被撞电杆属于废弃线杆，立于事故旧路段未拓宽前的路边缘处，后有新线杆立于事故路段扩宽后的路边缘处。两根线杆在事故发生时并立于事故路段路面上，相距约为 62 厘米。一审法院认为陈某负有谨慎驾驶、注意自身安全的义务，其撞上案涉线杆主因系其操作不当，其对事故的发生负主要责任，应当承担70%责任；某有限公司某分局作为案涉线杆的所有权人及直接管理人，其在废弃案涉线杆后应当认识到新旧二根线杆并立于双车道路面存在交通阻碍及安全隐患，其未自行或者委托他人予以拆除，应承担20%责任；一审被告某公路养护服务中心作为公路管理机构行使公路管理与养护职责，且负有清障与警示的职责，理应认识到新旧二根线杆并立于双车道路面存在安全隐患，即使案涉线杆不同于一般的路面障碍物不便直接清障，亦应当与某有限公司某分局充分沟通以督促后者拆除，故应承担10%责任。二审维持原判。

【案例5-20】醉酒驾车撞到路边摆放的电杆致人死亡，摆放人承担20%责任。

案号：（2021）豫1527民初4137号

2021年1月3日，张某醉酒驾驶小型轿车撞到路边被告某电力建设集团有限责任公司某县分公司（简称某建设公司）摆放的准备施工的水泥电杆，致张某、杜某（乘坐人）受伤及车辆、水泥杆受损，后张某、杜某均死亡。该县公安交通警察大队认定，张某承担事故主要责任，被告某建设公司承担次要责任，杜某不承担责任。杜某家属诉至法院要求被告某建设公司赔偿各项损失。法院认为当事人未对道路交通事故责任认定书提出异议，可以作为赔偿责任的依据。因张某死亡，原告仅向被告某电力公司主张权益，本案仅就被告某电力公司应当承担的责任作出处理。法院最终认定某电力公司承担20%的赔偿责任。

【案例5-21】驾车与电线井盖铁皮刮碰受伤，供电公司承担50%责任。

案号：（2021）皖0202民初9595号

2021年1月30日，原告胡某驾驶电动自行车与某供电公司管理的电线井盖所包铁皮发生刮碰，导致电动自行车侧翻摔倒，造成胡某受伤、车辆受损的交通事故。某市公安局交通警察支队某大队认定胡某和供电公司负同等责任。法院认定供电公司承担50%的赔偿责任。

【案例 5-22】 驾车碾压路面铁板受伤，铺设主体承担 60%责任。

案号：（2023）京 0114 民初 11681 号

2022 年 8 月 31 日，原告张某驾驶电动车碾压路面铁板后倒地受伤。法院认为被告 1 某公司在道路施工过程中，在道路上铺设钢板，且未在铺设钢板位置放置警示标识或及时进行清理，导致张某摔倒受伤，应承担相应责任；被侵权人对同一损害的发生或者扩大有过错的，可以减轻侵权人的责任。张某在行驶过程中未做好安全防护，且其驾驶速度过快，故其对事故的发生亦存在过错。法院认定某公司承担 60%责任、张某承担 40%责任。被告 2 北某公司并非实际施工单位且非钢板铺设主体，不承担责任。

【案例 5-23】 驾车因路面遗撒砂石受伤，公路管理人承担 20%责任。

案号：（2023）京 0109 民初 4408 号

2023 年 6 月 6 日，原告王某驾驶二轮摩托车，因路面有砂石遗撒倒地，造成车辆损坏、人员受伤。某市某分局交通警察支队认定王某负事故全部责任。法院认为各方当事人均未就在该公共道路遗撒砂石的主体提出事实上的主张，未主张也无法明确遗撒砂石的行为人；被告某环卫中心作为对该路段清理负有管理职责的主体，其提交的证据不足以证明其尽到了清理义务，因此推定某环卫中心具有过错。法律并未规定公共道路管理人的责任为补充责任，即公共道路管理人承担责任并不以堆放、倾倒、遗撒行为人不能确定或者无力赔偿为前提条件。原告作为受害人可以同时请求行为人及管理人承担责任，也可以选择要求其中的一方承担责任。公共道路管理人的责任为“相应的责任”，责任范围应根据其过错程度具体确定。原告未注意观察路面，未尽到谨慎驾驶义务，亦存在一定过错。法院认定某环卫中心承担 20%的赔偿责任。原告要求某城管委承担损害赔偿责任及连带责任，因其并不存在明显的过错，法院对原告该项主张不予支持。

【案例 5-24】 驾车躲避路面石块受伤，两公路管理人承担 50%责任。

案号：（2023）津 0105 民初 14845 号

2023 年 4 月 10 日，由于路面坑洼不平，原告张某骑电动车没有及时控制车速躲避前方石块导致其连人带车摔倒受伤。法院认为被告 1 市政中心作为涉案路段的管理部门，负有保障道路安全、畅通的义务，对道路进行巡查并且及时修补道路是其应尽的职责。被告 2 某公司作为案涉路段的环境卫生保洁责任单位，对道路上的杂物负有清理义务。由于二被告没有及时保障路面清洁、平整导致事故发生，原告受到损害二被告具有过错，应承担民事赔偿责任。原告作为完全民事行为能力人，未尽到谨慎注意义务，原告亦存在一定过错。根据各方的过错程度，法院认定原告担责 50%，被告 2 市政中心担责 20%，被告 3 某公司担责 30%。

二、关键法条

★《中华人民共和国民法典》（自 2021 年 1 月 1 日起施行）

第一千一百六十五条 行为人因过错侵害他人民事权益造成损害的，应当承担侵权责任。依照法律规定推定行为人有过错，其不能证明自己没有过错的，应当承担侵权责任。

第一千一百七十二条 二人以上分别实施侵权行为造成同一损害，能够确定责任大小的，各自承担相应的责任；难以确定责任大小的，平均承担责任。

第一千一百七十三条 被侵权人对同一损害的发生或者扩大有过错的，可以减轻侵权人的责任。

第一千二百零八条 机动车发生交通事故造成损害的，依照道路交通安全法律和本法的有关规定承担赔偿责任。

第一千二百五十六条 在公共道路上堆放、倾倒、遗撒妨碍通行的物品造成他人损害的，由行为人承担侵权责任。公共道路管理人不能证明已经尽到清理、防护、警示等义务的，应当承担相应的责任。

★《最高人民法院关于审理道路交通事故损害赔偿案件适用法律若干问题的解释》（2020年修正）

第七条 因道路管理维护缺陷导致机动车发生交通事故造成损害，当事人请求道路管理者承担相应赔偿责任的，人民法院应予支持。但道路管理者能够证明已经依照法律、法规、规章的规定，或者按照国家标准、行业标准、地方标准的要求尽到安全防护、警示等管理维护义务的除外。

依法不得进入高速公路的车辆、行人，进入高速公路发生交通事故造成自身损害，当事人请求高速公路管理者承担赔偿责任的，适用民法典第一千二百四十三条的规定。

第八条 未按照法律、法规、规章或者国家标准、行业标准、地方标准的强制性规定设计、施工，致使道路存在缺陷并造成交通事故，当事人请求建设单位与施工单位承担相应赔偿责任的，人民法院应予支持。

三、要点简析

1. 路边堆放的电杆是物品非运行中电力设施

本节提到的电杆非运行中的电杆，即无论是路边废弃的电杆还是堆放在路边作为施工材料的电杆，均是普通物品，非运行中的电力设施，不会牵涉电力运行安全，这与本章第七节提到的电杆有所不同。在该专题中，若驾车人撞到路边运行中的电杆，则可能导致电杆、电线、电缆、变压器等相关电力设施被损坏，甚至危及电力运行安全，供电公司据此可要求驾车人赔偿相关人工、财产损失。

2. 行为人和公路管理人侵权责任相互独立

根据《中华人民共和国民法典》第一千二百五十六条，在公共道路上堆放、倾倒、遗撒妨碍通行的物品造成他人损害的，由行为人承担侵权责任。公共道路管理人不能证明已经尽到清理、防护、警示等义务的，应当承担相应的责任。相较于《中华人民共和国侵权责任法》，该条增加了公路管理人的过错责任。

行为人和公路管理人之间的侵权责任是相互独立的。行为人对损害结果承担无过错责任，即无论行为人对损害发生是否存在过错（过错对其承担责任比例有影响，但对是否承担责任无影响），只要其实施了侵权行为（在公共道路上堆放、倾倒、遗撒妨碍通行的物品），造成损害结果，并且该行为与损害结果存在因果关系，则行为人就要承担侵权责任。而公路管理人则根据其过错程度承担相应责任，并且适用过错推定原则。即公路上有物品造成他人损害，首先推定管理人有过错，管理人必须证明自己尽到清理、防护、警示等义务才能免责。此外，公路管理人的责任并非补充责任，即其承担责任并不以行为人不能确定或者无力承担赔偿为前提条件。被侵权人可以同时请求行为人及管理人承担责任，也可以选择其中一方请求承担责任。

3. 被侵权人过错可以减轻侵权人的责任

根据《中华人民共和国民法典》第一千一百七十三条，被侵权人对同一损害的发生或者扩大有过错的，可以减轻侵权人的责任。在路边电杆致害的案件中，被侵权人可能存在驾车操作不当、酒驾醉驾、未做好安全防护、驾驶速度过快等情况。因其驾车未尽到谨慎注意义务，可以相应减轻行为人和公路管理人的赔偿责任。根据相关案例分析，相对于行为人和公路管理人承担的责任比例，被侵权人有过错的一般承担责任比例较高，因其驾车碰撞行为是引发损害的主要原因，因此承担较重的责任。

四、管理建议

1. 保障施工材料安全堆放，加强文明施工管理

因路边堆放电杆引发交通事故的情况并不少见。不仅是电杆，施工进场、退场时的工器具和材料设备，任何堆放、倾倒、洒落在路边的物品，都有可能妨碍通行，也易引发用户投诉。无法避免在路边堆放设备、材料等物品时，要保证通道畅通，材料、土方、设备等堆放合理。在电力施工过程中，关注施工现场管理，做到安全施工、文明施工。施工时应专人监督，设置明显警

示标志，保持道路畅通，做好安全防护。主体施工工作完成后，施工现场遗留的剩余材料要堆放整齐、牢固，废料要及时清理干净，保证现场的整洁，切实做到“工完、料尽、场地清”。施工结束后针对无法当日完成退场的设备，应妥善放置在不妨碍交通运行的地方，安装设置安全围挡，并在其前后设置安全警示标识。有施工车辆需要在路边停放的，也要按照公安交通管理部门的要求，规范停放，避免引发事故风险。

2. 加强现场巡视和安全督查

致人损害的路边电杆可能是施工材料也可能是废弃电杆。针对废弃电杆，提醒供电企业加强相关电力设施巡视监管，及时拆除废弃电杆。此外，对电力设施的定期巡视监管，不但可以及时掌握电力设备的健康状况，发现和消除缺陷，而且在预防事故的同时，从源头杜绝因电力设备未做妥善处理而导致的人身、财产损害。今后供电企业在农网改造、农业生产专项改造过程以及施工结束后，要及时拆除或整改存在风险隐患的线路与设备，加强验收力度，加强责任考核，防止事故隐患再次发生。

当前电网建设主网施工的安全管理相对规范，配电网建设由于点多、面广，施工队伍复杂，施工人员素质参差不齐，安全管理相对薄弱，电杆等施工物品随意堆放在路边的情况时有发生。各施工责任主体要根据施工计划，合理制定管理措施，切实提高施工现场安全管理水平，减少事故发生概率。安全管理部门应通过3G视频监控、现场突击检查、工作负责人考问等方式加强安全督查，核查现场施工过程中限行警示牌、围栏等标识是否布置到位，设备、材料是否按要求可靠堆放等。对不按要求执行的坚决查处，保持高压态势。同时举一反三，杜绝同类问题再度发生。

3. 落实外包施工队伍和劳务分包人员的教育、监督和考核

供电企业的建设工程施工发包后可能存在分包的情况。分包人往往缺乏安全管理理念，具有“游击队员”的作风，做一个工程换一个地方，图省事偷点懒、把活快点干完的思想长期存在。作为建设管理单位的发包人和建设工程施工承包人也往往忽视对文明施工的监督考核。据此，一是要做好对外

包施工队伍和劳务分包人员的安全文明施工教育；二是要在合同条款中做出明确要求，厘清责任，签订文明施工责任书或安全协议；三是对违约或违规行为严肃批评、给予考核，确保责任落实到位。

第七节　行人车辆撞到运行电杆的赔偿责任划分

一、参考案例

【案例 5-25】 骑车与电线杆相撞受伤，道路建设单位承担 70%责任，供电公司承担 20%责任。

案号：（2021）京 0115 民初 9261 号

2021 年 1 月 10 日 18 时 30 分，原告冯某骑电动自行车发生交通事故，车辆前部与电线杆固定金属绳相撞，车辆受损，冯某受伤，因车辆系单方发生道路交通事故，交通事故责任认定书载明冯某为全部责任。法院认定事故原因系因电线杆及固定金属绳裸露在外，且用于围挡护栏没有完全封闭所致；被告 1 电力公司系涉案电线杆的产权单位，被告 2 土地储备中心系道路扩宽的建设单位，双方应积极作为，相互配合，完成电线杆的迁移工作。电线杆因故未完成迁改，被告 2 土地储备中心作为建设单位有义务保证道路的安全通行，其虽然设立了护栏，但也应当管理好护栏，保证护栏起到安全防护的作用。被告 1 电力公司作为产权人，亦应对金属绳进行保护，提示行人注意，其未尽到义务，也应承担责任。法院认定被告土地储备中心承担 70%的责任，被告电力公司承担 20%的责任，原告冯某自行承担 10%的责任。

【案例 5-26】 骑车被电杆钢索绊倒受伤，供电公司未尽管理责任承担赔偿责任。

案号：（2021）辽 0102 民初 14263 号

2021 年 3 月 7 日凌晨，原告刘某骑电动自行车被电线杆斜拉钢索绊倒受伤。案涉电杆拉线一侧距离楼体的位置通行距离仅有 1 米左右；电杆拉线另一侧为建筑围挡，距离该围挡不足2米，实际能用于通行的道路狭窄。此处在夜间照明情况不佳，拉线不易被发现，亦无安全警示标志提醒路人注意。法院认为被告某供电公司作为电杆拉线的产权人，负有对电杆拉线维护管理的责任，应依法履行安全保障义务，承担公共场所管理人的责任。被告对电杆拉线未尽到管理责任，对原告受伤具有过错，应承担责任。被告应定期对电杆拉线予以巡视管理，尤其是其在已发现此处因围挡建设存在事故隐患的情况下，仍未及时采取措施消除隐患，原告向被告某供电公司主张权利，其作为电杆拉线的权利人和管理者应就其因怠于管理的过失向原告承担赔偿责任。

【案例5-27】乘客坐车撞到电杆受伤，主张供电公司和公路管理部门承担设计和管理缺陷责任无法律依据。

案号：（2022）鄂1125民初1376号

2021年8月12日上午，被告1张某驾驶某轻型自卸货车（车载原告聂某）撞到路边电线杆，导致乘坐人原告聂某被甩出车外，摔至路边，被告张某和原告聂某受伤，且车辆受损。交警部门认定被告1张某负全部责任，原告聂某无责任。被告2某供电公司系肇事车辆所碰撞的电线杆的所有人和管理人，被告3某县公路管理局系该事故路段的养护单位。原告认为，涉案电线杆属于架设在公路建筑控制区范围内的电线杆，距离公路太近，严重违反了《公路安全保护条例》第十一条规定。该电线杆设置在该路段存在设计缺陷。被告2某供电公司违反《公路安全保护条例》，被告3某县公路管理局作为公路管理部门应当限期拆除，并给予一定的处罚，此外，公路管理部门应当设置警示标志，存在管理缺陷，故被告2和被告3应承担相应的民事责任。法院认为原《最高人民法院关于审理人身损害赔偿案件适用法律若干问题的解释》第十六条在修改后已删除，《中华人民共和国民法典》也未作出规定，《公路安全保护条例》只规定有行政责任，没有规定民事责任，故原告诉请要求被告2某供电公司和被告3某县公路管理局承担设计缺陷和管理缺陷致人损害的民事责任，没有法律依据，依法应予驳回。

【案例5-28】驾车撞坏电杆及相关设施未造成人员伤亡，驾车人应赔偿损失。

案号：（2021）豫1623民初644号

2021年1月22日，被告娄某驾驶重型仓栅式货车由西向东倒车时，撞到原告某县供电公司线杆，造成车辆受损、线杆及相关设施损坏的交通事故，娄某负事故全部责任。法院认定被告投保的保险公司赔偿原告相应财产损失、鉴定费。

【案例5-29】驾车撞路边电杆及电力设施未造成人员伤亡，驾车人应赔偿损失。

案号：（2021）冀0635民初1976号

2021年3月21日，被告姚某驾驶重型货车，沿河龙线由东向西行驶至河龙线某县东风胶带门前倒车时，与原告某供电分公司的电线杆及电力设施发生交通事故，致使原告的电线杆和电力设施受损，被告姚某负事故的全部责任。法院认定被告应赔偿原告相应财产损失以及公估费。

【案例5-30】醉酒驾车撞路边电杆致死，产权人承担10%责任。

案号：（2021）豫1623民初548号

2020年2月7日19时许，在某村西路口处，刘某1醉酒驾驶二轮电动车撞到路西侧电线杆，造成车辆受损，刘某1当场死亡。某县交警大队事故中队认定刘某1负事故全部责任。涉电线杆产权归被告刘某2，其为跨越公路架设电线而设置，用于生产经营。法院认为涉案电线杆架设在公路用地上，违反了《中华人民共和国公路法》第七条、第四十五条规定。公民的生命权、身体权、健康权受法律保护，刘某1的死亡，与被告刘某2违法架设的电线杆未设置警示标志和保护墩不是毫无关系。同时被告刘某2也没有证据证明刘某1的死亡是故意行为。从公平原则出发，被告刘某2对五原告（刘某1近亲属）的损失应承担10%的责任。

【案例5-31】驾车撞路边电杆至电缆掉落造成他人受伤，驾车人承担90%责任。

案号：（2022）陕0523民初1618号

2021 年 11 月 28 日 2 时许，被告 1 赵某驾驶小轿车撞断路边电杆，电缆掉落半空。事故发生后，赵某未报警，亦未上报电力部门。当日 7 时许，原告王某与掉落在半空的电缆接触，造成原告被电击受伤。案涉电力设施产权系被告 2 水文中心所有，电力输送由被告 3 供电公司负责。法院认为被告 1 赵某驾车造成电力设施破坏后电缆掉落于半空，期间 5 小时之久未报警，亦未采取任何措施消除或减轻其造成的危险状态，进而导致原告被电击伤，被告 1 赵某对此存在较大过错，应承担 90%的赔偿责任；原告作为成年人在行走时应注意自身安全，对损害的发生具有一定的过错，应适当减轻侵权人的责任，原告自行承担 10%的责任。被告 2 水文中心和被告 3 供电公司分别作为涉案电力设施的所有人、管理人、使用人系在原告受伤后知晓，结合电力设施遭到破坏的时间及原告受伤的时间，无证据可以证明两被告有条件采取措施而未采取措施，对事故的发生或者扩大不存在过错，故二被告不应承担侵权责任。

【案例 5-32】 驾驶收割机撞田里电杆斜拉线死亡，驾车人承担 70%责任，产权人承担 30%责任。

案号：（2022）吉 02 民终 797 号

2021 年 10 月 15 日，纪某驾驶收割机收割玉米时，颈部撞到被告某供电公司设置的电线杆斜拉线上，纪某因颈部勒伤死亡。一审法院认为，某供电公司作为供电企业，在运营管理过程中，应对其设置的电力设施加强管理，确保电力设施安全及周边人员人身财产安全。案涉线杆及拉线架设在耕地内，未设置任何安全警示标识和防护措施，线杆拉线较细，材质坚硬，其下端隐没在玉米秸秆中不易辨识，对收粮农户特别是农机操作人员形成较大安全隐患。某供电公司未设置安全警示标志，未尽到安全防护义务，对事故发生具有一定过错。纪某作为农机操作人员，自身未尽到注意义务，未在确保安全的情况下进行收割作业，存在较大过错。认定某供电公司承担 30%责任，纪某自行承担 70%责任。二审维持原判。

二、关键法条

★《中华人民共和国民法典》（自 2021 年 1 月 1 日起施行）

第一千零二条 自然人享有生命权。自然人的生命安全和生命尊严受法律保护。任何组织或者个人不得侵害他人的生命权。

第一千一百六十五条 行为人因过错侵害他人民事权益造成损害的，应当承担侵权责任。

依照法律规定推定行为人有过错，其不能证明自己没有过错的，应当承担侵权责任。

第一千一百七十三条 被侵权人对同一损害的发生或者扩大有过错的，可以减轻侵权人的责任。

第一千一百八十四条 侵害他人财产的，财产损失按照损失发生时的市场价格或者其他合理方式计算。

第一千一百九十八条 宾馆、商场、银行、车站、机场、体育场馆、娱乐场所等经营场所、公共场所的经营者、管理者或者群众性活动的组织者，未尽到安全保障义务，造成他人损害的，应当承担侵权责任。

因第三人的行为造成他人损害的，由第三人承担侵权责任；经营者、管理者或者组织者未尽到安全保障义务的，承担相应的补充责任。经营者、管理者或者组织者承担补充责任后，可以向第三人追偿。

第一千二百零八条 机动车发生交通事故造成损害的，依照道路交通安全法律和本法的有关规定承担赔偿责任。

第一千二百一十三条 机动车发生交通事故造成损害，属于该机动车一方责任的，先由承保机动车强制保险的保险人在强制保险责任限额范围内予以赔偿；不足部分，由承保机动车商业保险的保险人按照保险合同的约定予以赔偿；仍然不足或者没有投保机动车商业保险的，由侵权人赔偿。

第一千二百四十条 从事高空、高压、地下挖掘活动或者使用高速轨道运输工具造成他人损害的，经营者应当承担侵权责任；但是，能够证明损害是因受害人故意或者不可抗力造成的，不承担责任。被侵权人对损害的发生有重大过失的，可以减轻经营者的责任。

第一千二百五十三条 建筑物、构筑物或者其他设施及其搁置物、悬挂物发生脱落、坠落造成他人损害，所有人、管理人或者使用人不能证明自己没有过错的，应当承担侵权责任。所有人、管理人或者使用人赔偿后，有其他责任人的，有权向其他责任人追偿。

★《中华人民共和国公路法》(2017 年修正)

第七条 公路受国家保护，任何单位和个人不得破坏、损坏或者非法占用公路、公路用地及公路附属设施。

任何单位和个人都有爱护公路、公路用地及公路附属设施的义务，有权检举和控告破坏、损坏公路、公路用地、公路附属设施和影响公路安全的行为。

第三十四条 县级以上地方人民政府应当确定公路两侧边沟（截水沟、坡脚护坡道，下同）外缘起不少于一米的公路用地。

第四十五条 跨越、穿越公路修建桥梁、渡槽或者架设、埋设管线等设施的，以及在公路用地范围内架设、埋设管线、电缆等设施的，应当事先经有关交通主管部门同意，影响交通安全的，还须征得有关公安机关的同意；所修建、架设或者埋设的设施应当符合公路工程技术标准的要求。对公路造成损坏的，应当按照损坏程度给予补偿。

★《公路安全保护条例》(自 2011 年 7 月 1 日起施行)

第十一条 县级以上地方人民政府应当根据保障公路运行安全和节约用地的原则以及公路发展的需要，组织交通运输、国土资源等部门划定公路建筑控制区的范围。

公路建筑控制区的范围，从公路用地外缘起向外的距离标准为：

（一）国道不少于 20 米；

（二）省道不少于 15 米；

（三）县道不少于 10 米；

（四）乡道不少于 5 米。

属于高速公路的，公路建筑控制区的范围从公路用地外缘起向外的距离标准不少于 30 米。

公路弯道内侧、互通立交以及平面交叉道口的建筑控制区范围根据安全视距等要求确定。

★《电力设施保护条例》（2011 年修订）

第十条 电力线路保护区：

（一）架空电力线路保护区：导线边线向外侧水平延伸并垂直于地面所形成的两平行面内的区域，在一般地区各级电压导线的边线延伸距离如下：

1～10 千伏：5 米；

35～110 千伏：10 米；

154～330 千伏：15 米；

500 千伏：20 米。

在厂矿、城镇等人口密集地区，架空电力线路保护区的区域可略小于上述规定。但各级电压导线边线延伸的距离，不应小于导线边线在最大计算弧垂及最大计算风偏后的水平距离和风偏后距建筑物的安全距离之和；

（二）电力电缆线路保护区：地下电缆为电缆线路地面标桩两侧各 0.75 米所形成的两平行线内的区域；海底电缆一般为线路两侧各 2 海里（港内为两侧各 100 米），江河电缆一般不小于线路两侧各 100 米（中、小河流一般不小于各 50 米）所形成的两平行线内的水域。

第二十七条 违反本条例规定，危害发电设施、变电设施和电力线路设施的，由电力管理部门责令改正；拒不改正的，处 1 万元以下的罚款。

★《最高人民法院关于审理道路交通事故损害赔偿案件适用法律若干问题的解释》（2020 年修正）

第七条　因道路管理维护缺陷导致机动车发生交通事故造成损害，当事人请求道路管理者承担相应赔偿责任的，人民法院应予支持。但道路管理者能够证明已经依照法律、法规、规章的规定，或者按照国家标准、行业标准、地方标准的要求尽到安全防护、警示等管理维护义务的除外。

依法不得进入高速公路的车辆、行人，进入高速公路发生交通事故造成自身损害，当事人请求高速公路管理者承担赔偿责任的，适用民法典第一千二百四十三条的规定。

第八条　未按照法律、法规、规章或者国家标准、行业标准、地方标准的强制性规定设计、施工，致使道路存在缺陷并造成交通事故，当事人请求建设单位与施工单位承担相应赔偿责任的，人民法院应予支持。

三、要点简析

1. 撞击电杆应适用过错责任原则

针对撞击运行中电杆案件，有法院适用《中华人民共和国民法典》第一千一百六十五条关于过错责任原则、过错推定责任的规定（如案例 5-25），也有法院适用《中华人民共和国民法典》第一千一百九十八条第一款关于违反安全保障义务的侵权责任的规定（如案例 5-26），但无论引用哪一条款，该类案件均应属于普通侵权，适用过错责任原则。即供电公司在有过错的情况下承担责任，没有过错即不承担责任。这点与高压触电的“无论是否有过错均应承担责任”明显不同。

2. 供电公司作为产权人怠于管理或发现隐患未采取措施存在一定的过错

供电公司作为电杆拉线的产权人和管理者，负有对电杆及其拉线维护管理的责任。若供电公司未对电杆拉线进行保护，设置警示标志提示行人车辆注意安全；或者日常怠于巡视管理，未及时发现电杆安全隐患；或者发现存在电杆事故隐患而未及时采取措施消除的，供电公司可能会被认定为未尽到管理责任，具有一定过错，应承担相应责任。

3. 撞击电杆是否有人员伤亡判决结果不同

在相关案件中，电杆可能作为造成伤亡的实物导致供电公司承担赔偿责任，也可能作为电力设施被损坏，从而供电公司要求其他主体赔偿损失。

从《中华人民共和国民法典》财产保护角度，车辆、行人撞坏电杆损害供电公司财产权利，理应赔偿；此外，根据《电力设施保护条例》规定，距离 1～10 千伏电杆 5 米内是电力设施保护区，任何危害电力设施的行为，其单位或个人应承担相应责任并赔偿损失。但是从《中华人民共和国民法典》人身保护角度，供电公司电杆导致人员伤亡，作为电杆的产权人、管理者也应根据过错程度承担相应责任。此外《中华人民共和国公路法》规定，公路外缘起不少于的 1 米的位置是公路用地。已失效的《公路管理条例实施细则》第三十六条也规定了在公路、公路用地范围内禁止设置电杆、变压器、地下管线及其他类似设施。从相关案例看，针对车辆、行人撞击电杆等电力设施的情况，法院往往根据不同情形作出不同判决。若涉及人身损害赔偿案件，供电公司往往作为被告，法院一般认为公民的生命权、身体权、健康权受法律保护，供电公司作为产权人和受害人分别根据各自过错承担相应责任；若不涉及人身伤亡，只涉及车辆、电线杆和相关电力设施受损的交通事故，供电公司一般作为原告，法院则支持供电公司诉请赔偿财产损失的请求。

4. 撞击电杆多因一果其他管理主体也应承担责任

从案例 5-25～5-28 可知，行人、车辆撞击道路运行电杆造成人员伤亡的原因有很多种，可能是电杆自身建设、运行维护的原因，也可能是道路建设单位、公路管理部门不作为、管理不力，或者其他单位或个人进行施工、设置围挡、堆放物品等导致道路狭窄等，各种原因交织在一起共同导致撞击电杆伤亡事件。相关案件涉及的主体除供电公司外还可能包括道路建设单位、公路管理部门以及其他造成道路安全隐患的单位或个人，因此当被侵权人诉请法院要求赔偿并只列供电公司为被告时，若供电公司未申请追加相关被告或者向其他主体追偿时，可能单独向原告承担赔偿责任（如案例 5-26）。所以，为避免承担责任过重，在事件发生后供电公司因积极查找导致撞击电杆伤亡事件的其他责任人，积极向法院申请追加被告或者另案追偿，确保相关主体承担应有的责任。

四、管理建议

1. 加强重点部位的运维巡视

本着“人民电业为人民”的理念，供电公司作为电杆等电力设施的产权人和管理者，应当积极履行管理责任，采取措施对电杆、拉线等电力设施进行保护，并且设置警示标志提示行人、车辆注意，保护人民生命、财产安全；若发现存在事故隐患的，应及时采取措施予以消除，避免因管理不当造成人员伤亡，进而承担赔偿责任。同时，供电公司加强对电杆等电力设施的运维巡视还有利于减少外力破坏，发现问题、消除安全隐患，维护电网运行安全稳定；有利于及时发现电力设施财产权利受侵害情况，尽快收集、保全证据，维护自身合法权益等。

2. 及时报案并加强内部沟通

当发生电杆撞击事故造成电杆等电力设施损害时，供电公司应及时报案。在具体实务中，电力设施运行维护一般由运检部门负责，而保险理赔则由安监、财务等部门负责。电力设施遭受外力破坏后，供电公司的运检、安监、财务等部门如果内部沟通不力，仅仅忙于和当事人协商处理，可能会发生疏于及时向公安机关、保险公司报案的情况，造成财产损害无法理赔。事故发生后，相关责任部门应及时向公安、保险公司报案。公司运检、安监、法务等部门应群策群力，加强案件分析研讨，做好证据固定、损失评估等工作，主动出击借助公权力，有效打击破坏电力设施的侵权行为，为企业挽回经济损失。

3. 不断完善公众责任险条款并注意调解策略

为减少财务账目处理难度，建议供电公司在购买“电网一切险”或“公众责任险”时，增加特别约定条款，扩大被保险人所有或管理的供电设备及供电线路导致第三者人身伤亡或财产损失的承保范围。

值得注意的是，即使参加了公众责任险并设置了相应的赔偿条款，具体实务处理时还是要把握策略。建议与保险公司提前沟通，协商好可赔偿的额度，由供电公司出面与被侵权人或其家属协商，保险公司不宜参与调解，以避免被侵权人或其家属认为有保险公司兜底，要求供电公司除保险赔偿外再额外支出一笔费用的情况，给事件的顺利处理造成一定的风险。

4. 加强警示教育和群众宣传

电力设施保护是一项长期而艰巨的系统工程，仅靠供电企业一家之力无法妥善解决，需要动员全社会的力量全员防范。供电企业要加强与政府、部门及地方群众的沟通，建好义务护线员队伍，及时发现电力设施隐患，警示教育周边群众，为电力设施保护和电网运行安全创造了良好外部环境。

第八节　变压器噪声扰民应承担相应的举证责任

一、参考案例

【案例 5-33】预装式变电站试验合格且非裸露安装，无噪声与火灾隐患，不必搬迁。

案号：（2022）京 0101 民初 17743 号

原告诉称，被告某供电公司将两座大型变压器强行装置在其房屋旁边的屋内，距离原告房屋不足 70 厘米，不仅存在极大的安全隐患，而且变压器噪声与辐射对原告的生活造成严重的不良影响，要求被告将变压器迁移。被告某供电公司辩称，涉案电力设施是 10 千伏预装式变电站，属于环评豁免，不会对原告造成影响。涉案电力设施在投入使用以前，均经过实验合格，也并非裸露安装，外层均有耐腐蚀防火外层，不存在火灾等安全隐患，不同意搬迁。

法院认为，原告虽称涉案电力设施存在安全隐患并有噪声及辐射的影响，但其并未提交相关证据证明其主张。原告所主张的《建筑设计防火规范》（GB 50016—2014）第 3.4.1 条规定虽然属于强制性条款，但并不适用 10 千伏预装式变电站，难以认定涉案电力设施违反法律法规强制性规范。判决驳回原告的诉讼请求。

【案例 5-34】 配电设备属公用设施，移除侵犯多数业主权益。

案号：（2021）湘 0903 民初 883 号

原告因房屋下面地下室（负一层）安装有高压配电设备，多次向被告 1 某房地产开发公司与被告 2 某供电公司反映配电设备产生噪声影响了其生活，二被告对地下室配电设备进行了降噪处理。2019 年 9 月 29 日，经被告 2 供电公司两次委托检测，噪声均在正常范围内。其后，原告仍旧认为噪声问题未得到改善，要求被告变更安装变压器的位置。2020 年 5 月 20 日，被告 2 供电公司再次委托检测，结论为：原告房屋室内噪声低于《工业企业厂界环境噪声排放标准》（GB 12348—2008）中 1 类声功能区排放值，固定设备室内噪声（倍频带声压级）低于《工业企业厂界环境噪声排放标准》（GB 12348—2008）中 1 类声功能区排放限值。原告认为两被告在地下室安装的变压器等配电设备产生的噪声问题仍旧未得到改善，产生的噪声超出了国家建筑设计的规定，严重影响了原告及其家人的生活，给原告及家人的身体健康造成了损害，故向法院提起诉讼。

法院认为，原告所提供本人及家人的病历资料所载病症，无法证实系案涉负一层变压器噪声所致，与本案不存在关联性。根据《民用建筑设计统一标准》（GB 50352—2019）第 8.3.1 条的要求，变压器室、配电室等不应在居室的直接上下层及贴邻处。被告 1 某房地产开发公司的该项变压器设置产生的噪声虽未超过限定标准，但给原告的生活造成了一定的影响，其在对案涉小区进行规划设计时应考虑到各项设施设备的建造在最大程度上保障业主居住环境的舒适度，其应负有保障原告健康、适宜的居住环境的义务，应对案涉变压器采取屏蔽、降噪等措施。因配电设备为小区业主提供服务，属于小区的公用设施，依据《中华人民共和国民法典》第二百七十八条之规定，拆除、迁移上述设备应当经小区专有部分占建筑面积三分之二以上的业主且占总人数三分之二以上业主同意，但原告未提供证据证实其已按照法律规定征得上述相应业主的同意，且案涉配电设备已经相关部门验收合格，移除该配电设备，涉及重新规划审批、停止供电，必将影响该小区业主的正常生活，侵犯多数业主的合法权益，故原告诉请要求两被告拆除案涉配电设备的依据不充足，判决驳回原告诉讼请求。

【案例 5-35】 主张变压器噪声扰民造成损害，应承担举证证明责任。

案号：（2020）鲁 0826 民初 2498 号

原告诉称被告 1 某供电公司、被告 2 某村民委员会于 2009 年选址在原告住宅西南方向墙外安装变压器，并于 2011 年 10 月进行施工安装。因被告安装的变压器紧邻原告院墙，侵害了原告的合法权益，同时安装的该变压器噪声过大，且噪声越来越大，严重影响原告及其家人的睡眠，致使原告经常住院治疗，花费一定的医疗费用，因此要求赔偿损失。

法院认为，涉案变压器为油浸式非晶合金铁芯配电变压器，一审法院判决认为，关于变压器的噪声，一是原告放弃噪声影响的鉴定；二是变压器的位置与原告的院墙的直线距离为 3.215 米，与原告卧室屋角的直线距离为 6.95 米，均大于《10kV 及以下变电所设计规范》（GB 50053—2013）第 4.2.2 条规定净距不应小于 0.8 米的规定；三是国家变压器质量检验中心对山东成武驰翔电气有限公司送样的非晶合金电力变压器试验结论认定“声级测定”的试验结果符合试验依据标准；四是现场勘查近距离听不到变压器有噪声。现上诉人没有提供证据证明变压器对其造成了噪声的妨害，应承担举证不能的法律后果。

二、关键法条

★《中华人民共和国民法典》（自 2021 年 1 月 1 日起施行）

第一千二百二十九条　因污染环境、破坏生态造成他人损害的，侵权人应当承担侵权责任。

第一千二百三十条　因污染环境、破坏生态发生纠纷，行为人应当就法律规定的不承担责任或者减轻责任的情形及其行为与损害之间不存在因果关系承担举证责任。

★《最高人民法院关于适用〈中华人民共和国民事诉讼法〉的解释》（2022 年修正）

第九十条　当事人对自己提出的诉讼请求所依据的事实或者反驳对方诉讼请求所依据的事实，应当提供证据加以证明，但法律另有规定的除外。

在作出判决前，当事人未能提供证据或者证据不足以证明其事实主张的，由负有举证证明责任的当事人承担不利的后果。

第九十一条　人民法院应当依照下列原则确定举证证明责任的承担，但法律另有规定的除外：

（一）主张法律关系存在的当事人，应当对产生该法律关系的基本事实承担举证证明责任；

（二）主张法律关系变更、消灭或者权利受到妨害的当事人，应当对该法律关系变更、消灭或者权利受到妨害的基本事实承担举证证明责任。

★《中华人民共和国环境影响评价法》（2018 年修正）

第十六条　国家根据建设项目对环境的影响程度，对建设项目的环境影响评价实行分类管理。

建设单位应当按照下列规定组织编制环境影响报告书、环境影响报告表或者填报环境影响登记表（以下统称环境影响评价文件）：

（一）可能造成重大环境影响的，应当编制环境影响报告书，对产生的环境影响进行全面评价；

（二）可能造成轻度环境影响的，应当编制环境影响报告表，对产生的环境影响进行分析或者专项评价；

（三）对环境影响很小、不需要进行环境影响评价的，应当填报环境影响登记表。

建设项目的环境影响评价分类管理名录，由国务院环境保护行政主管部门制定并公布。

★《民用建筑设计统一标准》（GB 50352—2019）

8.3.1 民用建筑物内设置的变电所应符合下列规定：

1 变电所位置的选择应符合下列规定：

5）变压器室、高压配电室、电容器室，不应在教室、居室的直接上、下层及贴邻处设置；当变电所的直接上、下层及贴邻处设置病房、客房、办公室、智能化系统机房时，应采取屏蔽、降噪等措施。

★《声环境质量标准》（GB 3096—2008）

4．环境功能区分类

按区域的使用功能特点和环境质量要求，声环境功能区分为以下五种类型：

0 类声环境功能区：指康复疗养区等特别需要安静的区域。

1 类声环境功能区：指以居民住宅、医疗卫生、文化教育、科研设计、行政办公为主要功能，需要保持安静的区域。

2 类声环境功能区：指以商业金融、集市贸易为主要功能，或者居住、商业、工业混杂，需要维护住宅安静的区域。

3 类声环境功能区：指以工业生产、仓储物流为主要功能，需要防止工业噪声对周围环境产生严重影响的区域。

4 类声环境功能区：指交通干线两侧一定距离之内，需要防止交通噪声对周围环境产生严重影响的区域，包括 4a 类和 4b 类两种类型。4a 类为高速公路、一级公路、二级公路、城市快速路、城市主干路、城市次干路、城市轨道交通（地面段）、内河航道两侧区域；4b 类为铁路干线两侧区域。

5.1 各类声环境功能区适用表 1 规定的环境噪声等效声级限值。

表 1 各类声环境功能区适用的环境噪声等效声级限值

声环境功能区类型	昼间	夜间
0 类	50	40
1 类	55	45
2 类	60	50
3 类	65	55
4a 类	70	55
4b 类	70	60

★《住宅设计规范》(GB 50096—2011)

6.10.3 水泵房、冷热源机房、变配电机房等公共机电用房不宜设置在住宅主体建筑内，不宜设置在与住户相邻的楼层内，在无法满足上述要求贴临设置时，应增加隔声减振处理。

★《关于居民楼内生活服务设备产生噪声适用环境保护标准问题的复函》(环函〔2011〕88 号)

一、《中华人民共和国环境噪声污染防治法》（以下简称《噪声法》）未规定由环境保护行政主管部门监督管理居民楼内的电梯、水泵和变压器等设备产生的环境噪声。处理因这类噪声问题引发的投诉，国家法律、行政法规没有明确规定的，适用地方性法规、地方政府规章；地方没有明确作出规定的，环境保护行政主管部门可根据当事人的请求，依据《中华人民共和国民法通则》的规定予以调解。调解不成的，环境保护行政主管部门应告知投诉人依法提起民事诉讼。

二、《工业企业厂界环境噪声排放标准》（GB 12348—2008）和《社会生活环境噪声排放标准》（GB 22337—2008）都是根据《噪声法》制定和实施的国家环境噪声排放标准。这两项标准都不适用于居民楼内为本楼居民日常生活提供服务而设置的设备（如电梯、水泵、变压器等设备）产生噪声的评价，《噪声法》也未规定这类噪声适用的环保标准。

三、要点简析

1. 声环境是环境评价的主要因子之一

根据建设项目实施过程中噪声影响特点，可按施工期和运行期分别开展声环境影响评价。运行期声源为固定声源时，将固定声源投产运行年作为评价水平年；运行期声源为移动声源时，将工程预测的代表性水平年作为评价水平年，《环境影响评价技术导则　声环境》（HJ 2.4—2021）在典型目录中没有明确将变压器噪声进行归类。目前有两个变压器的噪声国家标准，即《变压器噪声测量方法》（GB/T 15173—2019）、《变压器噪声评定》（GB/T 15264—2019）。

2. 变压器噪声污染的举证责任分配

侵权行为的构成要件主要有行为、过错、损害事实和因果关系。因环境污染引起的损害赔偿诉讼，行为人应当就法律规定的不承担责任或者减轻责任的情形及其行为与损害之间不存在因果关系承担举证责任。在变压器噪声诉讼中，供电企业不仅要证明所电力设施符合规范、满足电磁环境和声环境评价等方面的要求，如认为存在“免责事由”，则需要证明免责事由的存在。

2020 年 5 月 1 日以后，声污染的举证责任按照最高人民法院关于适用《中华人民共和国民事诉讼法》的解释（2022 年第二次修正，2022 年 4 月 10 开始实施）第九十、第九十一条的规定，由声污染受到妨害的当事人对受到妨害的基本事实承担举证证明责任，但供电企业应承担法律规定的不承担责任或者减轻责任的情形及其行为与损害之间不存在因果关系承担举证责任。

3. 居民楼内生活服务设备产生噪声的法律适用与输变电工程不同

居民楼内生活服务设备如水泵房、冷热源机房，变配电机房等公共机电用房都会产生较大的噪声。根据《住宅设计规范》（GB 50096—2011），这类设施不宜设置于住户相邻楼层内，也不宜设置在住宅主体建筑内。当受到条件限制必须设置在主体建筑内时，可设置在地下或架空楼层或不与住宅套内房间直接相邻的空间内，并需做好减振、隔声措施。同时，《关于居民楼内生活服务设备产生噪声适用环境保护标准问题的复函》还规定，《工业企业厂界环境噪声排放标准》（GB 12348—2008）和《社会生活环境噪声排放标准》（GB 22337—2008）都是根据《中华人民共和国噪声法》制定和实施的国家环境噪声排放标准，这两项标准都不适用于居民楼内为本楼居民日常生活提供服务而设置的设备（如电梯、水泵、变压器等设备）产生噪声的评价，《中华人民共和国噪声法》也未规定这类噪声适用的环保标准。

供电企业配电网项目虽然无需环评，但是相关设施投运后，变压器等配电设施运行时产生的噪声是 95598 投诉、信访的重点内容之一。在处理为居民楼内生活服务的配电设施产生的噪声纠纷时，应充分理解以上标准和法律适用。

四、管理建议

1. 供电企业应严格执行环境保护法律法规和行业标准要求，确保工程前期手续合法合规，避免程序瑕疵

建设项目合法性、审批程序方面的瑕疵，会给侵权之诉造成可乘之机。特别是环境影响评价，过程复杂，主体较多。国家对环境影响评价实行分类管理，对输变电工程项目的环境保护要求越来越严格。根据《中华人民共和国环境影响评价法》的要求，开展项目的环境影响评价，建设单位是建设项目环境影响报告书、环境影响报告表的责任主体，因此在委托第三方机构编制报告书或报告表时要明确责任，保管好过程资料。形成的报告书或报告表要根据要求向生态环境主管部门报批，建设单位应当严格按照规定进行环境影响评价，避免程序瑕疵。

2. 供电企业在设计、建设和运行中应充分考虑环境影响

输变电工程初步设计和施工时，应严格执行设计标准、规程，优化设计方案，加强输变电工程的噪声防治工作。工程选址选线应符合所在（经）城镇区域的总体规划，尽量避开居住区、学校、医院等环境敏感点。变电站设计要优先选用低噪声设备，采取隔声降噪措施，确保边界噪声符合《工业企业厂界环境噪声排放标准》（GB 12348—2008）要求，同时确保站址周围居民区符合《声环境质量标准》（GB 3096—2008）中相应功能的要求，防止噪声扰民。

跨越民房等敏感建筑物及人群活动区时，应采取高跨设计，以进一步减少输电线路对周围环保目标的影响。线路经过居民区时，导线最大弧垂对地高度应不小于 7.5 米；经过非居民区时，导线最大弧垂对地高度应不小于 6.5 米。线路附近离地 1.5 米高度处工频电场强度超过 4 千伏/米或磁感应强度超过 0.1 毫特斯拉的范围内，不得有居住区、学校、医院等环境敏感点。工程沿线每隔一定距离应建立电力设施保护标志牌，并设置一定数量的高压警示牌、高压知识宣传牌。

3. 供电企业应重视媒体的舆论导向作用，广泛开展环境保护宣传工作

当前，公众的环保意识和法律意识日益增强，逐步倾向于采取法律手段维权。政府部门与供电企业在程序方面、言行方面的细微差错都有可能在媒体的介入下被无限放大，处理不慎将造成不可预见的负面影响。政府相关部门和项目业主要做好宣传工作，通过有效途径向社会和公众提供公正、公开的环境信息，特别要加强对工频电场和工频磁场基本知识的普及宣传，树立政府、行政、司法部门以及社会公众对工频电场和工频磁场的正确认识，向公众解答疑问，促进沟通，消除隔阂，为电力建设营造和谐的外部环境。供电企业应争取环境保护部门的支持，在发生纠纷时，通过环境部门出面解释，提升解释的权威性。

第六章　电力设施保护专题

第一节　线树矛盾需要清理廊道应依法办理手续

一、参考案例

【案例 6-1】 电力设施保护区内种植作物应符合要求。

案号：（2023）京 0114 民初 17437 号

2004 年 12 月 6 日，孔某依法取得该村 2.4 亩（1600 平方米）农村土地的承包经营权并种植了核桃树等树木，现已进入丰果期。某输电线路于 1988 年 6 月 30 日竣工投运，其中某段线路从孔某承包的地块上方经过，对地距离为 9.1 米。2023 年 4、5 月，供电公司工作人员巡线发现该段线路下树木的最高点和高压线导线之间的垂直距离不足 4 米，并有持续生长的可能性，如遇极端天气极可能发生隐患。为消除隐患，电力公司欲组织人员对孔某承包土地范围内的树木进行消隐修剪，但双方因补偿损失问题协商未果，被告一直未配合修剪。供电公司诉至法院。

法院认为，当公益性与私益性权益发生冲突时，具有公益性质的权利应优先保护。任何单位和个人不得在依法划定的电力设施保护区内修建可能危及电力设施安全的建筑物、构筑物，不得种植可能危及电力设施安全的植物，不得堆放可能危及电力设施安全的物品。法院判决孔某修剪 18 棵种植于架空电力线路保护区范围内的核桃树，并在全部树木的存活期内持续保持树冠与上述电力线路导线的距离不低于 4 米。

【案例 6-2】 一次性赔偿过的线下再种速生树，法院判决限期清除。

案号：（2018）粤 1322 民初 1804 号

三峡至广东的某线路是国家电网连接南方电网的枢纽。2017 年 9 月，原告供电公司要求被告彭某砍伐在该电力线路下种植的速生桉树，未果。2016 年双方曾就电力线路下同地段不同位置种植桉树并达成过补偿砍伐协议，已经砍伐。法院判决被告彭某 48 小时之内清除涉案高压线下的桉树，逾期不清除的，由原告组织人员予以清除，被告彭某不得阻止。

【案例 6-3】 影响输电线路安全运行的树木，不论是否补偿均应砍。

案号：（2017）辽 03 民终 1385 号

某供电公司 220 千伏输电线路在高某承包的林地上空通过。2017 年 1 月 25 日，供电公司向法院起诉要求被告高某砍伐 220 千伏电力保护区内的树木。一审法院判决高某砍伐电力设施保护区内的树木。高某上诉称，供电公司未给付其合理补偿款，无权要求其砍伐相应树木。二审法院认为，本案所涉林木影响电力设施的安全运行，关系到公共利益与安全，是否予以补偿不构成阻却排除妨害请求权的事由，维持原判。

【案例 6-4】 供电服务站长未办理采伐许可证砍伐输电线路通道内的树木，犯滥伐林木罪。

案号：（2020）云 2622 刑初 55 号

被告某供电所供电服务站站长李某发现某线路通道内林木与导线的距离存在安全隐患，在未办理林木采伐许可证手续的情况下，雇工砍伐林木。经鉴定，被砍伐的林木木材价值共计 5267 元。

法院认为，被告人李某的行为构成滥伐林木罪。输电线旁边经过的林木离输电线较近，只是存在安全隐患，不是正在发生的危险，被告单位、被告人李某砍伐林木的行为，不属于紧急避险。判决被告单位犯滥伐林木罪，判处罚金人民币 5000 元；被告人李某犯滥伐林木罪，判处有期徒刑六个月，缓刑一年，并处罚金人民币 2000 元。

【案例 6-5】 补偿协议真实有效，再提要求不受支持。

案号：（2015）鄂民初字第 00276 号、（2015）鄂中民终字第 680 号

因被告供电公司所有的 220 千伏塘汪线 159～160 号地段地处原告山林，且该处线路导线对地距离较低，长期存在安全隐患，给电网运行带来严重威胁。原、被告双方于 2012 年 10 月 18 日签订协议，约定被告对该处山林进行降坡处理，被告给予原告山林一次性补偿费 3500 元，在降坡范围内原告不得再种植树木及高杆植物以及再生树木。如有妨碍线路运行，被告有权自行砍伐，不再给予任何补偿。降坡处理后，原告认为供电公司支付的青苗费过少，且相邻土地得到的补偿款更多，多次上访未果，于 2015 年 2 月 4 日诉至法院，要求被告赔偿损失 15500 元。一审法院认为，原告、被告因电力设施改建签订协议，双方成立合同关系。该协议是双方真实意思的表示，不违反法律法规的强制性规定，原告也没有提供证据证明被告在签订合同中有欺诈情形，故协议书合法有效，判决驳回原告任某的诉讼请求。二审驳回上诉，维持原判。

二、关键法条

★《中华人民共和国刑法》（2023 年修正）

第三百四十五条 【盗伐林木罪】盗伐森林或者其他林木，数量较大的，处三年以下有期徒刑、拘役或者管制，并处或者单处罚金；数量巨大的，处三年以上七年以下有期徒刑，并处罚金；数量特别巨大的，处七年以上有期徒刑，并处罚金。

★《中华人民共和国森林法》（2019 年修正）

第五十六条 采伐林地上的林木应当申请采伐许可证，并按照采伐许可证的规定进行采伐；采伐自然保护区以外的竹林，不需要申请采伐许可证，但应当符合林木采伐技术规程。

农村居民采伐自留地和房前屋后个人所有的零星林木，不需要申请采伐许可证。

非林地上的农田防护林、防风固沙林、护路林、护岸护堤林和城镇林木等的更新采伐，由有关主管部门按照有关规定管理。

采挖移植林木按照采伐林木管理。具体办法由国务院林业主管部门制定。

禁止伪造、变造、买卖、租借采伐许可证。

★《中华人民共和国电力法》（2018 年修正）

第五十三条 电力管理部门应当按照国务院有关电力设施保护的规定，对电力设施保护区设立标志。

任何单位和个人不得在依法划定的电力设施保护区内修建可能危及电力设施安全的建筑物、构筑物，不得种植可能危及电力设施安全的植物，不得堆放可能危及电力设施安全的物品。

在依法划定电力设施保护区前已经种植的植物妨碍电力设施安全的，应当修剪或者砍伐。

第六十九条 违反本法第五十三条规定，在依法划定的电力设施保护区内修建建筑物、构筑物或者种植植物、堆放物品，危及电力设施安全的，由当地人民政府责令强制拆除、砍伐或者清除。

★《电力设施保护条例》（2011 年修订）

第十五条 任何单位或个人在架空电力线路保护区内，必须遵守下列规定：

（一）不得堆放谷物、草料、垃圾、矿渣、易燃物、易爆物及其他影响安全供电的物品；

（二）不得烧窑、烧荒；

（三）不得兴建建筑物、构筑物；

（四）不得种植可能危及电力设施安全的植物。

第二十四条 新建、改建或扩建电力设施，需要损害农作物，砍伐树木、竹子，或拆迁建筑物及其他设施的，电力建设企业应按照国家有关规定给予一次性补偿。

在依法划定的电力设施保护区内种植的或自然生长的可能危及电力设施安全的树木、竹子，电力企业应依法予以修剪或砍伐。

★《电力设施保护条例实施细则》（2024年修订）

第十三条　在架空电力线路保护区内，任何单位或个人不得种植可能危及电力设施和供电安全的树木、竹子等高杆植物。

第十六条　架空电力线路建设项目和公用工程、城市绿化及其他工程之间发生妨碍时，按下述原则处理：

（一）新建架空电力线路建设工程、项目需穿过林区时，应当按国家有关电力设计的规程砍伐出通道，通道内不得再种植树木；对需砍伐的树木由架空电力线路建设单位按国家的规定办理手续和付给树木所有者一次性补偿费用，并与其签订不再在通道内种植树木的协议。

（二）架空电力线路建设项目、计划已经当地城市建设规划主管部门批准的，园林部门对影响架空电力线路安全运行的树木，应当负责修剪，并保持今后树木自然生长最终高度和架空电力线路导线之间的距离符合安全距离的要求。

（三）根据城市绿化规划的要求，必须在已建架空电力线路保护区内种植树木时，园林部门需与电力管理部门协商，征得同意后，可种植低矮树种，并由园林部门负责修剪以保持树木自然生长最终高度和架空电力线路导线之间的距离符合安全距离的要求。

（四）架空电力线路导线在最大弧垂或最大风偏后与树木之间的安全距离为：

电压等级	最大风偏距离	最大垂直距离
35～110千伏	3.5米	4.0米
154～220千伏	4.0米	4.5米
330千伏	5.0米	5.5米
500千伏	7.0米	7.0米

对不符合上述要求的树木应当依法进行修剪或砍伐，所需费用由树木所有者负担。

第十八条　在依法划定的电力设施保护区内，任何单位和个人不得种植危及电力设施安全的树木、竹子或高杆植物。

电力企业对已划定的电力设施保护区域内新种植或自然生长的可能危及电力设施安全的树木、竹子，应当予以砍伐，并不予支付林木补偿费、林地补偿费、植被恢复费等任何费用。

★《10kV 及以下架空配电线路设计规范》（DL/T 5220—2021）

11.0.6　10kV 及以下架空配电线路通过林区应砍伐出通道，通道净宽度不宜小于线路两侧向外各延伸 2.5m，当采用绝缘导线时不应小于 1m。

在下列情况下，如不妨碍架线施工，可不砍伐通道：

1．树木自然生长高度不超过 2m。

2．导线与树木（考虑自然生长高度）之间的垂直距离，不小于 3m。

架空配电线路通过公园、绿化区和防护林带，导线与树木的净空距离在最大风偏情况下不应小于 3m；架空配电线路通过果林、经济作物以及城市灌木林，不应砍伐通道，但导线至树梢的距离不应小于 1.5m。

★《关于审理破坏森林资源刑事案件适用法律若干问题的解释》（法释〔2023〕8 号）

第五条　具有下列情形之一的，应当认定为刑法第三百四十五条第二款规定的“滥伐森林或者其他林木”：

（一）未取得采伐许可证，或者违反采伐许可证规定的时间、地点、数量、树种、方式，任意采伐本单位或者本人所有的林木的；

（二）违反森林法第五十六条第三款的规定，任意采伐本单位或者本人所有的林木的；

（三）在采伐许可证规定的地点，超过规定的数量采伐国家、集体或者他人所有的林木的。

林木权属存在争议，一方未取得采伐许可证擅自砍伐的，以滥伐林木论处。

第六条　滥伐森林或者其他林木，涉案林木具有下列情形之一的，应当认定为刑法第三百四十五条第二款规定的“数量较大”：

（一）立木蓄积二十立方米以上的；

（二）幼树一千株以上的；

（三）数量虽未分别达到第一项、第二项规定标准，但按相应比例折算合计达到有关标准的；

（四）价值五万元以上的。

实施前款规定的行为，达到第一项至第四项规定标准五倍以上的，应当认定为刑法第三百四十五条第二款规定的“数量巨大”。

★《浙江省电力条例》（自 2023 年 1 月 1 日起施行）

第六十五条　禁止在公告的电力线路保护区内种植影响电力线路安全的林木。对违反规定种植的林木，电力设施所有人、管理人可以采伐，并不予补偿。

电力线路保护区公告前在保护区内的已有林木，因自然生长影响电力线路安全的，电力设施所有人、管理人应当告知林木所有人、管理人在五日内予以修剪；林木所有人、管理人逾期未修剪的，电力设施所有人、管理人可以按照兼顾电力线路保护和林木正常生长的原则进行修剪；修剪不足以消除安全隐患的，电力设施所有人、管理人依法报经批准并按照所在地人民政府规定标准给予补偿后，可以采伐。

第六十六条　在遭遇台风、特大暴雨（雪）、地震、泥石流、冰冻等紧急情况时，对可能危及电力设施安全或者妨碍电力设施建设的林木，电力设施所有人、管理人可以先行修剪、采伐；紧急情况消除后，电力设施所有人、管理人应当及时告知林木所有人或者管理人。采伐林木的，应当按照所在地人民政府规定标准给予补偿。

> 依照前款规定采伐林木的，电力设施所有人、管理人应当在紧急情况消除后五日内将采伐林木情况报告所在地林业等相关主管部门。
>
> 涉及古树名木和其他濒危、稀有植物的，依照有关法律、法规的规定执行。

三、要点简析

1. 法律保护因公共利益需要而修剪或砍伐树木的行为

民事活动应当遵守法律和国家政策，不得以私利为目的，损害社会公共利益，扰乱社会经济秩序。从前文案例可知，当输电线路廊道与线下树木发生矛盾冲突时，法律保护线路主人因公共利益需要而修剪或砍伐树木的行为。此种保护主要体现在两个方面：

一是输电线路廊道清理涉及公共利益，线下树木不应影响输电线路运行安全。如案例 6-1，孔某合法取得线下土地并种植了核桃树，对核桃树不断生长并挂果合法的收益权，修剪果树必将影响孔某的收益权。供电公司的线路也是合法投运的，有权按照电力设施保护相关法律法规的要求清理影响线路安全运行的树木，以确保安全可靠供电。当孔某的个人利益与供电公司维护供电安全的公共利益发生冲突时，法院认为，当公益性与私益性权益发生冲突时，具有公益性质的权利应优先保护。任何单位和个人不得在依法划定的电力设施保护区内修建可能危及电力设施安全的建筑物、构筑物，不得种植可能危及电力设施安全的植物，不得堆放可能危及电力设施安全的物品。因此，法院判决孔某修剪种植于架空电力线路保护区范围内的核桃树，并在全部树木的存活期内持续保持树冠与上述电力线路导线的距离不低于 4 米。

二是无论是否已补偿，危及廊道安全的植物均应清理。如案例 6-3，高某认为供电公司还没有和其谈妥补偿款，无权要求其砍伐相应树木。树木不会因为双方谈不妥补偿款而停止生长。谈判期间，树木对线路的危害将与日俱增。因此，法院认为，本案所涉林木影响电力设施的安全运行，关系到公共利益与安全，是否予以补偿不构成阻却排除妨害请求权的事由，判决高某砍伐电力设施保护区内的树木。

综上所述，线路主人主张的事由是否可以阻却供电公司要求消除危险的主张，在于衡量双方秉持的利益大小。供电公司要保护的利益是电力设施的运行安全，树木主人要保护的利益是自己种植在架空电力线路走廊内的树木的私有财产权。电力设施的正常运行涉及到国计民生，电力设施投资巨大，其运行的安全价值远远超过个人主张的电力设施保护区内树木的价值。任何人不能将一己私利凌驾于公众利益之上，更不能在不满足自身利益的情况下阻碍公共电力设施的运行，因此个人无权以侵害了自己的有限财产权为由来阻止供电公司要求对其树木进行修剪的主张。

2. 线下树木的补偿应按照规定办理

关于线下树木清理的补偿，主要有两个要点：

一是在已划定的电力设施保护区内种树不予赔偿。根据《电力设施保护条例实施细则》第十八条，电力企业对已划定的电力设施保护区域内新种植或自然生长的可能危及电力设施安全的树木、竹子，应当予以砍伐，并不予支付林木补偿费、林地补偿费、植被恢复费等任何费用。《浙江省电力条例》第六十五条也规定，禁止在公告的电力线路保护区内种植影响电力线路安全的林木。对违反规定种植的林木，电力设施所有人、管理人可以采伐，并不予补偿。

二是补偿后应签订不再复种的一次性补偿协议。从案例 6-5 可以看出，一旦供电企业与对方签订了补偿协议，则原告以各种理由要求增加补偿的诉求，一般不受支持。同时，法院也支持供电企业支付一次性补偿后，相对方具有对树木生长超过安全界线时的修剪义务。如案例 6-2，原被告双方曾就电力线路下同地段不同位置种植桉树并达成过补偿砍伐协议，被告违反协议再次种植速生桉树，法院判决被告彭某 48 小时之内清除涉案高压线下的桉树，逾期不清除的，由原告组织人员予以清除，被告彭某不得阻止。

3. 清理线下树木应依法办理采伐许可证

近年来，基层供电所未办理采伐许可证，擅自砍伐线下树木被行政处罚的案件时有发生，因擅自砍伐线下树木被追究刑事责任的案件也不鲜见。关于清理线下树木应依法办理采伐许可证，主要应关注四个要点：

一是慎用紧急避险。巡线发现线下树木存在安全隐患，但还没有真正危及线路安全的，应依法办理采伐许可手续后再砍伐树木。如案例 6-4，法院认为，输电线旁边经过的林木离输电线较近，只是存在安全隐患，不是正在发生的危险，被告单位、被告人李某砍伐林木的行为，不属于紧急避险，擅自砍伐线下树木的行为构成滥伐林木罪。

二是紧急情况可特殊处理。如《浙江省电力条例》规定，在遭遇台风、特大暴雨（雪）、地震、泥石流、冰冻等紧急情况时，对可能危及电力设施安全或者妨碍电力设施建设的林木，电力设施所有人、管理人可以先行修剪、采伐。应当注意的是，紧急情况消除后，电力设施所有人、管理人应当及时告知林木所有人或者管理人，并在五日内将采伐林木情况报告所在地林业等相关主管部门。

三是采伐林木前应事先通知林木所有人、管理人。如《浙江省电力条例》规定，电力线路保护区公告前在保护区内的已有林木，因自然生长影响电力线路安全的，电力设施所有人、管理人应当告知林木所有人、管理人在五日内予以修剪；林木所有人、管理人逾期未修剪的，电力设施所有人、管理人可以按照兼顾电力线路保护和林木正常生长的原则进行修剪；修剪不足以消除安全隐患的，电力设施所有人、管理人依法报经批准并按照所在地人民政府规定标准给予补偿后，可以采伐。

四是采伐自己的林木也应依法办理手续。《中华人民共和国森林法》规定，只有采伐自然保护区以外的竹林、农村居民采伐自留地和房前屋后个人所有的零星林木，不需要申请采伐许可证。根据《关于审理破坏森林资源刑事案件适用法律若干问题的解释》（法释〔2023〕8 号）第五条第二款，本单位或者本人所有的林木，也不得任意采伐。因此，基层供电公司需要切实加强与林业部门的联系与沟通，形成线下树木有效清理的长效机制。

4. 线下特殊树木的清理应按规定办理

关于特殊树木的规定，主要有两点，一是绿化树由园林负责修剪。根据《电力设施保护条例实施细则》第十六条第三款规定，绿化需要种树，园林部门需与电力管理部门协商，征得同意后，可种植低矮树种，并由园林部门负责修剪以保持树木自然生长最终高度和架空电力线路导线之间的距离符合安全距离的要求。二是果林不应砍伐通道。根据《10kV 及以下架空配电线路设计规范》（DT 5220—2021）11.0.6 条规定。配电线路通过果林、经济作物以及城市灌木林，不应砍伐通道，但导线至树梢的距离不应小于 1.5m。

四、管理建议

1. 一次性补偿协议到位

虽然《电力设施保护条例》第二十四条规定了对农作物、树木、竹子、拆迁建筑物及其他设施给予的是“一次性补偿”，但实际操作中，往往被迫扩大补偿范围，增加补偿次数。究其原因，有为保证工期而委曲求全的情况，但也不排除补偿后供电企业内部各部门衔接不够，没有保留相关的协议或其他部门不知晓该协议，造成重复补偿的情况。供电企业一方面应坚持按国家规定补偿，没有补偿标准的本着平等协商、公平合理原则协议补偿，坚决杜绝个别受偿方漫天要价，同时，要坚持“一次补偿、一次付清”，保留协议等有效证据，做好内部衔接，杜绝重复补偿及相邻区域其他业主的攀比、抬价。

2. 积极争取政府部门的理解和支持

供电企业作为提供公共服务的企业，其本身没有行政执法权，在处理用户的违章行为时，难免与用户发生纠纷。廊道清理单凭供电企业“单打独斗”很难取得成效。只有争取当地政府部门的大力支持，尽量争取出台廊道清理的“绿色通道”，积极营造支持、理解和配合供电企业做好电力设施保护工作的良好环境，减少各种因保护电力设施而产生的诉讼纠纷，才能使该问题得到顺利解决。此外，电力企业还要积极与当地发改、安监、公安等部门加强联系，对不按规定砍伐树木，阻挠执法的单位和个人，依据有关法律、法规严肃处理，并将处理结果通过电视、报刊向社会公布，利用社会舆论的压力，起到警示和震慑作用，防止违章、违法行为的进一步发生。部分县市供电公司促成当地政府出台廊道清理的“绿色通道”，以政府文件的形式，规定在架空电力线路的电力设施保护区内，供电公司可以依法修剪、清理可能危害电网安全的树木、竹子，涉及相关树木、竹子的损失不予赔偿。以上做法值得借鉴。

3. 加强电力线路走廊的日常巡视检查和维护

供电企业应当按照相关规程规定加强对电力线路走廊的日常巡视检查和维护。若发现在电力设施保护区内从事违法搭建建筑物、构筑物等危害电力设施的行为，应当根据《电力设施保护条例》等有关规定处理。行政手段方面，可由县级以上人民政府电力管理部门提请本级人民政府责令强制拆除、清除，或者砍伐。

4. 供电企业应当重视电力设施保护宣传，做到防患于未然

供电企业应该像重视宣传行风建设和优质服务一样，重视宣传电力设施保护工作。要充分利用一切可以利用的宣传工具和宣传载体，让人民群众了解政策法规，种树不忘保护电力设施，从源头上防范“线树矛盾”。同时，应加强巡线的频度和广度，并重视发展群众护线员，及时发现各类暴露和隐藏的线树矛盾，提出采伐、移栽、修剪等建议。对影响、威胁供电设施安全的高大树木，会同相关职能部门有效处理，杜绝线路事故隐患。

5. 巧妙运用法律武器，维护自身合法权益

如果遇到政府部门不作为、不履行行政管理职责，或是个别顽固的违规种树者不听规劝，坚决拒绝清理树木之类的极端情况，供电企业应当主动提起诉讼，请求相关方停止侵害、排除妨害、消除危险。在前文案例中，供电公司在督促业主修剪树木未果的情况下主动向法院起诉，取得了较好的效果。如果供电公司强行砍树，可能反而被对方先告上法庭。

第二节　供电公司对外破案件可以主张电量损失

一、参考案例

【案例 6-6】 电力设施受损追偿电量损失讲依据。

案号：（2020）陕 05 民终 2055 号

2019 年 8 月 19 日 13 时 40 分，被告杨某驾驶重型自卸货车沿某镇某村南头西尾东卸货时，将原告供电公司某保线站 3573 某线 17～18 号杆间 C 相导线挂损，造成财产损失事故。2020 年 4 月 23 日，供电公司代理人委托相关机构对位于某镇某线 17～18 杆 C 相导线掉落造成的经济损失进行价格评估，经评估确定标的物在 2019 年 8 月 19 日的评估价格为 11.06 万。

法院认为：本案中，供电公司以市恒信价格评估有限责任公司对其案涉交通事故造成的电力损失评估结论作为依据提起本案诉讼，符合诉讼损失赔偿的基本需要，上诉人财保公司对该评估结果不认可，但并未提供有效的反驳证据及在一审法院指定的期限内提交鉴定申请，依照《最高人民法院关于民事诉讼证据的若干规定》第三十一条规定，视为其放弃申请。

【案例 6-7】 损坏电力设施需赔偿费用和电量。

案号：（2021）粤 14 民终 1969 号

2021 年 5 月 21 日，颜某通过网上 APP 独立承揽了曾某的安装汽车充电桩业务。2021 年 5 月 22 日上午 8 时左右开始，颜某进行充电桩线路安装施工。10 时左右，操作电钻时不慎打穿了原告安装在地下的 1 万伏高压电电缆（属于原告 10 千伏某线 F83 高压电缆）的绝缘橡皮层，造成电缆损坏、小区停电的损害后果。供电公司获悉后向市公安局某区分局某派出所报警，后起诉至法院要求赔偿恢复费用和电量损失。

法院认为：颜某作为一名电工，因疏忽大意，损坏供电公司埋设的电缆，依法应承担侵权责任。故一审法院判令颜某承担供电公司修复电缆、恢复供电费用46937.1元及电量损失1482元，并无不当，予以维持。

【案例6-8】 损坏电力设施电量损失追偿于法有据。

案号：（2020）黔03民终3956号

2017年12月18日12时50分，王某驾驶中型自卸货车从某场往松某方向行驶，当车行驶至某线15千米左右时，将某供电局的20千伏高压线电杆撞损。该事故经某县公安局交通警察大队认定，王某负事故的全部责任。2020年3月20日，委托相关评估机构进行评估，其评估结论为“根据……期间累计停电度数为16118千瓦时，导致撞损时的停电损失为1677.52元”。

法院认为：某供电局作为电力销售企业，其通过电力的销售获得收入，本案电量损失系王某驾驶的车辆将电杆撞坏造成某供电局无法出售电力而产生的销售收入损失，并非因停电导致依赖该电力生产、经营的企业而无法正常生产、经营产生的损失。该损失属于《最高人民法院关于审理道路交通事故损害赔偿案件适用法律若干问题的解释》第十四条“道路交通安全法第七十六条第二款规定的道路交通安全法第七十六条规定的‘财产损失’规定的赔偿范围”。

【案例6-9】 破坏电力设施犯罪承担刑事责任后民事责任也不能免责。

案号：（2018）鲁1581民初695号

2016年3月2日13时许，某物流公司安排胡某驾驶重型自卸货车运土过程中，驾驶后翻斗未降落的车辆前行时，后翻斗靠近车头处位置将车上方高压线挂断，造成原告某热电公司部分设备严重损坏，停止发电，进而其他直接经济损失。市人民法院于2017年12月28日作出（2017）鲁1581刑初168号刑事判决书，判决胡某宾犯过失损坏电力设备罪，有期徒刑三年，缓刑五年。某热电公司认为胡某还应当对其犯罪行为给原告造成的损失进行赔偿，胡某系某物流公司的职工，某物流公司应当对胡某的行为承担连带赔偿责任。

法院认为：当事人在刑事案件中，自愿撤回对被告的附带民事诉讼，同时保留另行民事起诉的权利，不违背法律规定，当事人一方并非放弃诉讼请求，因此另行提起民事诉讼要求被告承担相应的赔偿责任，不构成重复起诉。

二、关键法条

★《中华人民共和国民法典》（自2021年1月1日起施行）

第一千一百六十五条　行为人因过错侵害他人民事权益造成损害的，应当承担侵权责任。

第一千一百六十七条　侵权行为危及他人人身、财产安全的，被侵权人有权请求侵权人承担停止侵害、排除妨碍、消除危险等侵权责任。

第一千一百八十四条　侵害他人财产的，财产损失按照损失发生时的市场价格或者其他合理方式计算。

第一千一百九十一条　用人单位的工作人员因执行工作任务造成他人损害的，由用人单位承担侵权责任。用人单位承担侵权责任后，可以向有故意或者重大过失的工作人员追偿。

劳务派遣期间，被派遣的工作人员因执行工作任务造成他人损害的，由接受劳务派遣的用工单位承担侵权责任；劳务派遣单位有过错的，承担相应的责任。

第一千二百一十三条　机动车发生交通事故造成损害，属于该机动车一方责任的，先由承保机动车强制保险的保险人在强制保险责任限额范围内予以赔偿；不足部分，由承保机动车商业保险的保险人按照保险合同的约定予以赔偿；仍然不足或者没有投保机动车商业保险的，由侵权人赔偿。

★《中华人民共和国刑法》（2023年修正）

第一百一十八条　【破坏电力设备罪】【破坏易燃易爆设备罪】破坏

电力、燃气或者其他易燃易爆设备，危害公共安全，尚未造成严重后果的，处三年以上十年以下有期徒刑。

第一百一十九条 【破坏交通工具罪】【破坏交通设施罪】【破坏电力设备罪】【破坏易燃易爆设备罪】破坏交通工具、交通设施、电力设备、燃气设备、易燃易爆设备，造成严重后果的，处十年以上有期徒刑、无期徒刑或者死刑。

【过失损坏交通工具罪】【过失损坏交通设施罪】【过失损坏电力设备罪】【过失损坏易燃易爆设备罪】过失犯前款罪的，处三年以上七年以下有期徒刑；情节较轻的，处三年以下有期徒刑或者拘役。

★《最高人民法院关于审理破坏电力设备刑事案件具体应用法律若干问题的解释》（法释〔2007〕15号）

第四条第二款 本解释中直接经济损失计算范围，包括电量损失金额，被毁损设备材料的购置、更换、修复费用，以及因停电给用户造成的直接经济损失等。

★《中华人民共和国道路交通安全法》（2021年修正）

第七十六条 机动车发生交通事故造成人身伤亡、财产损失的，由保险公司在机动车第三者责任强制保险责任限额范围内予以赔偿；不足的部分，按照下列规定承担赔偿责任：

（一）机动车之间发生交通事故的，由有过错的一方承担赔偿责任；双方都有过错的，按照各自过错的比例分担责任。

（二）机动车与非机动车驾驶人、行人之间发生交通事故，非机动车驾驶人、行人没有过错的，由机动车一方承担赔偿责任；有证据证明非机动车驾驶人、行人有过错的，根据过错程度适当减轻机动车一方的赔偿责任；机动车一方没有过错的，承担不超过百分之十的赔偿责任。

交通事故的损失是由非机动车驾驶人、行人故意碰撞机动车造成的，机动车一方不承担赔偿责任。

三、要点简析

（1）电力设备受到他人的外力破坏，电力设施应及时组织修复，防止损失的进一步扩大。电力设施的所有人对所有的电力设施负有管理、巡检的义务，在所有的电力设施受到他人外力破坏时，及时组织力量修复设施，恢复运营是义务也是责任。根据《中华人民共和国民法典》过失相抵的赔偿理论，被侵权人对同一损害的发生或者扩大有过错的，可以减轻侵权人的责任。

（2）民事赔偿与刑事责任的承担并不矛盾。电力设施所有人对责任主体提起民事赔偿是基于民法的侵权赔偿原则，而刑事责任的承担是基于犯罪行为对社会管理秩序的破坏。因此在破坏电力设备罪的犯罪主体受到刑事责任追究的同时，电力设施的所有人另行提起民事赔偿一般都会得到法庭支持，犯罪主体对民事赔偿的履行可能会成为刑事量刑的一个重要考量因素。

（3）电量损失赔偿归属直接损失还是归属间接损失长期存有争议，但从近年的案例来分析，电量损失赔偿得到法庭支持呈现多方态势。但在具体的案件中，电力设施所有人主张的电量损失具体数额仍需要有力的证据来支持。

四、管理建议

1. 电力设施的所有人对电力设施应尽到管理义务

就整个社会面来说，当前的电力设施大部分属供电公司所有，对于部分因特殊地形或其他原因形成的容易受外力损坏的电力设施更应注意加强巡检，并根据要求尽可能进行提示。一方面是减少外力破坏的发生，另一方面也是在意外发生后进行维权的有力保障。

2. 对于电力设施受到他人损坏的第一手现场证据要注意保存

电力设施受意外损坏或人为破坏，一般都有第一时间现场情况。第一时间的现场极其重要，拍照、留存现场情况既复杂也极具专业性，因此建议第一时间到达现场的工作人员可以向当地的执法机关报案、如110、派出所、综合执法局等。

3. 电力设施受到他人损坏，要及时启动追偿程序

电力设施受意外损坏或人为破坏，在保存相关证据的情况下，电力设施所有人要立即启动对相对人的追偿，目的是争取在最有利的时间段完成追偿工作，同时也符合法律的相关规定。《中华人民共和国民法典》侵权责任的归责与处理支持双方当事人进行协商确定赔偿额、赔偿方式，只有在双方存在争议难以调和的情况下法院才会根据实际情况依法判决。

第七章　安全生产刑事责任风险专题

第一节　违章作业应当防范重大责任事故罪风险

一、参考案例

【案例 7-1】 指示无资质人员作业发生事故，供电公司员工被判重大责任事故罪。

案号：（2020）吉 03 刑终 158 号

被告人勾某为某供电公司供电所技术员，在为用户接三相电时，在燃气管道保护范围内组织无施工资质的被告人郭某顶管作业队进行顶管作业，且未与供气单位共同制定并执行燃气设施保护方案，后作业现场燃气泄漏发生爆炸，造成人员伤亡。

法院认为，被告勾某作为对作业现场安全作业负有监督义务的人员，在生产、作业中违反有关安全管理的规定、规程操作，导致发生重大伤亡事故，致两人死亡、多人受伤，且造成财产损失，其行为已构成重大责任事故罪，判处有期徒刑一年零两个月。

【案例 7-2】 电工未按安全工作流程开展工作，被判重大责任事故罪。

案号：（2020）兵 0202 刑初 11 号

2019 年 8 月，被告供电公司员工卢某、杨某赴作业现场拆除废弃电线杆及电线杆上的导线，在拆除现场电线杆时，杨某（安全员）未按照工作流程对混凝土电线杆进行安全隐患排查，卢某（电工班长）未遵守安全操作流程开展安全隐患勘查，导致刘某在登高作业时坠落死亡。

法院认为，被告人杨某、卢某在生产、作业中违反有关安全管理的规定，致使发生重大事故，致一人死亡，均负事故直接责任，二人行为已构成重大责任事故罪，分别判处有期徒刑一年与有期徒刑八个月。

【案例 7-3】 供电所员工违反电力施工安全操作规定未对高压线断电，构成重大责任事故罪。

案号：（2020）川 1421 刑初 296 号

被告吕某系某供电所某片区服务队负责人，2018 年 3 月，吕某应刘某请求在未填写施工票据且未得到本所领导同意的情况下，组织本所职工唐某 1、唐某 2、雷某及临时工肖某等人到作业现场更换电表外的输电线，吕某明知唐某 1 等人作业的电杆上方有 10 千伏高压线穿过，还违反电力施工安全操作规定未对高压线断电，继续安排唐某等 1 人架设输电线，导致正在作业的唐某 1 被上方高压线放电电击身亡。

法院认为，被告人吕某系供电所片区负责人，不正确履行职责，未按电力施工流程填报施工票据就组织人员施工，在明知作业面上方有高压输电线穿过，有可能带电的情况下，仍安排人员作业，造成一名施工人员触电身亡的重大身亡事故，其行为构成了重大责任事故罪，判处有期徒刑八个月，缓刑一年。

【案例 7-4】 供电所员工未验电情况下安排进行挂地线作业发生事故，构成重大责任事故罪。

案号：（2019）鲁 163 刑初 221 号

被告 1 刘某系某县供电所安全员，2018 年 6 月，其与被告 2 陈某（另案处理）签订临时用工安全合同书，后陈某需断高压电进行施工，询问刘某该村高压隔离开关位置，刘某未按《电力安全工作规程》的规定进行用电作业，并告知陈某隔离开关的具体位置，陈某在作业时仅拉下隔离开关，在未验电的情况下就安排被害人张某挂电线作业，致其触电身亡。

本院认为，被告人刘某身为供电所安全员，在被告人陈某明确告知其施工范围后，不按照《国家电网公司电力安全工作规程》的规定操作，擅自允许赵某进行高压隔离开关作业，导致事故发生，构成重大责任事故罪，判处有期徒刑一年零二个月。

【案例 7-5】 输变电安装有限责任公司员工同杆作业违章操作，致同事死亡，构成重大责任事故罪。

案号：（2018）苏 0116 刑初 781 号

被告梅某系某输变电安装公司员工。2013 年 5 月 20 日，某输变电安装公司承接某供电公司发包的输电线路维修项目。同年 7 月 27 日，某输变电安装公司安排被告梅某、被害人许某至上述线路布设电线。作业至当日上午 7 时 50 分许，因被告梅某违规操作，导致作业电线线头一端不慎落下触到下方原 10 千伏带电支线，致在该线路另一端作业的被害人许某触电死亡。

法院认为，被告梅某在作业中违反有关安全管理的规定，因而发生重大伤亡事故，致一人死亡，其行为已构成重大责任事故罪。被告梅某归案后能如实供述自己的犯罪事实，其所在单位与被害人亲属达成赔偿协议，取得被害人亲属的谅解，依法及酌情对其从轻处罚。判决被告梅某犯重大责任事故罪，判处有期徒刑一年，缓刑一年。

二、关键法条

★《中华人民共和国刑法》（自 2024 年 3 月 1 日起施行）

第一百三十四条　【重大责任事故罪】在生产、作业中违反有关安全管理的规定，因而发生重大伤亡事故或者造成其他严重后果的，处三年以下有期徒刑或者拘役；情节特别恶劣的，处三年以上七年以下有期徒刑。

【强令、组织他人违章冒险作业罪】强令他人违章冒险作业，或者明知存在重大事故隐患而不排除，仍冒险组织作业，因而发生重大伤亡事故或者造成其他严重后果的，处五年以下有期徒刑或者拘役；情节特别恶劣的，处五年以上有期徒刑。

★《最高人民法院、最高人民检察院关于办理危害生产安全刑事案件适用法律若干问题的解释》(法释〔2015〕22号)

第一条 刑法第一百三十四条第一款规定的犯罪主体，包括对生产、作业负有组织、指挥或者管理职责的负责人、管理人员、实际控制人、投资人等人员，以及直接从事生产、作业的人员。

第六条 实施刑法第一百三十二条、第一百三十四条第一款、第一百三十五条、第一百三十五条之一、第一百三十六条、第一百三十九条规定的行为，因而发生安全事故，具有下列情形之一的，应当认定为“造成严重后果”或者“发生重大伤亡事故或者造成其他严重后果”，对相关责任人员，处三年以下有期徒刑或者拘役：

（一）造成死亡一人以上，或者重伤三人以上的；

（二）造成直接经济损失一百万元以上的；

（三）其他造成严重后果或者重大安全事故的情形。

实施刑法第一百三十四条第二款规定的行为，因而发生安全事故，具有本条第一款规定情形的，应当认定为“发生重大伤亡事故或者造成其他严重后果”，对相关责任人员，处五年以下有期徒刑或者拘役。

实施刑法第一百三十七条规定的行为，因而发生安全事故，具有本条第一款规定情形的，应当认定为“造成重大安全事故”，对直接责任人员，处五年以下有期徒刑或者拘役，并处罚金。

实施刑法第一百三十八条规定的行为，因而发生安全事故，具有本条第一款第一项规定情形的，应当认定为“发生重大伤亡事故”，对直接责任人员，处三年以下有期徒刑或者拘役。

第十二条 实施刑法第一百三十二条、第一百三十四条至第一百三十九条之一规定的犯罪行为，具有下列情形之一的，从重处罚：

（一）未依法取得安全许可证件或者安全许可证件过期、被暂扣、吊销、注销后从事生产经营活动的；

（二）关闭、破坏必要的安全监控和报警设备的；

（三）已经发现事故隐患，经有关部门或者个人提出后，仍不采取措施的；

（四）一年内曾因危害生产安全违法犯罪活动受过行政处罚或者刑事处罚的；

（五）采取弄虚作假、行贿等手段，故意逃避、阻挠负有安全监督管理职责的部门实施监督检查的；

（六）安全事故发生后转移财产意图逃避承担责任的；

（七）其他从重处罚的情形。

实施前款第五项规定的行为，同时构成刑法第三百八十九条规定的犯罪的，依照数罪并罚的规定处罚。

★《最高人民法院印发〈关于进一步加强危害生产安全刑事案件审判工作的意见〉的通知》（法发〔2011〕20号）

7．认定相关人员是否违反有关安全管理规定，应当根据相关法律、行政法规，参照地方性法规、规章及国家标准、行业标准，必要时可参考公认的惯例和生产经营单位制定的安全生产规章制度、操作规程。

8．多个原因行为导致生产安全事故发生的，在区分直接原因与间接原因的同时，应当根据原因行为在引发事故中所具有作用的大小，分清主要原因与次要原因，确认主要责任和次要责任，合理确定罪责。

一般情况下，对生产、作业负有组织、指挥或者管理职责的负责人、管理人员、实际控制人、投资人，违反有关安全生产管理规定，对重大生产安全事故的发生起决定性、关键性作用的，应当承担主要责任。

对于直接从事生产、作业的人员违反安全管理规定，发生重大生产安全事故的，要综合考虑行为人的从业资格、从业时间、接受安全生产教育培训情况、现场条件、是否受到他人强令作业、生产经营单位执行安全生产规章制度的情况等因素认定责任，不能将直接责任简单等同于主要责任。

对于负有安全生产管理、监督职责的工作人员，应根据其岗位职责、履职依据、履职时间等，综合考察工作职责、监管条件、履职能力、履职情况等，合理确定罪责。

三、要点简析

1. 供电公司员工符合重大责任事故罪的犯罪主体要求

重大责任事故罪是身份犯，其犯罪主体包括对生产、作业负有组织、指挥或者管理职责的负责人、管理人员、实际控制人、投资人等人员，以及直接从事生产、作业的人员。由此可见，重大责任事故罪实际规制的人员较多，层级较高。并且，重大责任事故罪并不要求犯罪嫌疑人具有“现场性”。并且结合案例7-1～7-5可以得出电网企业从事安全生产作业的人员，其作业方式无论是自行操作还是雇佣有资质/无资质的人进行操作或是非在现场远程操控作业的，只要未按照《电力安全工作规程》的要求进行用电作业或不履行安全监管职责的行为，在此情况下进行生产、作业，导致发生重大伤亡事故或者造成其他严重后果的，只要其行为与损害结果之间存在因果关系，其行为就构成重大责任事故罪。

2. 重大责任事故罪“在生产、作业中”的认定

“在生产、作业中”系重大责任事故罪构成的必备时空要件，也是重大责任事故罪与他罪的重要区别之一。倘若重大事故的发生不在生产、作业过程中，或者与生产、作业毫无关联，则难言构成本罪。作为重大责任事故罪中所指的“生产、作业”有其独有的限制和特征。从刑法的意义上讲，“生产、作业”系基于社会分工的结果，必须具有反复性、持续性及具有一定发生安全事故的潜在危险性。生产作业过程，包括生产、作业活动的准备阶段、实质运行阶段以及作业后阶段在法律上均有可能会被认定为“在生产、作业”过程中。具体到供电公司而言，只要具体准备、从事电网建设、运维等环节中的各种生产作业都符合构成本罪的时空特征。对于休息或者休假时间是否属于“在生产、作业”过程中，从判例看来，法院并不会完全遵

照时间标准也即准备、事中或事后阶段来判决事故发生时间是否属于“在生产、作业中”，如果在停产或者在休息期间发生重大事故的，只要行为人的行为和事故的发生存在密切关联，具有法律上的因果关系，就应当构成此罪。因此，电网作业人员不仅要在作业过程中，在作业时间之外也要遵守《电力安全工作规程》，避免自身行为引起相关事故发生而被追究刑事责任。

3. 重大责任事故罪违反“安全管理规定”的认定

重大责任事故罪客观方面表现为违反有关安全管理的规定，如果是强令他人违章冒险作业，则构成强令违章冒险作业罪。违反有关安全管理规定，法律未明确列举包含哪些内容，范围较为宽泛。随着经济社会的发展，法律很难包罗万象，一一列举，由习惯和惯例作为补充，具有正当理由。一般情况下有关安全管理的规定主要有三类，一是国家颁布的各类有关安全生产的法律、法规；二是企业、事业单位及其上级管理机关制定的反映安全生产客观规律并涉及工艺技术、生产操作、技术监督、劳动保护、安全管理等方面的规程、规章、章程、条例、办法和制度，以及不同的单位按照各自的特点所作的有关规定等；三是该类生产、作业过程中虽无明文规定但却反映了生产、科研、设计、施工中安全操作的客观规律，已为社会所公认的操作习惯和惯例等。笔者认为，对相关违反安全管理也应包括对于安全生产方面长期存在的可操作性的习惯和惯例，且能形成行业或者业务领域惯用的方式也应属于有关安全管理规定，但应注意广度。

四、管理建议

根据《中华人民共和国刑法》第一百三十四条，重大责任事故罪的防范要点在“生产、作业中违反有关安全管理的规定。”通过对重大责任事故罪的解读和对上述案例的评析，我们应该认识到，作业过程的安全生产风险防范责任十分重大。一旦发生安全事故，造成重大人员伤亡或财产损失，作业相关方均可能触犯刑法，构成犯罪。在电力生产、作业过程中，应从以下四个方面防范刑事法律风险：

1. 严格执行《电力安全工作规程》

《电力安全工作规程》（简称《安规》）是电力生产现场安全管理的最重要规程，是保证人身安全、电网安全和设备安全的最基本要求。通常重大责任事故发生的背后往往都蕴含着一些工作人员平时习以为常的违章行为以及不良习惯。供电公司的员工特别是一线技术人员都应当在日常作业中严格遵守《安规》，同时相关安监部门应当加强对《安规》的督查与现场作业的检查力度，各级领导和管理人员要带头执行《安规》，确保《安规》执行的严肃性和各项安全措施要求落实到位。

2. 保证劳动安全条件

供电公司应当充分保证电力工作人员的劳动保护条件，相较于传统企业来说，供电企业历来有注重安全生产的传统，在安全生产、劳动保护方面的资金投入相对充足，安全生产保障方面的制度相对健全，责任落实较为到位，相关安全检查与考核的力度也较大。但总体看来，还应关注两个方面：一是一次投入后，还要严格按照《安规》的要求，加强后期维护，确保安全生产设施、安全生产工器具、个人劳动防护用品等满足规定的要求；二是要加强外包队伍安全生产设施和安全生产条件的检查，发现不符合规定的情况应及时制止，确保电力建设和作业安全。

3. 加强外包施工队伍管理

外包施工队伍人员复杂、流动性大，管理很难规范。而电力作业现场的安全要求远高于普通建设工程。外包施工队伍即使主设备、设施、技术上能满足要求，日常安全管理也较为松散。《安规》规定，外单位承担或外来人员参与公司系统电气工作的工作人员应熟悉《安规》，并经考试合格，经设备运行管理单位认可，方可参加工作。工作前，设备运行管理单位应告知现场电气设备接线情况、危险点和安全注意事项。供电企业应严格执行工作负责人“双签发”制度，并不断敦促施工队伍提高自身的安全管理水平和人员的安全技能水平。严格队伍人员“双准入”管理，强化外包队伍安全评估，严格企业资信、能力审查和准入考试，用人单位、专业部门要严格履行安全培训、风险告知、现场监护等责任，严禁劳务分包人员担任工作负责人等关键岗位、自带安全工器具、独立从事高风险作业。

4. 加强安全生产督导考核

强化各级安全巡查和督查，开展安全管理合规性检查，追根溯源追查领导层、管理层安全履责缺失缺位问题。严肃巡查“回头看”，对整改不到位、责任不落实、同类问题重发等严肃约谈问责，对拒不整改、走形式甚至弄虚作假的严肃追责考核。

坚持“违章就是隐患、违章就是事故”，一般违章严肃通报曝光，严重违章对照事件顶格处理，重复严重违章纳入业绩考核，多次重复严重违章加倍业绩考核。严格违章根源追溯，对责任不落实、管理不到位的管理人员严肃追责，屡教不改的从重处罚。

规范“四不两直”、远程视频督查，强化风险管控平台、移动作业 APP 等数字化监督管控手段应用，实行违章查处、记录、审核、申诉线上透明管理。加强违章查纠记录仪配置使用，强化违章查纠全过程记录。

第二节　日常运维检修应当防范玩忽职守罪风险

一、参考案例

【案例 7-6】 运维人员未及时消缺发生事故被判玩忽职守罪。

案号：（2020）内 0501 刑初 323 号

2019 年，某市居民孔某违反相关法律法规，在其经营的养殖场内的高压线路之下违规搭建养殖棚，后供电公司员工陈某在巡线时发现相关违法行为并向常某汇报，常某得知后对该养殖场在生产经营中存在的安全违法行为及事故隐患未及时采取有效措施，2019 年底，该养殖场员工张某在没有安全防护的情况下发生触电事故身亡。

法院认为，被告常某犯玩忽职守罪的事实清楚，证据确实、充分，罪名成立。被告人常某身为国家机关工作人员，未认真履行职责，造成辖区内发生生产安全事故，致一人死亡，其行为已构成玩忽职守罪，应受刑事处罚，但鉴于其情节轻微，社会危害不大，判决其犯玩忽职守罪，免予刑事处罚。

【案例 7-7】 供电所所长未及时安排安全员监督施工发生事故被判玩忽职守罪。

案号：（2017）豫 1724 刑初 837 号

2016 年，某供电所农电工李某在进行某下户线集表箱缺陷改造过程中施工，发生事故触电身亡。供电所刘某称其口头安排安全员肖某在李某施工时前去现场查看，安全员肖某称刘某并没有安排其对李某的施工作业进行监管，李某在施工之前未向供电所汇报也未曾办理工作票。

法院认为被告刘某作为国家机关工作人员以及安全生产第一责任人，未认真履行职责，未严格履行规章制度开展带电作业，导致安全生产事故发生，致一人死亡，其行为已构成玩忽职守罪，应受刑事处罚，但鉴于其情节轻微，最终免予刑事处罚。

【案例 7-8】 发现违章建筑未及时阻止，供电所所长被判玩忽职守罪。

案号：（2019）正刑初字第 305 号

2018 年 9 月，某村李某家盖房子，建房过程中，被告人张某巡线时多次发现李某所建房屋离高压分支线距离太近，但其没有下达风险通知书阻止其违章建房行为，也未上报单位处理，2018 年 9 月 20 日时许，受害人王某在给李某安装水管时，因操作不当触高压电身亡，后张某主动投案。

法院认为，张某作为供电所所长，在管理该辖区用电安全过程中，发现高压电保护区内违法建筑时，不认真履行职责，只是口头告诫，未采取安全有效的制止措施，造成发生一人死亡的严重事故发生，其行为已构成玩忽职守罪，但鉴于其情节轻微，最终免予刑事处罚。

【案例 7-9】 未正确履行安全监管职责导致事故发生，被判玩忽职守罪。

案号：（2021）豫 1725 刑初 243 号

被告人李某在担任某供电所所长期间，作为安全生产第一责任人，在工作中没有正确履行监管职责，同时违反相关规章制度，导致2020年6月7日，供电所农电工杨某在没有断电的情况下，就开始爬杆施工，最终触电死亡的重大事故，致使人民利益遭受重大损失。案发后，被告人李某主动投案自首。

法院认为被告人李某系受国家机关委托，代表国家机关行使职权，系组织中从事公务的人员，其在执行职务中不正确履行职责，疏于安全监督管理，造成安全事故发生，致一人死亡，其行为构成玩忽职守罪，但鉴于其情节轻微，最终免予刑事处罚。

【案例7-10】巡视运维人员发现缺陷未及时上报处理发生事故，被判玩忽职守罪。

案号：（2020）新722刑初328号

2008年以来，被告张某、白某负责某乡镇10千伏线路巡视、维护、检修工作。在巡查中发现某县110千伏分支线路电力设施保护区存在建筑物的重大隐患后，未发出《危及线路安全运行通知书》、未就危及线路安全行为提出处理意见，致使2019年7月17日在某村该线路段下施工的朱某遭受电击后死亡。后张某、白某主动投案。

本院认为，被告人张某、白某负责该乡镇10千伏线路巡视、维护、检修，在履行职务中，严重不负责任，不正确履行职责，造成致一人触电死亡的危害后果，其行为已构成玩忽职守罪。

二、关键法条

★《中华人民共和国刑法》（2023年修正）

第三百九十七条　【滥用职权罪】【玩忽职守罪】国家机关工作人员滥用职权或者玩忽职守，致使公共财产、国家和人民利益遭受重大损失的，处三年以下有期徒刑或者拘役；情节特别严重的，处三年以上七年以下有期徒刑。本法另有规定的，依照规定。

国家机关工作人员徇私舞弊，犯前款罪的，处五年以下有期徒刑或者拘役；情节特别严重的，处五年以上十年以下有期徒刑。本法另有规定的，依照规定。

★《最高人民法院、最高人民检察院关于办理渎职刑事案件适用法律若干问题的解释（一）》（法释〔2012〕18号）

第七条 依法或者受委托行使国家行政管理职权的公司、企业、事业单位的工作人员，在行使行政管理职权时滥用职权或者玩忽职守，构成犯罪的，应当依照《全国人民代表大会常务委员会关于〈中华人民共和国刑法〉第九章渎职罪主体适用问题的解释》的规定，适用渎职罪的规定追究刑事责任。

★《最高人民法院、最高人民检察院关于办理危害生产安全刑事案件适用法律若干问题的解释》（法释〔2015〕22号）

第十五条 国家机关工作人员在履行安全监督管理职责时滥用职权、玩忽职守，致使公共财产、国家和人民利益遭受重大损失的，或者徇私舞弊，对发现的刑事案件依法应当移交司法机关追究刑事责任而不移交，情节严重的，分别依照刑法第三百九十七条、第四百零二条的规定，以滥用职权罪、玩忽职守罪或者徇私舞弊不移交刑事案件罪定罪处罚。

★《最高人民检察院关于渎职侵权犯罪案件立案标准的规定》（高检发释字〔2006〕2号）

（二）玩忽职守案（第三百九十七条）

玩忽职守罪是指国家机关工作人员严重不负责任，不履行或者不认真履行职责，致使公共财产、国家和人民利益遭受重大损失的行为。

涉嫌下列情形之一的，应予立案：

1. 造成死亡1人以上，或者重伤3人以上，或者重伤2人、轻伤4人以上，或者重伤1人、轻伤7人以上，或者轻伤10人以上的；

2. 导致20人以上严重中毒的；

3．造成个人财产直接经济损失15万元以上，或者直接经济损失不满15万元，但间接经济损失75万元以上的；

4．造成公共财产或者法人、其他组织财产直接经济损失30万元以上，或者直接经济损失不满30万元，但间接经济损失150万元以上的；

5．虽未达到3、4两项数额标准，但3、4两项合计直接经济损失30万元以上，或者合计直接经济损失不满30万元，但合计间接经济损失150万元以上的；

6．造成公司、企业等单位停业、停产1年以上，或者破产的；

7．海关、外汇管理部门的工作人员严重不负责任，造成100万美元以上外汇被骗购或者逃汇1000万美元以上的；

8．严重损害国家声誉，或者造成恶劣社会影响的；

9．其他致使公共财产、国家和人民利益遭受重大损失的情形。

国家机关工作人员玩忽职守，符合刑法第九章所规定的特殊渎职罪构成要件的，按照该特殊规定追究刑事责任；主体不符合刑法第九章所规定的特殊渎职罪的主体要件，但玩忽职守涉嫌前款第1项至第9项规定情形之一的，按照刑法第三百九十七条的规定以玩忽职守罪追究刑事责任。

★《全国人大常委会关于〈中华人民共和国刑法〉第九章渎职罪主体适用问题的解释》(2002年12月28日施行)

全国人大常委会根据司法实践中遇到的情况，讨论了刑法第九章渎职罪主体的适用问题，解释如下：

在依照法律、法规规定行使国家行政管理职权的组织中从事公务的人员，或者在受国家机关委托代表国家机关行使职权的组织中从事公务的人员，或者虽未列入国家机关人员编制但在国家机关中从事公务的人员，在代表国家机关行使职权时，有渎职行为，构成犯罪的，依照刑法关于渎职罪的规定追究刑事责任。

三、要点简析

（一）供电公司员工符合玩忽职守罪的犯罪主体

玩忽职守罪是法定身份犯，法定身份犯所规定的法定身份大多以前置性法律法规为依托，在大多数情况下具有明确性，但是当前置性法律法规存在理解层面的疑惑时，则需要根据身份犯的本质这一基本原理来采取实际判断。

实践中，随着司法解释的相继出台以及国企改制事件的影响，对国家机关工作人员这一法定身份的认定始终存在讨论。根据法律及司法解释，玩忽职守罪的法定身份是“国家机关工作人员”和“依法或者受委托行使国家行政管理职权的公司、企业、事业单位的工作人员”，特别是第二种这种开放性的表述使得对玩忽职守罪犯罪主体的判断产生了更多可能性。显然，供电企业工作人员不属于“国家机关工作人员”，那是否属于“依法或者受委托行使国家行政管理职权的公司、企业、事业单位的工作人员”呢？实务中确有两种不同观点：

第一种观点认为，根据《中华人民共和国电力法》第三十二条规定“用户用电不得危害供电、用电安全和扰乱供电、用电秩序，对危害供电、用电安全和扰乱供电、用电秩序的，供电企业有权制止。”该条文明确授予了供电企业行使行政管理的权力，因此供电公司员工属于依法受委托行使国家行政职权的工作人员，兼具行政管理身份与民事主体身份。

第二种观点认为，经过国企改制，供电企业就是为用户提供电能的民事主体而已，不享有行政管理职权，即使对危害供用电安全的行为进行制止也仅是在行使私力救济的权利。❶

从司法实践中看，法院更为支持第一种观点，如案例 7-9，法院就将供电公司员工认定为“受国家机关委托代表国家机关行使职权的组织中从事公

❶ 甄卓. 国企改制过程中职务犯罪主体认定问题探讨[D].中央民族大学，2017.

务的人员”，且依照《全国人民代表大会常务委员会关于〈中华人民共和国刑法〉第九章渎职罪主体适用问题的解释》的规定，适用渎职罪的规定追究刑事责任，因此，供电公司巡检人员属于玩忽职守罪的主体范畴。

（二）供电企业员工构成玩忽职守罪的客观方面

玩忽职守罪从客观上来讲是指国家机关工作人员严重不负责任，不履行或者不认真履行职责，致使公共财产、国家和人民利益遭受重大损失的行为。结合案例 7-6～7-10，供电企业员工构成玩忽职守罪的客观方面主要是对生产作业负有组织指挥或者管理职责的负责人和管理人员、直接从事生产作业的人员，在生产、作业中违反有关安全管理规定，没有正确履行职责，发生重大伤亡事故或者造成其他严重后果，其主要表现形式在于没有定期进行巡视检修，或者巡视检修严重不负责任，流于形式，对发现的缺陷和隐患未采取或未及时采取有效防范措施导致发生重大事故。因此，在判断供电公司员工行为是否符合玩忽职守罪客观方面的一个重要标准就是“职责”的判断。

供电公司工作人员属于“依法或者受委托行使国家行政管理职权的公司、企业、事业单位的工作人员”，那么公司受国家所托事项就是供电公司员工所应该履行之职责，根据《中华人民共和国电力法》第三十二条的规定，对危害供电、用电安全和扰乱供电、用电秩序的行为进行阻止便是供电公司员工之职责，从这点上来看，供电公司员工犯玩忽职守罪的犯罪客体可以具体为供电公司员工严重不负责任，不履行维护用电安全、供电安全以及供电秩序的义务，致使公共财产、国家和人民利益遭受重大损失的行为。其中，维护用电安全、供电安全以及供电秩序的任何行为例如运维、检修、消缺等都应包含在职责的概念范围之内。

（三）工作失误和玩忽职守罪的界限

1. 主观心态不同

在工作失误的情况下，行为人对职责报以一种积极履行的心理态度，而玩忽职守罪的行为人通常表现出一种消极、漫不经心的心理态度；玩忽职守罪以过失心态为主，但不排除间接故意，工作失误则完全是出于行为人的过失心态。在工作失误情况下，行为人虽然在客观上也有履行不正确的行为，但这种行为完全是出于过失心态，运检人员的玩忽职守罪则表现在其消极履行职责，甚至放任事故的发生。

2. 客观行为不同

工作失误是指在积极工作中发生失误，主要表现为计划不周、措施不当或者方法不当等；玩忽职守行为是指不履行或不正确履行自己职责，主要表现为有章不循、有法不依、有令不行、有禁不止等。玩忽职守行为包括不认真履行、不及时履行或干脆不履行运检任务中的检查、报告、消缺等安全责任，很多时候行为人都没有履行职责，或者行为人虽然履行了一定职责，但其履行行为或时间或程度或地点不符合要求；而工作失误更多是受限于行为人自身认知的局限、能力的不足、环境的影响等导致工作出现了差错。

3. 因果关系不同

在工作失误的情况下，虽然行为人主观上具有一定的过错，客观上实施了一定的失职行为，但损害结果主要是由其他客观因素或者是其他人的行为所引发，则行为人的行为与损害结果之间并不具有必然的因果关系，而是只存在间接因果关系，因此行为人只是间接责任人员，而不是直接责任人员；玩忽职守罪所造成的损失主要来自于行为人的失职行为而不是其他因素，行为和结果之间具有必然的因果关系与直接因果关系，行为人是直接责任人员，具体运检作业中，就是运检人员的玩忽职守行为导致了重大事故的发生。

四、管理建议

1. 开展巡线标准化作业，及时消缺除患

玩忽职守罪为结果犯，只有发生严重后果的，才构成犯罪。因此，运维、检修人员在巡线过程中发现的用户产权安全隐患的，要及时送达安全隐患整改责任书，并保证责任书的送达以及后续整改措施的跟进。而对于供电公司产权的电网设备的安全隐患，要及时消缺，确保不发生安全责任事故。同时，针对运检人员发现问题而不上报、发现隐患而不消除，各级供电公司可以加强对运检作业的监督，建立规范、标准的运检流程，发现安全风险与隐患及时填写安全风险报告，并实时跟踪风险隐患的解决，建立动态化风险隐患消除机制。同时，在运维人员充足的情况下可以适当增加巡视次数，保证线路设备的安全运行。

2. 加强企业安全文化建设

文化是加强员工反违章心理建设的重要措施，为了加强电网企业安全生产反违章工作，必须着重加强安全文化建设。这可以通过一系列措施来实现。首先，进行全员安全意识教育和培训。通过组织针对安全意识的培训课程和教育活动，向员工传达安全知识、法规要求、操作规程等内容，包括开展安全培训课程、工作坊、安全文化宣传活动等形式，以提高员工对安全问题的认识和重视程度。培训内容应具体、实用，并与实际工作紧密结合，使员工能够深刻理解安全意识的重要性，并将其融入日常工作中。其次，建立和推广安全文化。安全文化是指以安全为核心价值的共同信念、态度和行为习惯的形成。电网企业应制定明确的安全文化宣言和价值观，将安全作为企业发展的重要元素之一，并在各级管理中强调和践行。通过组织安全文化宣传活动、举办安全主题的员工活动和比赛，以及设立安全文化建设奖励机制，激励员工积极参与和贡献。同时，管理者应以身作则，树立良好的安全行为榜样，带动员工形成安全第一的思想和行为习惯。此外，建立良好的沟通与反馈机制。电网企业应建立畅通的沟通渠道，鼓励员工提出安全问题、意见和建议。组织定期或不定期的安全会议、工作坊和安全问题讨论，促进员工之间的交流和经验分享。同时，建立安全反馈机制，鼓励员工主动报告潜在的安全隐患和违章行为，以便及时采取措施加以解决和改进。

3. 加强与行政管理部门的联系

电网企业从本质上说是参与市场竞争的主体，即企业并不具有行政管理职权，实践中，电网企业针对风险隐患出具安全隐患提示书而用户拒不整改的行为时有发生，虽然《中华人民共和国电力法》赋予了电网企业阻止影响“安全用电”行为的“职权”，但这个“职权”并不等同于行政管理权力，无法对用户产权设备的风险隐患进行直接处理，这种情况应当加强与电力行政管理部门的联系，以书面形式向相关部门进行风险报告，由有相关行政管理职权的单位对相关风险进行直接处理，相关供电企业予以配合。同时建立电网风险常态化监控汇报机制，及时向政府相关部门汇报电网运行、隐患排查情况。

4. 加强作业人员安全管理，有效管理安全作业风险

运检人员在作业时坚决执行相关安全组织和技术措施，确保常态化开展规范作业。工作票签发人、工作负责人（监护人）、工作许可人、专职监护人和工作班成员在整个作业过程中坚决履行《电力安全工作规程》中的安全义务，针对不同作业，合理采用停电、验电、挂接地线、悬挂标识牌、装防护遮拦等技术措施。针对现场作业人员定期开展安规考核，只有通过考核者才准予参与现场工作，只有切实执行安规，才能保证电力作业安全。同时要加强外包人员管理，外包人员素质良莠不齐，但电力作业的现场安全防范要求要明显高于普通作业，如果不做好外包人员的安全管理，极易发生安全事故，因此，外包人员也应熟悉安规并经考核合格后才可以参加工作，供电企业应严格执行工作负责人“双签发”制度，将外包施工项目作为现场安全稽查的重点。

5. 强化作业现场的监督与检查

相关安全监管部门应加强对电网企业的监督和检查力度。这包括加大对电网企业的定期检查和抽查频率，确保安全生产工作符合法律法规和标准要求。监管部门应制定详细的检查指标和标准，确保检查工作的科学性、全面性和公正性。鼓励员工和相关利益相关方积极参与到安全监督中来，建立畅通的举报投诉渠道。监管部门及时处理并调查涉及安全违章行为的举报和投诉，对查实的违章行为严肃查处和惩罚，形成对违章行为的强大打击效果，增强对违规行为的威慑力。监管部门与电网企业之间应建立有效的

信息共享机制，及时交流安全生产信息和经验教训。监管部门可以与电网企业进行定期的沟通会议，共同研究解决安全生产中的难题，提出合理的建议和改进措施。

此外，就电网企业本身来说，要将相关部门的安全监督责任落实到位，目前不少安全监督人员对安全检查敷衍了事，对事故隐患督促整改不力，对常年存在的安全问题视而不见，对此，要对明确相关安全监管人员的职责分工，明确各人员的职责范围，并加之考核，保证人尽其用。同时要适当增加针对各个业务的安全监督人员，清楚了解每个业务的危险点和安全防护措施，针对各个业务的作业能够做到全方位的监督。

第三节　总包单位应依法承担安全生产事故责任

一、参考案例

【案例 7-11】 现场作业人员违反作业计划、违规施工作业导致较大触电事故，业主职责履行到位不承担责任。

2023 年 5 月 18 日 16 时 06 分许，某 220 千伏架空导线拆除作业过程中，现场作业人员在跨越架不符合行业标准及施工方案要求的情况下违规施工作业，致使停运的 220 千伏架空导线切断后与运行中的 10 千伏架空绝缘导线接触、磨破绝缘层，引发触电事故。事故造成 3 名作业人员当场死亡，直接经济损失 650 余万元。

省政府安委办对该起事故调查处理实行挂牌督办，经调查认为，3 名现场作业人员安全意识薄弱，在跨越架不符合行业标准及施工方案要求的情况下冒险施工作业，对事故发生负有直接责任；施工项目部项目副总工、作业负责人，劳务分包施工队长、施工班组长未有效制止作业人员冒险作业，对事故发生负有责任，涉嫌重大责任事故罪，依法追究刑事责任；该区发展改革局 3 名公职人员因履行本职工作职责不到位，对事故发生负有责任，给予党内警告处分。

施工总包单位、劳务分包单位对事故发生负有责任，给予行政处罚和经济罚款。项目施工单位未有效落实工程安全、质量、进度、技术、造价等全过程管理职责，责成其向项目业主单位作出书面检查，并报该市安委办备案。该区发展改革局、该区人民政府、该市发展改革委作出书面检查，并抄报该市纪委监委和市安委办。

二、关键法条

★《中华人民共和国安全生产法》(2021 年修正)

第二十一条 生产经营单位的主要负责人对本单位安全生产工作负有下列职责：

（一）建立健全并落实本单位全员安全生产责任制，加强安全生产标准化建设；

（二）组织制定并实施本单位安全生产规章制度和操作规程；

（三）组织制定并实施本单位安全生产教育和培训计划；

（四）保证本单位安全生产投入的有效实施；

（五）组织建立并落实安全风险分级管控和隐患排查治理双重预防工作机制，督促、检查本单位的安全生产工作，及时消除生产安全事故隐患；

（六）组织制定并实施本单位的生产安全事故应急救援预案；

（七）及时、如实报告生产安全事故。

第二十二条 生产经营单位的全员安全生产责任制应当明确各岗位的责任人员、责任范围和考核标准等内容。

生产经营单位应当建立相应的机制，加强对全员安全生产责任制落实情况的监督考核，保证全员安全生产责任制的落实。

第二十三条　第一款 生产经营单位应当具备的安全生产条件所必

需的资金投入，由生产经营单位的决策机构、主要负责人或者个人经营的投资人予以保证，并对由于安全生产所必需的资金投入不足导致的后果承担责任。

★《生产安全事故报告和调查处理条例》(自2007年6月1日起施行)

第十条　安全生产监督管理部门和负有安全生产监督管理职责的有关部门接到事故报告后，应当依照下列规定上报事故情况，并通知公安机关、劳动保障行政部门、工会和人民检察院：

（一）特别重大事故、重大事故逐级上报至国务院安全生产监督管理部门和负有安全生产监督管理职责的有关部门；

（二）较大事故逐级上报至省、自治区、直辖市人民政府安全生产监督管理部门和负有安全生产监督管理职责的有关部门；

（三）一般事故上报至设区的市级人民政府安全生产监督管理部门和负有安全生产监督管理职责的有关部门。

安全生产监督管理部门和负有安全生产监督管理职责的有关部门依照前款规定上报事故情况，应当同时报告本级人民政府。国务院安全生产监督管理部门和负有安全生产监督管理职责的有关部门以及省级人民政府接到发生特别重大事故、重大事故的报告后，应当立即报告国务院。

必要时，安全生产监督管理部门和负有安全生产监督管理职责的有关部门可以越级上报事故情况。

第十一条　安全生产监督管理部门和负有安全生产监督管理职责的有关部门逐级上报事故情况，每级上报的时间不得超过2小时。

★《建设工程安全生产管理条例》(自2004年2月1日起施行)

第二十四条　建设工程实行施工总承包的，由总承包单位对施工现场的安全生产负总责。

总承包单位应当自行完成建设工程主体结构的施工。

总承包单位依法将建设工程分包给其他单位的，分包合同中应当明确各自的安全生产方面的权利、义务。总承包单位和分包单位对分包工程的安全生产承担连带责任。

分包单位应当服从总承包单位的安全生产管理，分包单位不服从管理导致生产安全事故的，由分包单位承担主要责任。

★《中华人民共和国建筑法》(2019年修正)

第二十二条 建筑工程实行招标发包的，发包单位应当将建筑工程发包给依法中标的承包单位。建筑工程实行直接发包的，发包单位应当将建筑工程发包给具有相应资质条件的承包单位。

第二十四条 提倡对建筑工程实行总承包，禁止将建筑工程肢解发包。

建筑工程的发包单位可以将建筑工程的勘察、设计、施工、设备采购一并发包给一个工程总承包单位，也可以将建筑工程勘察、设计、施工、设备采购的一项或者多项发包给一个工程总承包单位；但是，不得将应当由一个承包单位完成的建筑工程肢解成若干部分发包给几个承包单位。

第四十七条 建筑施工企业和作业人员在施工过程中，应当遵守有关安全生产的法律、法规和建筑行业安全规章、规程，不得违章指挥或者违章作业。作业人员有权对影响人身健康的作业程序和作业条件提出改进意见，有权获得安全生产所需的防护用品。作业人员对危及生命安全和人身健康的行为有权提出批评、检举和控告。

三、要点简析

1. 业主（发包方）要履行好自身的安全生产责任

在建设施工过程中，业主应当承担相应的义务主要来源于《中华人民共和国建筑法》《中华人民共和国安全生产法》等相关法律规定。《中华人民共和国安全生产法》第二十一条对生产经营单位（即发包方）需履行的安全生产责任明确了要求，一是应建立健全安全生产管理机构，配备相应的安全生产管理人员，确保安全生产工作的有效开展；二是应加强对承包方、承租方等关联方的安全生产管理，明确各自的安全生产责任，并通过签订安全生产责任书等方式予以落实；三是应按照国家规定提取和使用安全生产费用，确保安全生产所需资金的足额投入，用于改善安全生产条件、提高安全生产管理水平等；四是应加强对安全生产工作的监督和检查，及时发现和消除事故隐患，确保生产安全；五是应加强对从业人员的安全生产教育和培训，提高从业人员的安全意识和安全操作技能，尤其是特种作业人员，需经专门的安全作业培训并取得相应资格后才能上岗作业。做实做细上述工作，切实承担起业主安全生产责任，可以有效避免事故的发生。

2. 总包方和分包方在安全生产中各自承担一定的责任

根据《建设工程安全生产管理条例》第二十四条"建设工程实行施工总承包的，由总承包单位对施工现场的安全生产负总责。总承包单位依法将建设工程分包给其他单位的，分包合同中应当明确各自的安全生产方面的权利、义务。总承包单位和分包单位对分包工程的安全生产承担连带责任。分包单位应当服从总承包单位的安全生产管理，分包单位不服从管理导致生产安全事故的，由分包单位承担主要责任。"

在建设施工过程中，总承包单位对施工现场的安全生产负总责，且应在分包合同中明确各自的安全生产方面的权利、义务，以便在发生安全事故时能够明确责任、及时处理。分包方应服从总包方的安全生产管理，遵守总包方制定的安全生产规章制度和操作规程，共同确保施工现场的安全生产。

3. 业主（发包方）满足一定条件可以减免责任

在建设施工过程中，业主证明已经尽到了安全责任，并且符合《建设工程安全生产管理条例》等相关规定，那么在发生安全生产事故时，业主的责任可能会得到一定程度的减免。如案例 7-11，案涉项目通过相关部门的审批，且设计也通过了审核和备案；业主单位与施工单位签订《输变电工程施工合同》及《安全协议》，与监理单位签订《输变电工程监理合同》，且施工单位和监理单位均有相应的资质条件，且均在有效期内；同时还在项目所在地设立项目部，对项目建设进行相应的管理；业主单位从项目建设的许可、设计备案、发包、监理、安全机构的设立投资等已经尽到了《中华人民共和国建筑法》《中华人民共和国安全生产法》等相关法律规定的基本要求，对本案事故中不承担事故责任，因此未建议对业主单位作出处罚。

需要特别提醒的是，国家电网有限公司内部规定的双签发制度要求作业票和操作票在签发过程中必须经过两道审核程序，一些责任界面可能会存在交叉和歧义，这不应该成为事故后认定业主责任的依据。简言之，事故发生后，判定业主责任的主要依据是《中华人民共和国安全生产法》等法律法规，国家电网有限公司内部规定的各项制度作为企业内部规范，不应作为定责依据。

四、管理建议

1. 进一步树牢安全发展理念

安全红线是生命线、责任线和高压线，在建设施工过程中，要深牢固树立安全发展理念，把防范化解安全风险摆在重要位置，强化底线思维、红线意识，严格按照“三管三必须”“党政同责、一岗双责、齐抓共管、失职追责”要求，从严落实属地管理责任、行业监管责任，督促相关方严格履行安全生产主体责任，杜绝麻痹意识和侥幸心理，严防事故发生。

2. 防范违规发包的连带责任风险

违规发包可能带来的连带责任风险主要有四点：一是安全生产责任，如果发包方将工程发包给不具备安全生产条件的承包方，或者未对承包方的安全生产进行有效监督和管理，一旦发生安全事故，发包方可能需要承担连带责任；二是工程质量责任，如果承包方施工的工程质量不符合要求，发包方作为业主可能需要承担相应的质量责任；三是劳务纠纷责任，如果发包方未对承包方的用工情况进行有效监督，导致出现劳务纠纷，发包方可能会被卷入纠纷并承担连带责任；四是违约责任，如果发包方在合同履行过程中存在违约行为，如未按时支付工程款等，可能会引发承包方的索赔，进而承担违约责任。

在建设施工过程中，供电企业一般都作为发包方，为了更好地防范违规发包的连带责任风险，一是在发包前，应对承包方的资质和安全生产条件进行严格审查，确保承包方具备相应的施工能力和安全生产条件；二是应签订详细的合同条款，在合同中应明确双方的权利和义务；三是在合同履行过程中，应加强对承包方的监督和管理，确保承包方按照合同要求进行施工。只有这样，才能有效降低连带责任风险的发生概率。

3. 安全生产同质化管理

各级供电企业和承包方要加强对作业计划的管理，强化作业计划的合理性、合规性、安全性审查，及时发现并坚决制止存在安全隐患的作业计划，确保生产经营安全。在实施作业前要严格开展风险辨析与管控，严格落实作业票制度，严格落实高危作业现场安全监护，确保作业现场安全。同时要加大对涉及劳务分包的施工行为监督检查力度与频次，强化劳务施工人员安全生产教育培训，及时发现并纠正施工人员在施工过程中的违法违规行为，坚决纠正冒险作业行为，对发现问题隐患及时督促整改。

4. 安全责任界面清晰约定

明确安全责任界面有助于确保各个岗位和部门清楚自己的职责，从而有效地预防和应对安全风险。同时要定期对人员资质、安全培训、岗位操作规程的掌握情况、个人防护装备的配备和使用、现场安全设施的设置和维护等进行到岗到位检查，确保员工具备必要的安全知识和技能，能够安全、有效地履行岗位职责。

第八章　配电网项目管理专题

第一节　工程发包给无资质单位应承担相应责任

一、参考案例

【案例 8-1】 承包方将工程转包给借用资质的个人，承担连带责任。

案号:（2019）湘 13 民终 484 号

被告 1 广某公司承包了万某县供电分公司发包的万某县 2016 年农网改造升级 10 千伏及以下工程施工项目后，再转包给被告李某，被告 2 李某仍以广某公司名义施工（名为挂靠，实为转包）。2016 年 8 月 31 日，被告 2 李某将工程转包给被告 3 王某。2017 年 5 月 5 日，原告彭某受被告 3 王某雇请前往万某县进行电力施工。2017 年 5 月 7 日，因某省输变电 500 千伏输电线路工程发生一起铁塔倒塌的重大事故，该省供电公司对全省范围内所有施工队伍停工整顿。王某作为万某县工程施工项目队伍的代表参加了当日的安全学习会议。在停工整顿期间，2017 年 5 月 25 日上午 11 时左右，原告应被告 3 王某要求前往万某县某台区工地上一处旧电线杆上接搭电线。在向上爬的过程中，电线杆倒塌造成原告彭某受伤。2017 年 7 月 6 日，原告被评定为八级伤残。原告为维护自身合法权益，遂行起诉。

一审、二审法院认为，被告 3 王某没有施工资质，却承包了万某县 2016 年农网改造升级 10 千伏及以下工程施工项目，存在重大过错。原告彭某系被告 3 王某雇佣，在省电力公司对全省范围内所有施工队伍停工整顿的情况下，被告 3 王某组织原告等人施工，是导致本次事故发生的主要原因。故被告 3 王某应当承担本次事故的主要责任。原告彭某本身在进行高压线路施工工作时，缺乏安全意识，存在过错，在本案中应承担相应责任。被告 1 广某公司将承包业务转包给不具备用工主体资格的被告 2 李某，被告 2 李某再分包给被告 3 王某，被告 3 王某再雇请原告彭某提供劳务，被告 1 广某公司与被告 2 李某之间名为挂靠实为转包关系，被告 2 李某与被告 3 王某名为委托施工实为分包，被告 1 广某公司、被告 2 李某违反了转分包有关规定，应当与被告 3 王某在本案中应承担连带赔偿责任。

说明：被挂靠单位被告广某公司与挂靠人李某共同承担本次的相应责任。

【案例 8-2】 被挂靠人与挂靠人就受害人的人身损害承担按份责任。

案号：（2018）甘 10 民终 270 号

2015 年 10 月 26 日，某供电公司将环某县 2015 年新增农网改造升级 10 千伏及以下工程（二标段）工程发包给光某公司，光某公司又将部分输变电工程施工劳务分包给韩某，因韩某无任何资质，为工程结算需要，韩某借用鼎某公司资质，并于 2016 年 6 月 9 日由鼎某公司与光某公司补签劳务分包合同，韩某为鼎某公司分包负责人，合同记载签订日期为 2015 年 10 月 20 日。2016 年 3 月 10 日，韩某雇佣程某等人为该工程提供线路架设、配电变压器、户表安装等劳务，工资按天计算，每天 280 元。2016 年 6 月 19 日 9 时许，程某在施工过程中被高压电击中受伤致五级伤残。

一审法院认为，光某公司实际将该工程分包给韩某，但未提供任何证据证明韩某具备相应的资质或安全条件，该工程属违法分包，故作为该工程发包人光某公司应就程某的损失与韩某承担连带赔偿责任。判决韩某支付赔偿 449854.23 元；光某公司、鼎某公司承担连带赔偿责任。

二审法院认为，鼎某公司对实际施工人借用其资质承包的工程施工过程中造成的损失，主观上具有明显过错，应当承担与其过错相应的责任。改判程某承担其自身损失 10%的责任，韩某与光某公司连带承担程某损失 70%

的责任，鼎某公司承担程某损失20%的责任。

【案例8-3】承包人将工程转包给无资方应承担工程款清偿的连带责任。

案号：（2019）苏08民终751号

2017年5月8日，新某公司将高某镇3兆瓦农光互补光伏扶贫发电项目总承包给瑞某公司。瑞某公司将光伏电站外接设计、施工、验收工程及光伏电站备用电源工程发包给嘉某公司。嘉某公司将该两项工程转包给宏某公司施工。嘉某公司无案涉工程的相关施工资质。新某公司尚有部分工程款未支付给瑞某公司。

一审法院认为，瑞某公司作为总承包人将光伏电站外接设计、施工、验收工程及光伏电站备用电源工程发包给无施工资质的嘉某公司承建，故嘉某公司与宏某公司签订的合同均为无效合同，但宏某公司作为实际施工人，可以要求嘉某公司给付工程款，同时因瑞某公司将案涉工程发包给无施工资质的嘉某公司施工，新某公司尚欠瑞某公司部分工程款未支付，故瑞某公司应当承担连带给付责任，新某公司在欠付瑞某公司工程款范围内承担连带给付责任。判决嘉某公司给付宏某公司工程款及利息，瑞某公司对上述款项承担连带给付责任，新某公司在欠付瑞某公司工程款范围内对上述款项承担连带给付责任。

二审调整利息计算方式，维持其他项判决。

【案例8-4】 施工现场不规范致人伤害，把工程发包给有资质单位的发包方不承担连带赔偿责任。

案号：（2017）赣0830民初28号

2016年4月26日，被告1鸿某公司承包了被告2永某电力公司的10千伏及以下配电网建设改造工程的施工。2016年9月6日上午，被告1鸿某公司在永某县某乡某村庙上组设置路牌开始施工，期间租用挖掘机对施工地现存树木的树枝进行折断处理。被告1鸿某公司安排了相关人员对现场施工安全进行管理，原告为了将地上的树枝捡回家用，不听劝阻，多次进入施工现场中心地带捡树枝。后因挖掘机操作人员未注意进入现场的原告，致使掉在地上的1根树枝砸伤原告左膝盖。原告伤残等级评定为十级伤残。

法院认为，被告2永某电力公司不存在选任过失和定作过失，对原告因本次受伤造成的经济损失不承担赔偿责任。被告1鸿某公司在事发时现场负责人员、安全员不具备省级政府部门颁发的安全管理人员安全生产考核合格证书和安全培训合格证书，未按照《建设工程安全生产管理条例》设置安全警示带，使得被告1鸿某公司未对现场安全进行规范化有效控制，未对原告进入施工现场进行有效劝阻和控制；且挖掘机操作人员操作不当是造成原告受伤的主要原因，应对原告的受伤承担75%的主要责任。判决被告1鸿某电力安装有限公司赔偿原告38932.67元。

二、关键法条

★《中华人民共和国建筑法》(2019年修正)

第二十二条 建筑工程实行招标发包的，发包单位应当将建筑工程发包给依法中标的承包单位。建筑工程实行直接发包的，发包单位应当将建筑工程发包给具有相应资质条件的承包单位。

第二十六条 承包建筑工程的单位应当持有依法取得的资质证书，并在其资质等级许可的业务范围内承揽工程。

禁止建筑施工企业超越本企业资质等级许可的业务范围或者以任何形式用其他建筑施工企业的名义承揽工程。禁止建筑施工企业以任何形式允许其他单位或者个人使用本企业的资质证书、营业执照，以本企业的名义承揽工程。

第六十六条 建筑施工企业转让、出借资质证书或者以其他方式允许他人以本企业的名义承揽工程的，责令改正，没收违法所得，并处罚款，可以责令停业整顿，降低资质等级；情节严重的，吊销资质证书。对因该项承揽工程不符合规定的质量标准造成的损失，建筑施工企业与使用本企业名义的单位或者个人承担连带赔偿责任。

★《中华人民共和国劳动合同法》(2012 年修正)

第九十四条 个人承包经营违反本法规定招用劳动者，给劳动者造成损害的，发包的组织与个人承包经营者承担连带赔偿责任。

★《最高人民法院关于适用<中华人民共和国民事诉讼法>的解释》(法释〔2022〕11 号)

第五十四条 以挂靠形式从事民事活动，当事人请求由挂靠人和被挂靠人依法承担民事责任的，该挂靠人和被挂靠人为共同诉讼人。

★《人力资源社会保障部关于执行〈工伤保险条例〉若干问题的意见》(人社部发〔2013〕34 号)

七、具备用工主体资格的承包单位违反法律、法规规定，将承包业务转包、分包给不具备用工主体资格的组织或者自然人，该组织或者自然人招用的劳动者从事承包业务时因工伤亡的，由该具备用工主体资格的承包单位承担用人单位依法应承担的工伤保险责任。

★《最高人民法院关于审理工伤保险行政案件若干问题的规定》(法释〔2014〕9 号)

第三条 社会保险行政部门认定下列单位为承担工伤保险责任单位的，人民法院应予支持：

（四）用工单位违反法律、法规规定将承包业务转包给不具备用工主体资格的组织或者自然人，该组织或者自然人聘用的职工从事承包业务时因工伤亡的，用工单位为承担工伤保险责任的单位；

（五）个人挂靠其他单位对外经营，其聘用的人员因工伤亡的，被挂靠单位为承担工伤保险责任的单位。

★《保障农民工工资支付条例》(自 2020 年 5 月 1 日起施行)

第三十六条 建设单位或者施工总承包单位将建设工程发包或者分包给个人或者不具备合法经营资格的单位，导致拖欠农民工工资的，由建设单位或者施工总承包单位清偿。

施工单位允许其他单位和个人以施工单位的名义对外承揽建设工程，导致拖欠农民工工资的，由施工单位清偿。

★《劳动和社会保障部关于确立劳动关系有关事项的通知》（劳社部发〔2005〕12号）

四、建筑施工、矿山企业等用人单位工程（业务）或经营权发包给不具备用工主体资格的组织或自然人，对该组织或自然人招用的劳动者，由具备用工主体资格的发包方承担用工主体责任。

★《最高人民法院关于审理建设工程施工合同纠纷案件适用法律问题的解释（一）》（法释〔2020〕25号）

第一条　建设工程施工合同具有下列情形之一的，应当依据民法典第一百五十三条第一款的规定，认定无效：

（一）承包人未取得建筑业企业资质或者超越资质等级的；

（二）没有资质的实际施工人借用有资质的建筑施工企业名义的；

（三）建设工程必须进行招标而未招标或者中标无效的。

承包人因转包、违法分包建设工程与他人签订的建设工程施工合同，应当依据民法典第一百五十三条第一款及第七百九十一条第二款、第三款的规定，认定无效。

第四十三条　实际施工人以转包人、违法分包人为被告起诉的，人民法院应当依法受理。

实际施工人以发包人为被告主张权利的，人民法院应当追加转包人或者违法分包人为本案第三人，在查明发包人欠付转包人或者违法分包人建设工程价款的数额后，判决发包人在欠付建设工程价款范围内对实际施工人承担责任。

★《承装（修、试）电力设施许可证管理办法》（自2020年10月11日起施行）

第三十四条　承装（修、试）电力设施单位转包或违法分包承装（修、试）电力设施业务，涂改、倒卖、出租、出借许可证，或者以其他形式非法转让许可证的，《建设工程质量管理条例》等法律法规对上述违法行为有相关行政处罚规定的，依照其规定执行；未作规定的，由派出机构责令其改正，给予警告，并处一万元以上三万元以下罚款。

★《建筑工程施工发包与承包违法行为认定查处管理办法》（建市规〔2019〕1号）

第十条 存在下列情形之一的，属于挂靠：

（一）没有资质的单位或个人借用其他施工单位的资质承揽工程的。

（二）有资质的施工单位相互借用资质承揽工程的，包括资质等级低的借用资质等级高的，资质等级高的借用资质等级低的，相同资质等级相互借用的。

★《中华人民共和国民法典》（自2021年1月1日起施行）

第一千一百九十二条 个人之间形成劳务关系，提供劳务一方因劳务造成他人损害的，由接受劳务一方承担侵权责任。接受劳务一方承担侵权责任后，可以向有故意或者重大过失的提供劳务一方追偿。提供劳务一方因劳务受到损害的，根据双方各自的过错承担相应的责任。

提供劳务期间，因第三人的行为造成提供劳务一方损害的，提供劳务一方有权请求第三人承担侵权责任，也有权请求接受劳务一方给予补偿。接受劳务一方补偿后，可以向第三人追偿。

★《中华人民共和国安全生产法》（2021年修正）

第一百零三条 第一款 生产经营单位将生产经营项目、场所、设备发包或者出租给不具备安全生产条件或者相应资质的单位或者个人的，责令限期改正，没收违法所得；违法所得十万元以上的，并处违法所得二倍以上五倍以下的罚款；没有违法所得或者违法所得不足十万元的，单处或者并处十万元以上二十万元以下的罚款；对其直接负责的主管人员和其他直接责任人员处一万元以上二万元以下的罚款；导致发生生产安全事故给他人造成损害的，与承包方、承租方承担连带赔偿责任。

★《最高人民法院关于审理人身损害赔偿案件适用法律若干问题的解释》（法释〔2022〕14号）（简称《人身损害赔偿司法解释》）

第三条　依法应当参加工伤保险统筹的用人单位的劳动者，因工伤事故遭受人身损害，劳动者或者其近亲属向人民法院起诉请求用人单位承担民事赔偿责任的，告知其按《工伤保险条例》的规定处理。

因用人单位以外的第三人侵权造成劳动者人身损害，赔偿权利人请求第三人承担民事赔偿责任的，人民法院应予支持。

三、要点简析

1. 没有资质的个人雇佣他人从事工程建设，应当承担侵权责任

2003版《人身损害赔偿司法解释》规定雇主对雇员从事雇佣活动中遭受的人身损害适用无过错责任，《中华人民共和国侵权责任法》第三十五条改变了这一规定，接受劳务一方只需根据其过错承担责任即可。《中华人民共和国民法典》第一千一百九十二条规定，个人之间形成劳务关系，提供劳务一方因劳务受到损害的，根据双方各自的过错承担相应的责任。从条文内容来看，《中华人民共和国民法典》延续了《中华人民共和国侵权责任法》的规定。

依据《中华人民共和国建筑法》《中华人民共和国安全生产法》等法律，从事工程建设的民事主体应当是具备相应的安全生产条件和资格的单位，个人不具备相应的资质和安全生产条件，雇佣他人从事建设工程等生产经营活动的，在法律上就应当认为接受劳务一方是有过错的。在案例8-1和案例8-2中，李某、韩某作为没有资质的个人，非法承揽工程致人损害，应当承担侵权责任；原告彭某、程某存在过错，承担部分责任。

另外，没有资质的单位雇佣他人从事工程建设的，依照《人身损害赔偿

司法解释》第三条之规定按《工伤保险条例》的规定处理，至于是由该单位自行承担工伤保险责任，抑或其他单位承担，后文详述。

2. 发包、分包未尽选任责任，发包给无施工资质单位或个人施工，致人损害的，应承担的连带责任

2003 版《人身损害赔偿司法解释》第十一条第二款规定，雇员在从事雇佣活动中因安全生产事故遭受人身损害，发包人、分包人知道或者应当知道接受发包或者分包业务的雇主没有相应资质或者安全生产条件的，应当与雇主承担连带赔偿责任。在该司法解释被修订前，建设工程领域的侵权责任纠纷，均依照该条要求存在过错的发包人、分包人与没有资质个人对受害人承担连带责任。在案例 8-1 中，被告 1 广某公司将承包业务转包给不具备用工主体资格的被告 2 李某，被告 2 李某再分包给被告 3 王某，被告 3 王某再雇请原告彭某提供劳务，被告 1 广某公司与被告 2 李某之间名为挂靠实为转包关系，被告 2 李某与被告 3 王某名为委托施工实为分包，被告 1 广某公司、被告 2 李某违反了转分包有关规定，应当与被告 3 王某在本案中应承担连带赔偿责任。

2022 年修订的《人身损害赔偿司法解释》删除了原第十一条。其后的审判实务中存在两种做法：一是依据《中华人民共和国民法典》第一千一百六十五条第一款、第一千一百七十二条规定按份承担责任；二是依据《中华人民共和国安全生产法》第一百零三条承担连带责任。本书编写组倾向于第二种观点。理由在于，《中华人民共和国民法典》是侵权责任基本法，《中华人民共和国安全生产法》是特别法，根据“特别法优于一般法”的法律适用原则，《中华人民共和国安全生产法》应当优先适用。

《中华人民共和国安全生产法》第一百零三条相比于《人身损害赔偿司法解释》原第十一条，缺少了“知道或者应当知道接受发包或者分包业务的雇主没有相应资质或者安全生产条件”的表述，但在理解与适用上仍应按照过错责任处理。原因在于：《人身损害赔偿司法解释》（2022 年修订）删除了原第十一条，是因为《中华人民共和国安全生产法》已有规定，故去除重

复繁琐的内容，而不是因为《中华人民共和国安全生产法》修改了该内容，导致原第十一条作废，此其一；在《人身损害赔偿司法解释》第十一条和《中华人民共和国安全生产法》第一百零三条并行有效时，按照过错责任处理，要么是两条规定的内在要件相同，要么是《人身损害赔偿司法解释》第十一条优先适用，设若是第二种情形，法律断然不会通过删除优先适用的第十一条，以实现适用劣后的《中华人民共和国安全生产法》第一百零三条的目的，由此可见，两种规定只可能是第一种情形，即《人身损害赔偿司法解释》第十一条和《中华人民共和国安全生产法》第一百零三条内在要件相同，发包人、分包人对不具备资质条件的雇主招用的雇员承担过错责任，此其二。

3. 挂靠人和被挂靠人为民事责任的共同诉讼人

根据《建筑工程施工发包与承包违法行为认定查处管理办法》第十条，没有资质的单位或个人借用其他施工单位的资质、不同资质单位之间互相借用资质均属于挂靠。《最高人民法院关于适用〈中华人民共和国民事诉讼法〉的解释》第五十四条明确规定，以挂靠形式从事民事活动，当事人请求由挂靠人和被挂靠人依法承担民事责任的，该挂靠人和被挂靠人为共同诉讼人。但是，该条只是诉讼程序上的规定，不能作为实体法上请求挂靠人和被挂靠人承担连带责任的请求权基础。关于挂靠人和被挂靠人的侵权责任承担，《中华人民共和国民法典》只规定在机动车交通事故责任中挂靠人与被挂靠人承担连带责任，其他领域无此特别规定；而其他有关侵权责任的特别法也没有借用施工企业资质的挂靠人和被挂靠人承担连带责任的规定。在这种情况下，挂靠人与被挂靠人只能适用《中华人民共和国民法典》第一千一百六十五条关于一般侵权行为的规定，即在被挂靠人对安全事故发生有过错的，承担侵权责任。至于和其他责任主体的责任分摊问题，适用《中华人民共和国民法典》第一千一百七十二条关于按份责任的规定。在案例 8-2 中，鼎某公司将资质出借给韩某，放任韩某利用其资质实施违法施工行为，对原告程某的损害存在过错，法院判令其承担20%的按份责任，并不和发包人被告光某公司和雇佣人被告韩某连带。

4. 转包人、分包人和出借资质给个人的被挂靠人，承担工伤保险责任

根据《工伤保险条例》等法律规定，工伤保险责任原则上由与劳动者存在劳动关系的用人单位承担，例外情况下由其他单位承担。根据《最高人民法院关于审理工伤保险行政案件若干问题的规定》（法释〔2014〕9号），对于建筑行业层层转包、违法分包的情况，转包人、违法分包人将承包业务转包、违法分包给不具备资质的单位或个人，转包人、违法分包人应当承担工伤保险责任。从该规定中"将承包业务"以及《劳动和社会保障部关于确立劳动关系有关事项的通知》（劳社部发〔2005〕12号）中"建筑施工等用人单位"等表述来看，建设单位无须承担此项工伤保险责任。

被挂靠单位出借资质给个人从事工程建设的，该个人聘用的人员因工伤亡的，被挂靠单位为承担工伤保险的单位；被挂靠单位出借资质给单位从事工程建设的，法律既然没有例外的要求被挂靠单位承担工伤保险责任，那么，理当由作为用人单位的挂靠单位承担工伤保险责任。

《中华人民共和国民法典》第一百七十八条规定，连带责任，由法律规定或者当事人约定。根据该项规定，以上工伤保险责任不属于连带责任。而且，从上述司法解释的表述来看，该项工伤保险责任的承担主体也应当是确定、唯一的。实务中，由于主张工伤保险责任需先经行政机关认定，后续往往还会引起劳动仲裁，程序冗长，因此受害人通常会放弃工伤保险责任更多的赔偿，径行主张侵权责任，案例8-1、8-2皆为此类。

5. 发包人只在欠付建设工程价款范围内对实际施工人承担责任

依照合同相对性理论，合同一方只能向合同相对方主张权利。为保护农民工等建筑工人的利益，《最高人民法院关于审理建设工程施工合同纠纷案件适用法律问题的解释（一）》第四十三条第二款突破合同相对性原则，允许实际施工人请求发包人在欠付工程款范围内承担责任，发包人是合法发包

还是违法发包，均在所不问。

根据最高院民一庭观点，对该条的解释适用应当从严把握。该解释只规范转包和违法分包两种关系，未规定借用资质的实际施工人以及多层转包和违法分包关系中的实际施工人有权请求发包人在欠付工程范围内承担责任。换句话说，只有一手转包和一手违法分包的实际施工人才能向发包人主张权利。在案例 8-3 中，瑞某公司将工程违法分包给嘉某公司，嘉某公司作为实际施工人可以向发包人新某公司主张工程款。而宏某公司作为层层转包的宏某公司，不能向发包人新某公司主张工程款。若宏某公司的工程款中涉及到农民工款项支付的，可以由农民工依照《农民工工资支付保障条例》主张权利，相关内容详见第八章第三节内容，此不赘述。案例 8-3 中，法院判令发包人新某公司向宏某公司支付，一来案例较早，尚在《中华人民共和国民法典》和《最高人民法院关于审理建设工程施工合同纠纷案件适用法律问题的解释（一）》出台之前；二来最高院民一庭的观点也不是正式法源。

四、管理建议

1. 业主方发包和承包方分包时均应规范操作，避免承担连带责任

根据《中华人民共和国建筑法》第二十二条、第二十六条，建筑工程应当发包给具有相应资质条件的承包单位，承包单位应在其资质等级许可的业务范围内承揽工程，禁止超越资质、挂靠资质、借用资质及出借资质承揽工程。即任何违法发包和超越资质、挂靠、借用及出借资质的行为一旦查实，当事人均可以以违反法律强制性规定为由主张合同无效。但主张合同无效的情形一般发生在工程款支付纠纷中，遇有人身损害赔偿等情形，受害方的一般不会主张合同无效，而更关注当事各方对损害赔偿责任应如何承担。一般来说，发包方的经济实力和偿债能力相对较强。供电企业及其集体企业参与的工程项目，在人身损害赔偿和工程质量、工程款支付纠纷方面，极易被诉

请成为连带责任人。因此，供电企业在建筑工程发包时，务必尽到选任责任，真正把工程发包给有相应资质的单位。

如案例 8-1～8-4，在借用资质、违法发包或分包等情况下，当事人一般都会主张发包方、资质出借方与承包方承担连带责任。案例 8-2 中，一、二审均认为，光某公司实际将该工程分包给韩某，但未提供任何证据证明韩某具备相应的资质或安全条件，该工程属违法分包，故作为该工程发包人光某公司应就程某的损失与韩某承担连带赔偿责任。而案例 8-3 的法院则认为，被告永某电力公司将工程发包给有资质的单位，不存在选任过失和定作过失，对原告因本次受伤造成的经济损失不承担赔偿责任。

2. 合同应明确约定是否允许分包

案例 8-2 中，业主单位即庆某供电公司与承包人光某公司签订的输变电工程施工合同明确约定，未经发包人庆某供电公司同意，该工程不得分包，而光某公司提交的证据不能说明其将工程分包给鼎某公司是否经过了庆某供电公司同意，因此供电公司不需要承担责任。供电企业的建设工程发包时应与承包人明确约定是否允许分包，以避免承包人不履行义务而由发包人“背锅”。

3. 加强资质审查，杜绝外施队伍层层转包，违法分包

一是禁止使用自然人（包工头）以及无资质的劳务队伍。避免存在私拉滥招、非法用工、违法劳务分包、拖欠民工工资等行为的施工队伍进入供电企业工程建设领域，减少劳务分包纠纷。二是严把审查关。在严把资质关的同时，通过核查关键人员的劳动合同、社保缴纳、工资发放等，甄别外施队伍投标基本情况的真实性，不定期检查外施队伍人员情况，掌握分包队伍的实际施工能力，控制流动人员数量，确保外施队伍人员素质稳定。三是严禁业主指令分包。严禁违规操作，将工程发包给不具备资质的企业和个人，严禁将不具备资质的企业和个人介绍给总包单位。杜绝在选择队伍上，靠人情，拉关系，更不能以行贿受贿形式承接工程，要通过公开化的投标报价渠道和公平的竞争机制择优选择分包队伍。

4. 加强工程全过程管理

一是加强岗前安全培训教育。开工前，对进入施工现场的分包队伍，应先组织集中学习，进行三级安全教育。现场施工时，对特殊作业人员应查验特种作业操作证，实施有效的监督检查，以便及早发现和消除隐患，杜绝违章作业。二是做到全过程监管，严禁以包代管。实行劳务分包作业人员与本单位职工“无差别”的安全管理，让分包队伍遵守管理制度及操作规程，不断强化分包队伍法律与风险意识，敦促分包单位进一步提高依法经营、按规定施工的自觉性。

第二节　物资质量不合格但已使用的货款应支付

一、参考案例

【案例 8-5】 扣除继续使用的质量不合格物资货款于法无据。

案号:（2020）甘民再 71 号

2014 年 5 月 8 日，亿某公司与电力公司签订协议库存货物采购合同一份，并陆续向电力公司提供架空绝缘导线陆续向电力公司供货 686.219 千米。在施工过程中，发现已使用的 103 千米架空绝缘导线存在质量问题（现仍在正常使用）。经双方协商解除协议库存货物采购合同，对已到货的架空绝缘导线进行换货，对尚未到货的架空绝缘导线全部采取退货处理。电力公司将二次更换的导线除 103 千米尚在仓库外，其余已全部使用完毕。后双方就物资款项支付发生争议，亿某公司认为，整个工程验收合格并投入使用五年，证明架空绝缘导线质量合格，电力公司应当按照实际供给的导线支付货款。电力公司同意支付已更换尚在仓库外的部分，但要求扣除存在质量问题的 103 千米架空绝缘导线货款，同时要求解除合同、赔偿窝工损失等。

一审、二审法院认为，根据双方交易过程中的往来函件所书内容可以显示，亿某公司对其向电力公司所供货物出现了质量问题是知晓并认可的，电力公司同意亿某公司更换了有质量问题的导线并继续使用，理应给付亿某公司货款。亿某公司在合同履行期间存在违约情形，电力公司要求解除合同并支付违约金、扣除存在质量问题 103 千米的货款并无不当。其主张的窝工损失未提交充分的证据予以佐证，不予支持。

再审认为，在案涉导线发现质量问题后，双方协调并达成一致意见，亿某公司对所供货物出现质量问题知晓并认可而且进行更换，电力公司亦将更换的导线除 103 千米存于仓库外，其余已全部使用完毕。亿某公司所供货物包含案涉 103 千米导线。原审认定由电力公司向亿某公司支付剩余货款正确，但不应扣除已经更换的 103 千米导线货款。

二、关键法条

★《中华人民共和国民法典》(自 2021 年 1 月 1 日起施行)

第五百六十六条　合同解除后，尚未履行的，终止履行；已经履行的，根据履行情况和合同性质，当事人可以请求恢复原状或者采取其他补救措施，并有权请求赔偿损失。

合同因违约解除的，解除权人可以请求违约方承担违约责任，但是当事人另有约定的除外。

主合同解除后，担保人对债务人应当承担的民事责任仍应当承担担保责任，但是担保合同另有约定的除外。

第五百七十七条　当事人一方不履行合同义务或者履行合同义务不符合约定的，应当承担继续履行、采取补救措施或者赔偿损失等违约责任。

第五百八十二条　履行不符合约定的，应当按照当事人的约定承担违约责任。对违约责任没有约定或者约定不明确，依据本法第五百一十条的规定仍不能确定的，受损害方根据标的的性质以及损失的大小，可以合理选择请求对方承担修理、重作、更换、退货、减少价款或者报酬等违约责任。

第五百八十三条　当事人一方不履行合同义务或者履行合同义务不符合约定的，在履行义务或者采取补救措施后，对方还有其他损失的，应当赔偿损失。

第五百八十四条　当事人一方不履行合同义务或者履行合同义务不符合约定，造成对方损失的，损失赔偿额应当相当于因违约所造成的损失，包括合同履行后可以获得的利益；但是，不得超过违约一方订立合同时预见到或者应当预见到的因违约可能造成的损失。

第六百一十条　因标的物不符合质量要求，致使不能实现合同目的的，买受人可以拒绝接受标的物或者解除合同。买受人拒绝接受标的物或者解除合同的，标的物毁损、灭失的风险由出卖人承担。

第六百一十五条　出卖人应当按照约定的质量要求交付标的物。出卖人提供有关标的物质量说明的，交付的标的物应当符合该说明的质量要求。

第六百一十七条　出卖人交付的标的物不符合质量要求的，买受人可以依据本法第五百八十二条至第五百八十四条的规定请求承担违约责任。

三、要点简析

1. 工程竣工验收合格不能证明物资质量合格

司法实践中常出现工程经过竣工验收但质量不合格的纠纷，但最高人民法院和各省高院普遍认为，竣工验收仅是工程建设的相关主体为配合行政管理完成的形式验收。而工程质量问题属于客观事实，系实质问题，关系国计民生，并不能以形式验收而否认工程实质存在的质量问题。工程质量须通过专业化、体系化的综合判定。以此类推，工程经过竣工验收既然不能否认存在工程质量问题，若当事人能够证明工程物资确然存在质量问题的，自然也不能以工程经过竣工验收为由予以否认。在案例 8-5 中，施工过程中发现亿某公司交付的架空绝缘导线存在质量问题，且亿某公司在往来函件中是知晓并认可，不能再以工程经过竣工验收为由进行否认。

2. 物资质量不合格可以解除合同

《中华人民共和国民法典》第五百六十三条和第六百一十条均为关于合同解除的规定，第五百六十三条规定在合同通则，为一般规定，第六百一十条规定在买卖合同中，为特殊规定，特殊规定应当优先适用。第六百一十条规定“因标的物不符合质量要求，致使不能实现合同目的的，买受人可以拒绝接受标的物或者解除合同。”在案例 8-5 中，亿某公司在实际履约过程中未能按合同要求向电力公司提供质量合格的产品，电力公司已函告亿某公司对未到货架空绝缘导线采取退货处理，因此双方所签合同实际已无法履行，签订合同的目的亦无法实现，电力公司有权解除合同。

《中华人民共和国民法典》第五百六十六条规定“合同解除后，尚未履行的，终止履行；已经履行的，根据履行情况和合同性质，当事人可以请求恢复原状或者采取其他补救措施，并有权请求赔偿损失。”在案例 8-5 中，对于尚未到货的架空绝缘导线全部采取退货处理，属于终止履行；对于已经交付的，亿某公司进行换货属于采取补救措施；而仍在使用的、存在质量瑕疵的那部分纵能拆除，亦不经济，不宜恢复原状，法院判令电力公司给付了该部分货款。在架空绝缘导线不易拆除的情况下，电力公司理应折价补偿，补偿标准以市场价为宜，既然架空绝缘导线质量存在瑕疵，其市场价必然低于合格产品，而法院在判决书中要求电力公司按原价支付货款，未考虑架空绝缘导线质量瑕疵。对此，本书编写组持保留意见。

3. 物资质量不合格可以要求对方承担违约责任

出卖人交付的标的物不符合质量要求的，买受人可以合理选择请求对方承担修理、重作、更换、退货、减少价款或者报酬等违约责任。更换和赔偿损失均属于违约损失的承担方式。案例 8-5 中，亿某公司因交付的 103 千米架空绝缘导线不符合质量要求，按照电力公司要求进行更换，虽未进行经济赔偿，但也已经承担了违约责任。需注意的是，该部分违约责任与合同解除在法律后果上存在竞合。

学理上认为，“修理、重作、更换”等违约责任方式，属于“采取补救措施”的一个组成部分，并属于继续履行的范畴。按照全面赔偿原则，违约方继续履行后，守约方的实际损失仍然应当赔偿。也就是说，继续履行后，可以并用损害赔偿。在本案中，电力公司主张的窝工损失没有得到支持，是因为没有足够的证据证明其存在额外的实际损失，而非法律规定本身存在救济途径上的障碍。

我国《中华人民共和国民法典》规定的违约责任原则上为补偿性违约责任，只有法律有特别规定的情况下，才具有惩罚性。亿某公司对不符合质量要求的 103 千米架空绝缘导线进行更换后，电力公司又不存在其他损失，亿某公司已经全面承担了违约责任，电力公司的损失得到充分填补。若允许电力公司继续保有并使用存在质量瑕疵的部分架空绝缘导线，将致使电力公司因亿某公司违约行为而获益，于亿某公司不公，因此，法律判令电力公司支付该部分价款。架空绝缘导线质量有别，价格有异，对于存在质量瑕疵的架空绝缘导线，法院要求电力公司按原价支付，对电力公司难言公允，若进行减价处理，可能更为妥当。

四、管理建议

1. 技术规范书要明确采购要求

技术规范书是需求单位对货物质量要求的客观体现，是评标委员会甄选出最具能力、最符合采购需求的供应商的指标。公司应当组织召开技术规范书编制专题会议，充分挖掘各领域专家力量，从技术协议出发，对标的物进行全方位、最小颗粒度、最匹配的详细描述，坚决杜绝无质量要求、无验收标准、无考核条款的“三无”规范书，做到技术规范书包含国家全部强制性要求、与采购项目相匹配、不可偏离项标注准确、考核指标可执行、与评分表相匹配等。公司还应当结合生产、经营管理经验，制定技术规范书范本，逐步实现技术规范书编制标准化、专业化。若因特殊原因需要个性化采购的，采购技术规范不应当低于国家标准。

2. 加强供应商资质能力核实

企业应当成立核实专家组，或组建核实委员会，随即抽选专家，严格开展供应商资质能力核实工作，准确、客观掌握供应商资质、业绩及能力等情况。既可以采取文件核实的方式，按计划、分批次对供应商的基本信息、财务信息、报告证书、产品业绩、设计研发、生产制造、试验检测、原材料组部件管理、售后服务和产品产能等内容，与投标文件或支撑材料的一致性进行核对；也可以采取现场复查的方式，依据物资类别核实规范、核实指南等相关要求，对生产试验设备、生产环境发生重大变化的供应商或被投诉举报的供应商进行重点核查。

3. 物资未经抽检、验收，不得投入使用

物资管理部门加强施工现场物资到货情况管控，加强与现场施工人员沟通，按照公司内部管理制度要求进行取样、封样、送样，委托具备相应检测资质的检测单位或机构进行检测，实现工程物资应检尽检。相关需求、技术部门加强物资验收管理工作，按照合同约定对物资进行到货验收、交接试验等最终检验，贯彻落实物资落地验收制度，从源头把好验收关，强化业务培训，细化验收程序，对到货物资依照验收标准、针对物资的型号、材质、尺寸等参数逐笔验收，多举措做好物资验收工作，确保验收不走过场。物资未经抽检、验收环节的，不得投入使用。

4. 严格供应商不良行为处置

建立供应商不良行为处置办法或者供应商考评考核方案，明确各级管理主体职责、不良行为处罚范围、处理时限等，并依据不良行为类型、内容，制定标准化核实、处置流程，依法合规开展核实，有理有据进行处理，同时扩大供应商不良行为处理结果在招标采购阶段应用范围，多级核查、层层把关，有效防止不合格产品入网或不诚信供应商参与招标采购，助力优化采购营商环境；全力推进供应商不良行为管理数字化、信息化改革进程，简化审批流程，并始终坚持“三个一”的工作原则，即第一时间获取不合格信息、获取的第一时间核实、核实属实的第一时间处理，合理缩短供应商不良行为处置周期，提高处理结果应用效率进一步加强对供应商的履约行为管理和产品质量监督，促进供应商不断提高产品质量和诚信履约，强化供应商履约表现与招标采购的动态联动。

第三节　农民工工资和小微企业款项应及时支付

一、参考案例

【案例 8-6】 结清工程款的建设单位不对农民工工资支付担责。

案号：（2022）粤 0114 民初 3143 号、（2023）粤 01 民终 1529 号

某空港委作为建设单位、发包人，将工程发包给总承包方某建筑公司。2019 年 3 月 11 日，某建筑公司将部分工程专业分包给禹某公司。2017 年 11 月 19 日，禹某公司又与张某、蒋某签订《工程承包合同》。后张某和龚某等 19 人签订《防水劳务清包工协议》。经查明，某空港委已按合同约定支付给工程款，无拖欠工程款现象。但蒋某尚有部分工程款未支付给龚某等人。

一审法院认为，根据建设单位某空港委与总承包单位某建筑公司 2021 年 12 月 23 日签订的《建设单位按合同支付工程款证明》及双方陈述，某空港委已按合同约定的付款节点及条件支付工程款给某建筑公司工程款，无拖欠工程款现象；且龚某等人未举证证明其劳务款未结清系因某空港委作为建设单位未按照合同约定及时支付工程款所导致。综上，龚某等人要求某空港委对蒋某勇的上述债务承担责任的诉讼请求，缺乏事实和法律依据，一审法院不予支持。

二审法院驳回上诉，维持原判。

【案例 8-7】 发包给不适格主体应承担农民工工资支付责任。

案号：（2022）桂 1081 民初 431 号

亨某公司中标某水利电业公司输电线改造工程项目。2019 年 7 月 5 日，亨某公司与邓某签订《项目部经营合同》，约定将涉案工程的有关项目等承包邓某进行电力工程施工等活动。在此之前，邓某之姐于 2019 年 5 月 1 日与韦某签订《工程合作经营合同协议》，约定由被告韦某 1 负责完成涉案所有工程的施工，施工人员由韦某 1 聘请管理，韦某 1 领取的工程款包括劳务人员工资等。韦某取得工程项目后，雇请包括韦某 2 在内的农民工对该项目进行施工，工资按不同工种按天计算发放。经核实韦某 1 拖欠韦某 2 工资 6190 元。

本院认为，本案亨某公司作为涉案工程施工总承包单位将涉案工程转包给个人即被告邓某，已构成违法转包，虽然被告亨某公司不是直接招聘原告从事劳务的当事方，与原告不存在劳务关系，但被告亨某公司应依法对被告韦某 1 所欠原告的工资承担清偿责任。

【案例 8-8】 工程争议不影响农民工工资支付。

案号：（2020）粤 2072 民初 6973 号

2018 年 4 月，某能源公司将某分布式光伏项目 EPC 总承包工程发包给中某达公司，某建安装公司系分包单位，某盟公司挂靠于某建安装公司，系涉案工程的实际施工人。某盟公司确认李某是其施工工人，其欠付李某劳务报酬 28000 元。涉案工程已停工，某能源公司与中某达公司、中某达公司与某建安装公司均未进行结算。

本院认为，根据当事人保证真实的陈述以及提交的证据，派盟公司确认李某系其施工工人并认可李某主张劳动报酬数额，故作为涉案工程的实际施工人及劳务合同的相对人，派盟公司应当对李某诉求的劳务报酬 28000 元承担直接支付责任。某建安装公司作为涉案工程的分包单位及以派盟公司的被挂靠单位，应当对上述劳动报酬连带承担支付责任。中某达公司作为施工总承包单位，因分包单位拖欠农民工工资，应当先行清偿上述劳务报酬，清偿后享有追偿权。某能源公司作为建设单位，尚未结清工程款，应当在未结清的工程款范围内先行垫付上述劳动报酬。

【案例 8-9】 针对中小企业的付款条件应当明确合理。

案号：（2021）京 0102 民初 28151 号

2019 年 7 月 12 日，西某公司与某市政建设集团签订案涉买卖合同。关于付款方式，双方约定按分期方式付款，根据某市政建设集团业主对工程拨款情况某市政建设集团以转账支票、电汇及承兑汇票方式分批支付西某公司 70%货款，待竣工验收合格 6 个月后将剩余货款支付给西某公司。后双方就款项支付发生争议。

本院认为，尽管案涉买卖双方约定就剩余货款的付款条件为“根据某市政建设集团业主对工程拨款情况某市政建设集团以转账支票、电汇及承兑汇票方式分批支付西某公司 70%货款，待竣工验收合格 6 个月后将剩余货款支付给西某公司”，但该条件完全依赖于案外人对某市政建设集团的付款进度，甚至在极端情况下存在不成就的可能性。因此，上述约定的付款条件显然不符合《保障中小企业款项支付条例》所要求的明确合理原则，据此本院认为该付款条件不能约束西某公司。

【案例 8-10】 不得强制要求以审计结果作为结算依据。

案号：（2021）黔 0221 民初 2481 号、（2021）黔 02 民终 3273 号

2014 年 5 月 22 日，被告某供电局与原告某公司签订《建设工程施工合同》，将某供电局生产调度综合楼装饰装修工程发包给某公司施工。双方约定，合同中标价部分采用总价合同形式。被告分别于 2016 年 5 月 5 日、2016 年 9 月 5 日委托某工程造价事务所进行两次审价，且审价结果不同，原告、被告均在工程结算审核定案表上予以签章确认。2016 年 9 月 12 日，被告上级部门委托某会计师事务所再次审计，要求对工程价款进行核减，原告不同意扣减。

一、二审法院认为，虽然合同内工程的工程款约定的计算方式为固定价，但既然原、被告双方均在工程结算审核定案表上签章确认经审定的工程款，应视为双方对工程款计算方式的合意变更。被告委托的某工程造价事务所先后两次作出不同的审定金额，而原告、被告双方均在该两次工程结算审核定

案表上签章确认，故工程款应以后一次的审定金额为准。而对经被告上级单位委托，某会计师事务所所作出的审定金额，因非当事人委托，且未经施工人即原告同意，故对被告应无法律约束力。

二审驳回上诉，维持原判。

二、关键法条

★《保障农民工工资支付条例》（自 2020 年 5 月 1 日起施行）

第三条　农民工有按时足额获得工资的权利。任何单位和个人不得拖欠农民工工资。

农民工应当遵守劳动纪律和职业道德，执行劳动安全卫生规程，完成劳动任务。

第二十四条　建设单位应当向施工单位提供工程款支付担保。

建设单位与施工总承包单位依法订立书面工程施工合同，应当约定工程款计量周期、工程款进度结算办法以及人工费用拨付周期，并按照保障农民工工资按时足额支付的要求约定人工费用。人工费用拨付周期不得超过 1 个月。

建设单位与施工总承包单位应当将工程施工合同保存备查。

第二十九条　建设单位应当按照合同约定及时拨付工程款，并将人工费用及时足额拨付至农民工工资专用账户，加强对施工总承包单位按时足额支付农民工工资的监督。

因建设单位未按照合同约定及时拨付工程款导致农民工工资拖欠的，建设单位应当以未结清的工程款为限先行垫付被拖欠的农民工工资。

建设单位应当以项目为单位建立保障农民工工资支付协调机制和工资拖欠预防机制，督促施工总承包单位加强劳动用工管理，妥善处理与农民工工资支付相关的矛盾纠纷。发生农民工集体讨薪事件的，建设单位应当会同施工总承包单位及时处理，并向项目所在地人力资源社会保障行政部门和相关行业工程建设主管部门报告有关情况。

第三十条　分包单位对所招用农民工的实名制管理和工资支付负直接责任。

施工总承包单位对分包单位劳动用工和工资发放等情况进行监督。

分包单位拖欠农民工工资的，由施工总承包单位先行清偿，再依法进行追偿。

第三十五条　建设单位与施工总承包单位或者承包单位与分包单位因工程数量、质量、造价等产生争议的，建设单位不得因争议不按照本条例第二十四条的规定拨付工程款中的人工费用，施工总承包单位也不得因争议不按照规定代发工资。

第三十六条　建设单位或者施工总承包单位将建设工程发包或者分包给个人或者不具备合法经营资格的单位，导致拖欠农民工工资的，由建设单位或者施工总承包单位清偿。

施工单位允许其他单位和个人以施工单位的名义对外承揽建设工程，导致拖欠农民工工资的，由施工单位清偿。

★《保障中小企业款项支付条例》（自2020年9月1日起施行）

第六条　机关、事业单位和大型企业不得要求中小企业接受不合理的付款期限、方式、条件和违约责任等交易条件，不得违约拖欠中小企业的货物、工程、服务款项。

中小企业应当依法经营，诚实守信，按照合同约定提供合格的货物、工程和服务。

第八条　机关、事业单位从中小企业采购货物、工程、服务，应当自货物、工程、服务交付之日起30日内支付款项；合同另有约定的，付款期限最长不得超过60日。

大型企业从中小企业采购货物、工程、服务，应当按照行业规范、交易习惯合理约定付款期限并及时支付款项。

合同约定采取履行进度结算、定期结算等结算方式的，付款期限应当自双方确认结算金额之日起算。

第九条　机关、事业单位和大型企业与中小企业约定以货物、工程、服务交付后经检验或者验收合格作为支付中小企业款项条件的，付款期限应当自检验或者验收合格之日起算。

合同双方应当在合同中约定明确、合理的检验或者验收期限，并在该期限内完成检验或者验收。机关、事业单位和大型企业拖延检验或者验收的，付款期限自约定的检验或者验收期限届满之日起算。

第十条　机关、事业单位和大型企业使用商业汇票等非现金支付方式支付中小企业款项的，应当在合同中作出明确、合理约定，不得强制中小企业接受商业汇票等非现金支付方式，不得利用商业汇票等非现金支付方式变相延长付款期限。

第十一条　机关、事业单位和国有大型企业不得强制要求以审计机关的审计结果作为结算依据，但合同另有约定或者法律、行政法规另有规定的除外。

★《统计上大中小微型企业划分办法（2017）》（自2017年12月28日起施行）

行业名称	指标名称	计量	大型	中型	小型	微型
建筑业	营业收入 Y	万元	$Y \geq 80000$	$6000 \leq Y < 80000$	$300 \leq Y < 6000$	$Y < 300$
	资产总额 Z	万元	$Z \geq 80000$	$5000 \leq Z < 80000$	$300 \leq Z < 5000$	$Z < 300$

三、要点简析

1. 业主原则上不对农民工工资支付直接负责

首先，在建设工程领域，施工总承包单位负责分包单位的管理，并对其违法、违约行为承担连带责任。业主不同于施工单位，其不直接参与工程管理，也不和分包单位直接签订合同，最主要义务按时足额拨付工程款项发放。对于施工单位拖欠农民工工资等因工程施工引起的，而业主不存在重大过错的问题，要求业主承担连带责任，显然有失公允。

其次，《保障农民工工资支付条例》第二十九条第二款规定，建设单位未按照合同约定及时拨付工程款导致农民工工资拖欠的，建设单位应当以未结清的工程款为限先行垫付被拖欠的农民工工资。对该条进行反面解释，在业主已经按照合同约定及时结清工程款的，则无须对农民工工资支付承担责任。

再次，合同相对性是民法理论中的重要原则，不得轻易突破，基于该原则，由于业主没有直接和农民工签订合同，所以法律没有赋予农民工直接向业主要求支付工资的权利。该条和最高人民法院关于审理建设工程施工合同纠纷案件适用法律问题的解释（一）第三十四条关于实际施工人请求发包人支付工程款的规定所体现的精神要旨是相呼应的。

2. 总包单位对农民工工资支付承担连带责任

《保障农民工工资支付条例》第三十条第三款规定“分包单位拖欠农民工工资的，由施工总承包单位先行清偿，再依法进行追偿。”总承包单位负有综合协调工程建设中的各种关系的义务，其应当强化对工程建设的统一指挥和组织管理，督促分包单位及时支付农民工工资。否则，一旦出现分包单位拖欠农民工工资的情况，施工总承包单位应当先行清偿，至于总包单位是否按照合同约定向分包单位支付工程款，抑或对农民工工资的拖欠是否存在其他过错，均在所不问。

3. 建设单位将工程发包给不适格主体的，应当对农民工工资支付承担连带责任

个人和不具备合法经营资格的单位，都不是适格的工程承包主体，由于缺乏经营管理能力，且经验匮乏，易于发生拖欠农民工工资的情况。建设单位或者施工总承包单位，将工程发包或者分包给个人或者不具备合法经营资格的单位，属于重大违法行为，对于农民工工资拖欠存在显著过错，因此《保

障农民工工资支付条例》第三十六条第一款规定，建设单位或者施工总承包单位将建设工程发包或者分包给个人或者不具备合法经营资格的单位，导致拖欠农民工工资的，由建设单位或者施工总承包单位清偿。

4. 因工程项目产生的争议不影响农民工工资支付

农民工作为弱势群体，抵抗风险能力差，而工程争议具有涉及金额大、解决周期长的特点。根据《保障农民工工资支付条例》第三十五条规定，即使建设单位与施工总承包单位因工程数量、质量、造价等产生争议，也应当按照保障农民工工资按时足额支付的要求及时拨付人工费用。

5. 不得要求中小企业接受不合理的交易条件

根据《保障中小企业款项支付条例》第六条、第九条、第十条规定，大型企业不得利用优势地位，要求中小企业接受不合理的付款期限、方式、条件和违约责任等交易条件，不得违约拖欠中小企业的货物、工程、服务款项，不得强制中小企业接受商业汇票等非现金支付方式，不得利用商业汇票等非现金支付方式变相延长付款期限，增加中小企业经营风险和交易成本，这也是优化营商环境、护航民营经济发展的内在要求。国家将中小企业款项支付的规定提升到了行政法规的层面，若当事人之间的约定违反该规定，系属违反行政法规中的强制性规定，约定无效。

6. 不得强制要求以审计结果作为结算依据

《保障中小企业款项支付条例》第十一条规定，机关、事业单位和国有大型企业不得强制要求以审计机关的审计结果作为结算依据，但合同另有约定或者法律、行政法规另有规定的除外。从该规定来看，民商事交易以双方意思合致为必要，在法律、行政法规没有特殊规定的情况下，除非当事人在合同中明确约定以审价结论作为结算依据的，否则，发包人不得出于内部工程管理要求，单方面要求按照审价结论进行最终结算。在案例8-10中，某供电局要求以其上级单位的审价结论作为结算依据，于法不合。值得注意的是，某供电局和某公司签订的《建设工程施工合同》虽然没有约定以某供电局审价结论作为结算依据，但是，某公司在审价报告上签字确认的，仍旧得到法院支持。

四、管理建议

1. 及时支付建设工程款

在履行合同时，应当按照合同约定及时拨付工程款，并将人工费用及时足额拨付至农民工工资专用账户。应当按时支付中小企业款项，尊重契约，诚信经营，不得以内部财务审批为由长期拖欠。对无分歧款项，应付尽付，应付快付，从制度、机制、流程和信息化管控上杜绝滥用市场优势地位恶意拖欠账款行为。必要时，组织业务、财务、审计、法务等部门联动，共同解决供应商款项支付中的疑难问题。在年初未开账期间，建立供应商款项支付绿色通道，对于情况紧急、需要尽快处理的，经审批后，及时完成支付。

2. 充分利用联合惩戒机制

贯彻落实《拖欠农民工工资失信联合惩戒对象名单管理暂行办法》，在招投标过程中，供电企业除了要求投标人提供无拖欠农民工工资承诺书外，还应当合理利用拖欠农民工工资失信联合惩戒机制，要求投标人提供国家企业信用信息公示系统、信用中国网站查询的，包含列入“黑名单”的查询结果，对被列入失信联合惩戒名单的当事人招投标方面依法依规予以限制。严格不良供应商库处理，加强核心分包队伍建设，通过对供应商进行考核评价，筛选优质分包商。

3. 协调疏导妥善处理矛盾纠纷

高度关注涉及拖欠农民工工资的苗头性、倾向性问题，建立保障农民工工资支付协调机制和工资拖欠预防机制，督促施工单位加强劳动用工管理。畅通信息渠道，优化信息流程，加强信息收集，认真听取每一个诉求，详细询问了解欠薪缘由，强化信息研判，由牵头部门、配合部门共同研究解决办法，给予明确答复。对发现的拖欠农民工资问题，认真听取来访群众反映的每一个诉求，详细询问了解欠薪缘由早报告、早介入、早解决，妥善处理与农民工工资支付相关的矛盾纠纷，以免发生上访、闹事、舆情等事件，造成不良社会影响。

4. 款项支付条件要明确合理

加强合规管理，清理霸王条款，应当按照行业规范、交易习惯合理约定付款期限，不得要求中小企业接受不合理的付款期限、方式、条件和违约责任等交易条件，不得利用交易中的优势地位侵害中小企业权益。若以审价结论作为结算依据的，合同中应当进行约定。加强招投标法律审核和合同合法合规性审查，严控“背靠背”付款条款，加强上游款项催收，上游付款后要及时对中小企业付款。

第四节　项目主要管理人员不应有其他在建项目

一、参考案例

【案例 8-11】 禁止项目经理同时挂名多个项目。

案号：（2021）渝 0102 民初 2655 号

2013 年 7 月 3 日，环某公司与央某公司签订《某管网工程施工承包合同书》约定，环某公司将某管网工程发包给央某公司施工，项目经理韩某，职称工程师、注册建造师；承包人必须押证施工，在监理人颁发本工程接收证书前，项目经理不得同时兼任其他任何项目的项目经理。

2014 年 1 月 16 日，央某重庆分公司与赵某签订《某管网工程施工内部承包责任合同》约定，赵某应当向央某重庆分公司缴纳人员证件费用，二级建造师押证期间费用 2000 元/月、一级专业建造师 4000 元/月、技术负责人 2000 元/月、每套五大员 2000 元/月。

再查明，案涉工程项目管理人员未就案涉工程办理备案登记。2013 年 8

月 15 日，央某公司作为第一中标候选人中标某自治县 2013 年度第三批通村油路工程（第一标段某林至某关、某寨至某桐），项目负责人为韩某。

法院认为，关于赵某是否应向央某公司支付人员证件费用的问题。根据《注册建造师管理规定》第二十一条第二款的规定“注册建造师不得同时在两个及两个以上的建设工程项目上担任施工单位项目负责人。”根据本案事实，央某公司未就案涉工程对项目管理人员进行备案，且项目负责人于施工次日担任其他项目负责人的行为已违反该规定。故央某公司的行为违法，其主张的人员证件费用不应得到支持。

【案例 8-12】 违规担任项目经理面临行政处罚[1]。

李某伟于 2018 年 1 月至 12 月期间，同时在福建省某集成电路有限公司存储器生产线建设项目、绵阳某第 6 代 AMOLED（柔性）生产线项目担任项目经理，违反了《建筑施工项目经理质量安全责任十项规定（试行）》第一项和《注册建造师管理规定》第二十一条第二款规定。晋江市住房和城乡建设局根据《注册建造师管理规定》第三十七条，于 2021 年 1 月 12 日对李某伟处罚款人民币 1 万元。

【案例 8-13】 参与投标的项目经理不得有其他在建项目。

案号：（2019）皖 1102 行初 16 号、（2020）皖 11 行终 31 号

恒某机电公司作为工业园办公研发中心多联机中央空调系统采购安装项目第一中标候选人公示期间，招标人与建设单位收到投标人异议书，反映恒某机电公司项目经理张某有其他在建工程，不符合招标文件要求。

2018 年 6 月 1 日，招标人与建设单位联名取消恒某机电公司中标资格。恒某机电公司不服，于 2018 年 6 月 6 日提出投诉，被告市城市管理行政执法局驳回恒某机电公司的投诉。恒某机电公司不服提起行政诉讼。

一审法院认为，《注册建造师管理规定》第二十条第二款规定“注册建造师不得同时在两个及两个以上的建设工程项目上担任施工单位项目负责

[1] 来源：《福建省住房和城乡建设厅关于公布七起建筑市场违法行为典型案例的通知》（闽建筑函〔2021〕63 号）案例 6。

人。”工业园办公研发中心多联机中央空调系统采购安装项目招标文件亦要求“投标人所派出项目负责人须无在建（中标）工程”，而恒某机电公司项目经理张某在已担任某大学科技园（东区）14某楼1～5层中央空调系统购置与安装工程项目负责人的情况下，仍然拟派张某担任工业园办公研发中心多联机中央空调系统采购安装项目（三次）的项目负责人，故恒某机电公司作为中标人既不符合法律规定，亦不符合招标文件要求。驳回原告诉讼请求。

二审法院驳回上诉，维持原判。

二、关键法条

★《中华人民共和国招标投标法》（2017年修正）

第三十三条　投标人不得以低于成本的报价竞标，也不得以他人名义投标或者以其他方式弄虚作假，骗取中标。

第五十四条　投标人以他人名义投标或者以其他方式弄虚作假，骗取中标的，中标无效，给招标人造成损失的，依法承担赔偿责任；构成犯罪的，依法追究刑事责任。

依法必须进行招标的项目的投标人有前款所列行为尚未构成犯罪的，处中标项目金额千分之五以上千分之十以下的罚款，对单位直接负责的主管人员和其他直接责任人员处单位罚款数额百分之五以上百分之十以下的罚款；有违法所得的，并处没收违法所得；情节严重的，取消其一年至三年内参加依法必须进行招标的项目的投标资格并予以公告，直至由工商行政管理机关吊销营业执照。

★《注册建造师管理规定》（2016年修订）

第二十一条　注册建造师的具体执业范围按照《注册建造师执业工程规模标准》执行。

注册建造师不得同时在两个及两个以上的建设工程项目上担任施工单位项目负责人。

注册建造师可以从事建设工程项目总承包管理或施工管理，建设工程项目管理服务，建设工程技术经济咨询，以及法律、行政法规和国务院住房城乡建设主管部门规定的其他业务。

第二十五条　注册建造师应当履行下列义务：

（一）遵守法律、法规和有关管理规定，恪守职业道德；

（二）执行技术标准、规范和规程；

（三）保证执业成果的质量，并承担相应责任；

（四）接受继续教育，努力提高执业水准；

（五）保守在执业中知悉的国家秘密和他人的商业、技术等秘密；

（六）与当事人有利害关系的，应当主动回避；

（七）协助注册管理机关完成相关工作。

第二十六条　注册建造师不得有下列行为：

（一）不履行注册建造师义务；

（二）在执业过程中，索贿、受贿或者谋取合同约定费用外的其他利益；

（三）在执业过程中实施商业贿赂；

（四）签署有虚假记载等不合格的文件；

（五）允许他人以自己的名义从事执业活动；

（六）同时在两个或者两个以上单位受聘或者执业；

（七）涂改、倒卖、出租、出借或以其他形式非法转让资格证书、注册证书和执业印章；

（八）超出执业范围和聘用单位业务范围内从事执业活动；

（九）法律、法规、规章禁止的其他行为。

第三十七条　违反本规定，注册建造师在执业活动中有第二十六条所列行为之一的，由县级以上地方人民政府住房城乡建设主管部门或者其他有关部门给予警告，责令改正，没有违法所得的，处以 1 万元以下的罚款；有违法所得的，处以违法所得 3 倍以下且不超过 3 万元的罚款。

★《注册建造师执业管理办法（试行）》（建市〔2008〕48号）

第九条 注册建造师不得同时担任两个及以上建设工程施工项目负责人。发生下列情形之一的除外：

（一）同一工程相邻分段发包或分期施工的；

（二）合同约定的工程验收合格的；

（三）因非承包方原因致使工程项目停工超过120天（含），经建设单位同意的。

★《建筑施工项目经理质量安全责任十项规定（试行）》（建质〔2014〕123号）

一、建筑施工项目经理（以下简称项目经理）必须按规定取得相应执业资格和安全生产考核合格证书；合同约定的项目经理必须在岗履职，不得违反规定同时在两个及两个以上的工程项目担任项目经理。

附件1：建筑施工项目经理质量安全违法违规行为行政处罚规定

一、违反第一项规定的行政处罚

……

（三）违反规定同时在两个及两个以上工程项目担任项目经理的，对项目经理按照《注册建造师管理规定》第37条规定实施行政处罚。

三、要点简析

1. 项目经理不得同时承接两个以上建设工程项目

项目经理是对工程项目施工过程全面负责的项目管理者。为了提高项目工程管理水平，保证工程质量和安全，我国法律规定，只有注册建造师才能担任项目经理。在这种制度背景下，如果放任项目经理同时承接多个项目，会滋生项目经理“重投标、轻履约”的乱象，导致项目经理忙于项目挂名，收取项目挂靠费，疏于工程管理，忽视施工合同实际履行。

为了避免制度目的落空，确保项目经理在岗履职，《注册建造师管理规定》第二十一条第二款、《注册建造师执业管理办法（试行）》第九条规定，注册建造师不得同时担任两个及以上建设工程施工项目负责人。在案例 8-11 中，央某公司虽然和赵某约定了人员证件费，但未实际派驻工程管理人员，约定的项目经理违规承接其他工程项目，因此，对于人员证件费法院未予支持。

值得注意的是，《注册建造师执业管理办法（试行）》第九条尚设有三种例外："a.同一工程相邻分段发包或分期施工的；b.合同约定的工程验收合格的；c.因非承包方原因致使工程项目停工超过 120 天（含），经建设单位同意的。"这三种情形，从外在形式来看，项目经理承接有在建项目，不应再承接其他项目；但从内在机理来看，其他项目和既有项目在工期上不存在冲突，不会对既有项目施工产生不利影响，法律例外的允许项目经理承接其他项目，不违反立法本意。

2. 违规担任项目经理面临行政处罚

《注册建造师管理规定》和《注册建造师执业管理办法（试行）》规定项目经理不得同时承接两个以上建设工程项目，但均未针对该行为专门设定罚则。在此情形下，《建筑施工项目经理质量安全责任十项规定（试行）》第一条补充规定，违反规定同时在两个及两个以上工程项目担任项目经理的，对项目经理按照《注册建造师管理规定》第三十七条规定实施行政处罚。也就是说，如果注册建造师同时在两个及两个以上工程项目担任项目经理的，按照违反《注册建造师管理规定》第二十六条的罚则处理，即由县级以上地方人民政府住房城乡建设主管部门或者其他有关部门给予警告，责令改正，没有违法所得的，处以 1 万元以下的罚款；有违法所得的，处以违法所得 3 倍以下且不超过 3 万元的罚款。在案例 8-12 中，住建局便是依据该规定对项目经理李某伟处以行政罚款。

关于《建筑施工项目经理质量安全责任十项规定（试行）》的补充规定，可能存在两种不同的理解：

第一观点认为，《注册建造师管理规定》和《注册建造师执业管理办法（试行）》没有对违规担任项目经理设置罚则。《行政处罚法》第十六条规定，除法律、法规、规章外，其他规范性文件不得设定行政处罚。《建筑施工项目经理质量安全责任十项规定（试行）》属于部门规范性文件，其效力层级不能设定行政处罚。

第二种观点认为，该规定没有超出《注册建造师管理规定》的文义范围，仅是在法律适用层面作了进一步指引。具体而言，项目经理同时承接两个以上建设工程项目，违反了法律、法规和有关管理规定，亦有悖于职业道德，属于《注册建造师管理规定》第二十六条第一款规定的不履行注册建造师义务的行为，理应适用《注册建造师管理规定》第三十七条的规定。换言之，同时在两个及两个以上的建设工程项目上担任施工单位项目负责人系不履行注册建造师义务的特殊规定，在法律没有对特殊情形规定罚则时，应当按照一般规定的罚则处理。

本书编写组倾向于第二种观点。

3. 有在建项目的项目经理在招投标活动中受限

实践活动中，有在建项目的项目经理参与投标主要有四种表现形式：①招标文件要求投标人提供“拟派项目经理无在建工程承诺书”，投标人虚假承诺；②招标文件要求“投标人所派出项目负责人须无在建（中标）工程”，但未要求投标人提供承诺书；③招标文件无前两种规定，但实际投标人挂靠其他单位，以他人名义投标，导致有在建项目的项目经理参与其他招标活动；④不符合以上三种情形，投标人未主动披露其拟派项目经理有其他在建项目。

第一种情形和第三种情形，投标人或故意告知虚假信息，或以他人名义投标，均属于弄虚作假、骗取中标行为，自不待言；第二种情形，投标人拟派项目经理不符合招标文件规定的资格条件，也没有争议。

需要讨论的是第三种情形，首先，弄虚作假，不仅包括投标人故意告知虚假情况的行为，也包括故意隐瞒真实情况的行为；其次，《注册建造师管理规定》第九条和《注册建造师执业管理办法（试行)》第十一条，本质上是关于承接施工项目的项目经理的资格条件的规定，拟派项目经理不具备该资格条件，自然不符合中标条件。在案例 8-13 中，法院认为，恒某机电公司项目经理张某有其他在建工程，既违反法律规定，也不符合招标文件要求，招标人与建设单位联名取消恒某机电公司中标资格，符合法律规定。

4. 法律不禁止未承接工程的项目经理同时参与多个投标项目

投标人在同时投标多个项目时，其是否中标具有不确定性，因此投标人可以根据自身实际同时投多个标，法律并不禁止。

《招标投标法实施条例》第五十六条规定“中标候选人的经营、财务状况发生较大变化或者存在违法行为，招标人认为可能影响其履约能力的，应当在发出中标通知书前由原评标委员会按照招标文件规定的标准和方法审查确认”。若投标人同时成为两个项目的第一中标候选人，那么，拟派的项目经理为同一人属于重大变化，该变化必将导致第一中标候选人可能存在履约不能，招标人应当根据规定，启动履约能力审查。在启动履约能力审查期间，应当允许中标候选人根据实际情况择优选择后放弃其他项目，而不能将所有项目均予以否决。招标文件对此类情形有规定的，应当按招标文件的规定作出选择，而不是任意选择。

四、管理建议

1. 加强工程招标采购管理

鉴于《中华人民共和国招标投标法》没有专门将违规担任项目经理特设为一种法定否决事由，在编制招标文件时，建议招标人在招标文件中进行明确，并规定投标保证金不予退还，避免后续产生争议。同时，招标人除了要求投标人提供“无在建项目承诺书”外，还应当在确定中标候选人和履约过程中，利用既有的公开网站，对拟委派项目经理承接工程项目的情况进行查询和实时监控。招标人就多个施工项目进行集中招标的，可以在招标文件中约定具体授标原则。即，如果同一投标人所投的多个施工项目拟派项目经理为同一人的，只能授予其一个项目，至于授予其哪个项目，由招标文件规定具体规则。

2. 严厉查处挂靠资质行为

同一项目经理承接多个项目，大多由不具备资质的施工企业借用他人资质引起。为了督促项目经理在岗履约，必须建立专业化技术管理团队，严厉查处挂靠资质行为。具体而言，在合同专用条款中明确项目经理的姓名、职称、注册执业证书编号，约定每月出勤天数，核实项目经理注册单位、劳动合同、社保证明、工资发放单、注册及资格证书等。进一步加强反违章工作，将施工单位未派驻项目负责人、没有资质的单位或个人借用其他单位的资质承揽工程等行为纳入“严重违章清单”。